中小学体育与健康教学规范

冯伟华　黄　昕 / 主编

南方日报出版社
NANFANG DAILY PRESS
中国·广州

图书在版编目（CIP）数据

中小学体育与健康教学规范 / 冯伟华，黄昕主编. — 广州：南方日报出版社，2022.12

ISBN 978-7-5491-2623-1

Ⅰ. ①中… Ⅱ. ①冯… ②黄… Ⅲ. ①体育课—教学研究—中小学 ②健康教育—教学研究—中小学 Ⅳ. ① G633.962

中国版本图书馆 CIP 数据核字（2022）第 185708 号

ZHONG-XIAOXUE TIYU YU JIANKANG JIAOXUE GUIFAN

中小学体育与健康教学规范

主　　编：冯伟华　黄　昕
出版发行：南方日报出版社
地　　址：广州市广州大道中 289 号
出 版 人：周山丹
责任编辑：方　明　曹　星
封面设计：邓晓童
责任校对：阮昌汉　熊丽思
责任技编：王　兰
经　　销：全国新华书店
印　　刷：广州市尚铭印刷股份有限公司
开　　本：787 mm × 1092 mm　1/16
印　　张：19.25
字　　数：360 千字
版　　次：2022 年 12 月第 1 版
印　　次：2022 年 12 月第 1 次印刷
定　　价：49.00 元

投稿热线：（020）87360640　　读者热线：（020）87363865

编委会

主　编：冯伟华　黄　昕

副主编：李　兵　刘志华　吴　浩　胡　萍

编　委：（按姓氏笔画排名）

王　江　王文龙　王　涛　邓　峰　冯伟华　吕宇杰
朱忠华　刘志华　李　兵　吴　浩　陈姿娟　陈振杰
郑俊强　郑朝元　欧阳伟　钟明钰　钟善为　骆　云
赵寅生　胡　萍　黄　昕　黄祯杰　谭友谊

前 言

2018年9月，习近平总书记在全国教育大会上指出，“要树立‘健康第一’的教育理念，开齐开足体育课，帮助学生在体育锻炼中享受乐趣、增强体质、健全人格、锤炼意志”，明确了新时代学校体育“四位一体”教育目标。2021年新修订的《中华人民共和国教育法》提出“教育必须为社会主义现代化建设服务、为人民服务，必须与生产劳动和社会实践相结合，培养德智体美劳全面发展的社会主义建设者和接班人”，为体育与健康教学在中国教育现代化进程中改革发展指明了方向。

为实现体育与健康“以体育智、以体育心”的育人功能，促进学生体育锻炼与文化学习协调发展，突破长期以来制约体育与健康教学质量可持续提升的关键问题，探寻有效的解决策略，在对以往课程教学所存在的问题进行分析研究以后，我们解决问题的关键聚焦在教学规范的实践上。依据《中共中央　国务院关于深化教育教学改革全面提高义务教育质量的意见》、教育部印发的《〈体育与健康〉教学改革指导纲要（试行）》和《义务教育体育与健康课程标准（2022年版）》等一系列的政策文件所指示的教学刚性要求，以广东省基础教育教研基地项目初中体育与健康学科教研基地（东莞）建设为驱动，全面落实“教会、勤练、常赛”、加强课程内容整体设计、注重教学方式变革等课程理念，通过深入开展对体育与健康教学规范的研究与实践，在对教研基地项目建设的成效和成果进行梳理的基础上，本着遵循体育与健康教育规律、引领教师落实教学刚性要求、形成提高教育教学质量的制度保障的初衷，特编写本书。本书包括概述篇、规范篇、要求篇、实践篇，直面回应当前学校体育与健康教学规范的理论与实践问题。本书具有如下特点：

1. 坚持面向教学，注重实践与理论的结合

在注重学科教学体系完整性的基础上，密切关注课程教学改革发展的实践前沿，在每个章节中都呈现和剖析了大量鲜活生动的课堂实践案例，以期达到学以致用的目的，实现教学规范的实施与落地。

2. 变革教学方式，注重内容的科学性和规范性

倡导教学方式必须在培养核心素养引领下变革，以科学、规范的方式建构了结构化教学、大单元教学、信息技术赋能体育与健康课堂、体育与健康自主学习等教学策略和体系，并提供了体育与健康学习活动设计的方法，打开了教学研究的新视角。

3. 立足新课标，重塑课堂教学新规范

本书梳理了实施体育与健康课堂教学的流程，针对教学实践中凸显的诸多共性问题，进行了一系列的理论和实践探索，力争把握体育与健康课程教学刚性要求、突破教学关键问题，为深化体育教学改革、构建科学有效的体育与健康课程教学新规范提供借鉴与参考。

新时代呼唤新规范，在深化基础教育体育与健康教学改革、实践固本行动的时代要求下，我们就体育与健康教学新规范做了系列的探索与实践，但碍于学术视野和学识水平的限制，本书难言其善，望海涵指正！

编　者

2022 年 11 月

目录

Contents

第三篇　要求篇

第四篇　实践篇

第一篇 概述篇

第一章　绪论

规范是行动的基础，科学是创新的引擎。学校体育与健康的规范程度决定了学校体育结构系统的科学程度，是评估学校体育制度建设、学校体育治理能力发展的重要方面。学校体育发展到今天，面对经济社会的快速发展和学生生活方式的变化，需要重新审视体育与健康教育的内在规律，从而在社会发展的重要节点上作出更加科学的战略抉择。体育与健康学科教学规范的构建对贯彻新发展理念，构建科学合理、切实可行、运转高效的现代化学校体育高质量发展体系有着极其重要的作用。

一、体育与健康教学规范的概念

规范意指明文规定或约定俗成的标准，具有客观、真实、全面、完整、准确、及时等特征，并具备明晰性和合理性。教学规范则是教育基本规律的具体体现，具有维持学校正常教学秩序、引领教师按照教学准备履职、提高教育教学质量等的制度保障作用。

体育与健康教学规范指的是以全面提高体育与健康教学的科学化水平和教学实效为目标，聚焦体育与健康学科核心素养对课程目标、课程内容、教学方法和学习评价的统领，遵循运动技能规律和学生生长发育规律，围绕体育与健康教学的课前准备、课堂教学、课后巩固、考试评价、教学研究等方面所形成的“教、学、练、赛”一体化，达到规范与个性并存的教学规范化要求。

二、体育与健康教学规范的学科定位

长期以来，社会对体育与健康学科的育人价值与定位认识不清，导致出现了重“体育”轻“健康”、“体”有余“育”不足、教学衔接不畅通、学生无法形成有效运动技能、教学实施不成体系以及教学方法陈旧等不科学、不规范的问题。所以，通过构建体育与健康的教学规范，能够引领教师按照科学、规范的教学准备履职，并着眼于学生核心素养的培育，致力于课程目标的全面实现和学生的全面、和谐、主动的发展。

以往，学校体育更多强调的是增强体质、增进健康的健身功能，而学校体育所包含的教育功能，尤其是体育与健康对于培育时代新人的特殊作用，未获得高度重视和广泛认可。中共中央办公厅、国务院办公厅印发的《关于全面加强和改进新时代学校体育工作的意见》（下文简称《意见》）给予了新时代学校体育更高的定位，不仅强调学校体育是实现立德树人根本任务、提升学生综合素质的基础性工程，是加快推进教育现代化、建设教育强国和体育强国的重要工作，而且明确学校体育对于弘扬社会主义核心价值观，培养学生爱国主义、集体主义、社会主义精神和奋发向上、顽强拼搏的意志品质，实现以体育智、以体育心，都具有独特功能。

客观看待或准确评价教学规范的构建，站位要高、视野要远、范围要广。“大课程”观念，意味着体育与健康教育不仅仅是身体教育，更是生命教育，是影响孩子一生的课程。体育与健康教育对人一生的影响，不仅只是使人的身体更加健康，还可以使生存更有保障、生活更有质量、生命更有意义。过去体育与健康课程长期存在低级重复、浅尝辄止等问题，难以形成合力，凸显生命教育之价值。而教学规范的建构，是用“以人为本”的高站位、远视野重新建构课程体系，真正奠定好为学生一生发展服务的课程基础，为有效树立“大课程”观念提供重要保障。除此之外，现在体育与健康课程还需要家庭、学校、社会三方合力推进。家庭体育应该被看作是学校体育的延伸，布置体育与健康家庭作业应被大力提倡。在弥补孩子在学校锻炼不足、帮助其养成锻炼习惯等方面，家庭体育的意义显得更加重大。《意见》对新时代学校体育的新定位，更加全面、更有高度地诠释了体育与健康在德智体美劳全面发展的人才培养体系中的综合育人价值，对学校、家庭、政府和社会凝心聚力、协同育人起到重要的、积极的引导作用。

三、体育与健康教学规范的本质内涵

建立科学合理的教学规范是深化普通中小学体育与健康课程教学改革，强化课堂主阵地作用，规范课堂教学秩序，改进教与学行为，切实提高课堂教学质量，帮助学生在课堂教学中享受乐趣、增强体质、健全人格、锤炼意志的有效手段。

（一）从课程标准的高度去理解教学规范

从课程标准的高度去理解教学规范，必须要坚持健康第一的教育理念，把增进学生身心健康作为体育与健康教学的出发点和落脚点，课程目标的设置、教学内容的选择、教学方法的采用、学习评价的实施等环节，都要紧紧围绕增进学生的身心健康这一目标来设计和实施，这有助于改善学生体质健康状况。

体育与健康的教学性质就是以身体练习为主要手段，这也是该课程与“语数外”等知识类课程的重要区别。如果体育与健康教学没有提高学生体质健康水平，就说明教学存在问题。因此，教学规范就是把提高学生的体质健康水平作为教学最重要的目标。学生体质好了，才能掌握好运动技能，才能健康快乐地学习和生活。

（二）从学科概念的角度去理解教学规范

体育与健康教学规范要根据不同学段学生的身心发展特征、运动技能形成规律和体育教育教学规律来构建。

小学阶段学生生性好动，兴趣广泛，注意力转移快，喜欢丰富多彩、形式多样的体育活动。因此，小学低年级课程教学应以基本运动技能和体育游戏活动为主，小学中高年级课程教学应以让学生体验多种运动项目学习的乐趣为主。

初中阶段学生大多进入青春发育期，随着身体和心理发生显著变化，他们所爱好的运动内容不像小学生那么广泛，应根据大多数初中学生的兴趣爱好，选择一些运动项目引导学生进行课堂学习和课外锻炼，使他们在初中毕业时能够掌握 1—2 项运动技能。

高中阶段学生的兴趣爱好更为集中，个性比较鲜明，认知能力较强，且在义务教育阶段体验了多种不同类型的运动，已经了解哪些项目适合自己，他们也会对某一两项体育运动表现出较为浓厚的学习兴趣。因此，高中阶段应以学生自主选项教学为主，引导学生学练和运用所选的运动项目，并形成运动专长。

（三）从课程一体化联动的角度去理解教学规范

为了引导学生喜爱运动、掌握运动技能、培养核心素养和增进身心健康，需要课内与课外训练有机结合，共同发力。“教会、勤练、常赛”的思想抓住了事物的本质特征，是提高学生体能、运动技能和体育品德的重要途径和方式方法。这一思想方法虽然主要是对整个学校体育与健康教育教学工作的要求，包括课内外、校内外，但同样适用于体育与健康课堂教学。体育与健康课堂教学可以用“学、练、用”来概括和形容。

“学”指学生在教师的指导下学会基本运动技能、专项运动技能和增强体能。“练”指每节体育课中要提供给学生更多的运动时间。“赛”指每节体育课中都应该保证学生有一定时间参与对抗性比赛。课堂教学是为课外锻炼服务的，学生在课堂上学会了运动技能、练习方法以及如何开展比赛，就为课外、校外的“勤练、常赛”奠定了良好的基础。从体育与健康课程的角度来看，课外、校外的“勤练”可以采用自主和合作练习的方式，“常赛”应倡导面向全体学生的、人人都参与的、多种形式和层次的比赛。可以预见，“教会、勤练、常赛”这一思想方法将对提高中学生体质健康水平产生长远而又重要的影响。

四、实施体育与健康教学规范的意义与方法

（一）实施体育与健康教学规范的前提和意义

1. 课程内容选择的规范化是教学规范的前提

在课程标准理念的引领下，以目标引领课程内容是区域和学校建设开发课程内容的基本原则。所谓以目标引领课程内容，也就是体育与健康课程教学首先要依据课程标准确定“教什么”的问题。这个问题在课程改革过程中一直困扰着一线的体育与健康教师，表现为课程实施内容的随意和混乱，导致教学内容与学生认知水平不匹配，同一个内容在各学段低级重复或拔高教学要求等现象时常出现，不仅影响教学效果，更造成课堂教学无技术含量和要求的“放羊”现象日益增多。如果有教学规范，一线的体育与健康教师开发课程内容时就有了清晰明确的内容参考标准，从而确定各个年龄段应该教什么，在此基础上深入研究“怎么教”。例如同一个运动项目中的同一个运动技术，分别在各年龄段的教学中出现时，因明确了具体的教学内容，教学时就更可能会采用不同的教学策略和手段。如前滚翻，假设已经确定一年级教学内容是多种向前滚翻的动作，五年级是前滚翻运用方法，如此一来就不难发现：一年级和五年级的前滚翻教学再也不能像以往那样只按动作规格施教了，而需要分别采取不同的练习方法设计才能达成教学目标。可见，对“教什么”的研究因为有了标准规范而显得更有意义和实际价值。

2. 教学规范的制订有利于实现教学评价的一致性

教学评价的统一性是教学行为规范的保障。日常体育与健康教学中对体育与健康教师的教学效果的评价通常依据看课与评课、教学质量监测等。在以往的各级各类评价中，由于教材内容缺乏系统性，评课时存在因对教材分析处理意见有分歧（即对“教什么”的理解不同）而导致的评价结果不同的现象；教学质量监测存在因测试内容不一致使得结果无可比性的现象。因此，教学评价虽一直在做，但对改进教学、规范教师教学行为的作用却远没有达到预期。如果有了教学规范，就能较好地解决以上问题，看课与评课时对“教什么”就有了统一的依据，有利于评价视角集中到“怎么教”上，进而使教学评价趋向一致性的可能性大大增加。更为有利的是，内容的一体化能为开展教学效果的评价打下坚实基础，让评价结果更具可比性，并使其操作性不断增强。

3. 教学规范的执行有助于防止教学事故的发生

体育与健康课以身体练习为主要手段。体育与健康教学的主要特点是学生在体育与健康教师的指导下，在运动场上借助于一定的器材开展各种身体练习。学生在反复的身体练习中，通过身体活动与思维活动的紧密结合来掌握体育知识、技术和技能，提高运动能力，增进身体健康。在重复的身体练习中，如果学生缺乏保护措施和自我保护意识，课堂教学规范执行不到位，混乱的课堂可能造成不必要的伤害事故。所以，为了预防伤害事故的发生，体育与健康教师一定要严格制订并执行相应的课堂教学规范。例如，对教学准备规范中的集合整队、检查人数和服装、安排见习生、队列队形练习、安全教育和检查、宣布课的内容、准备活动内容、整理活动等环节都要作出明确的指引和要求。只有明确教学规范的重要性，加强课堂准备的建设与管理，才能保证体育与健康学科在学校教育中的完整性和体育与健康教学的质量。

（二）对体育与健康教学规范的研究与实践思路

1. 强化以核心素养为导向的研究思路

教学规范的课程目标基于核心素养设置。课程内容的选择与安排、学业质量标准的制定、教学情境与方式的运用、学习评价的实施等都围绕以核心素养为导向的课程目标而展开。在教学规范理念的指引下，课程的出发点是课程目标，教学过程围绕核心素养进行，落脚点是评价基于核心素养的学业质量，即从哪里来到哪里去，从而形成核心素养培养的闭环系统。

2. 落实“教会、勤练、常赛”的基本理念

转变教学观念，全面把握“教会、勤练、常赛”的内涵与要求，形成常态化、规范化、系统化的教学组织模式。打造高质量体育与健康课堂，使学生在知识、能力、行为、健康诸方面得到全面提升，促进育人目标的达成。

3. 建立“一体化”的教学规范体系

积极消除体育与健康课程教学长期存在的繁（项目繁多）、浅（蜻蜓点水）、偏（缺乏系统）、断（学段脱节）现象，组织开展逻辑清晰、系统连贯的结构化内容体系的教学。重点教会学生健康知识、基本运动技能和专项运动技能。其中，健康知识与基本运动技能作为体育与健康课必修必学内容要在中小学广泛开展；专项运动技能作为必修选学内容，中小学校结合实际有选择地开展。

4. 创新教学评价机制

学习评价的目标就是评判学生的核心素养水平，而学生的核心素养水平是通过学业质量中的具体行为表现进行评价的。具体而言，评价的内容既要关注学生对体育与健康知识和技能的掌握程度，又要关注学生的学习态度、进步情况、健康行为和体育品德。要准确、客观、全面地评价学生的核心素养水平，就必须依据评价目的、评价内容、评价主体、评价情境等实际情况，采用多样化的评价方式，注重过程性评价与终结性评价、定性评价与定量评价、相对性评价与绝对性评价、教师评价与学生评价相结合，积极探索增值评价机制，健全综合评价机制。

第二章　体育与健康课堂教学在课程教学中的作用

开展体育与健康课程是实施素质教育和培养德智体美劳全面发展人才所不可缺少的重要途径。课堂教学则是体育与健康课程实施的主阵地，课堂教学的质与量既能反映体育与健康课程改革的进程与实效，又能体现体育教学改革的质量与水平。因此，学习和研究体育与健康课堂教学对于有效发挥体育与健康课程功能、促进学生全面发展具有重要意义。

一、中小学体育与健康教学的概念

（一）课堂教学的概念

课堂教学是教育教学中普遍采取的一种手段。它是教师给学生传授知识和技能的全过程，主要包括教师讲解、学生问答等教学活动以及教学过程中使用的所有教具，也称“班级上课制”，与“个别教学”相对。它是把年龄和知识程度相同或相近的学生，编成固定人数的班级集体，按各门学科教学大纲规定的内容，组织教材和选择适当的教学方法，并根据固定的时间表，向全班学生进行授课的教学组织形式。体育与健康课堂教学是指以学生身体练习为主要学习形式，以身体健康知识获得、运动技术技能掌握、心理健康水平增进为主要学习内容，为增强学生身体健康和运动能力而进行的师生多边互动的教学活动。

体育与健康课程的教学包括体育教育和健康教育两个部分,在课程的实施中应树立“健康第一”的教育理念，充分发挥体育锻炼对促进身心健康的积极作用、健康对体育锻炼的导向作用，并注重两者有机融合发展。体育与健康课程的教学方式包括体育与健康课和课外锻炼（大课间体育活动、课外体育活动、课余体育训练和体育竞赛等）。

体育与健康课程教学体系是体育与健康课程的重要组成部分，是由教学过程中的知识基本结构框架、教学内容设计、教学方法设计、教学过程设计和教学结果评价组成的统一的整体。

（二）体育与健康课程的概念

实施体育与健康课程是实施素质教育和培养德智体美劳全面发展人才所不可缺少的重

要途径。学习和研究体育与健康课程对于有效发挥体育与健康课程功能、促进学生全面发展具有重要意义。体育与健康课程是学校课程的组成部分，是课程的下位概念之一。体育与健康课程是以身体练习为主要手段，以各种体育健康知识、技能和方法为主要学习内容，以增进学生身心健康为主要目的的综合性必修课程。体育与健康课程的内涵包括：教学目标、教学内容、教学时限、体育与健康课、与实现体育与健康课程目标有关的课外体育活动和群众性的竞赛活动等。体育与健康课程是有助于促进学生全面发展的一门课程。

二、中小学体育与健康课程的功能

（一）中小学体育与健康课程发展学生的身体、技能功能

结合当前体育与健康教学的现状来看，体育与健康教学要突出学生课堂主体地位，引导学生有效地参与到课堂学习中，掌握体育锻炼方法，使学生自主锻炼，促进学生体质健康发展。

在开展体育与健康教学时，教师要注重培养学生的健康意识。在课堂教学中，教师要激发学生学习体育与健康知识的兴趣，并以知识为引导，使学生在体育锻炼中，对锻炼方法进行有效的运用，提升体育锻炼的效果及质量。对此，教师在课堂教学中，要突出学生课堂主体地位，使学生充分认识体育与健康学科的重要性，使学生树立正确的学习价值观。在课堂教学中，教师要立足于学生的身心发展特点及学习特点，对传统的、讲授式的教学方法进行创新，促进师生之间的平等沟通和交流，营造良好的体育与健康课堂教学氛围，使学生更加积极、主动地学习体育与健康知识。

例如，在开展体育与健康教学时，教师可以利用多媒体信息技术，结合图片、视频资料进行教学引导，使学生意识到开展体育锻炼能够增强体质、抵抗疾病，对其日后的成长及发展有重要的影响。同时，利用多媒体信息技术，对体育与健康教学内容进行展现，为学生营造一个动态化、形象化的课堂学习氛围，使学生积极、主动地参与体育学习及思考，引导学生形成健康意识，培养良好的学习习惯、生活习惯，为学生更加全面地发展及进步打下良好的基础。

强化体育技能培养，使学生掌握体育锻炼的方法、技巧，指引学生有效地参与到体育锻炼中，为培养学生良好的身体素质打下坚实基础。体育技能教学涵盖了锻炼技巧、自我技能评价能力等内容，是培养体育与健康学科核心素养的重要组成部分。体育技能教学注重实践性，注重引导学生在体育锻炼中对体育技能进行掌握。教师要关注学生的学习能力，针对性地开展体育技能的教学引导，使学生在体育锻炼中科学、合理地选择锻炼项目，发

挥体育锻炼的功能及作用，为学生身体素质健康发展打下良好的基础。

例如，在体育与健康教学中，围绕体育技能的培养，教师要做好引导工作，指引学生进行实践锻炼。以 400 米跑、800 米跑的教学为例，教师要在课堂上向学生讲解跑步运动的技巧、方法，教会学生如何在跑步中进行换气。在实践中，为了激发学生的学习兴趣及锻炼兴趣，可以结合学生争强好胜的心理特点，组织学生以小组竞赛的形式参与到体育锻炼中，对体育运动技巧进行实践运用。通过这一方式，学生有效地参与到跑步练习中，对体育运动方法、技巧进行运用，并在运动中锻炼身体素质，促进体育与健康核心素养的培养和发展。

体育与健康学科核心素养的内容还包括健康意识、体育技能、社会适应能力。在教学过程中，教师应引导学生有效地参与到体育学习及锻炼当中，促进学生综合能力、综合素养的培养和发展，为学生全面发展及进步打下良好的基础。针对这一情况，教师要注重为学生创设一个良好的课堂教学情境，调动学生参与体育学习的积极主动性，对学生社会适应能力进行有效的培养。在新课程改革背景下，体育与健康教学工作的开展要注重使学生拥有一个良好的身体素质，以适应社会发展需要，促进学生长远发展和进步；要关注学生的身体形态和机能变化，注重培养学生体育意识，引导学生形成健康的生活习惯、学习习惯，以促进学生的社会化发展。

（二）中小学体育与健康课程发展学生的心理功能

1. 为心理健康发展提供坚实的物质基础

健康的心理有赖于健康的身体，尤其是正常发育的神经系统。体育运动可以促使学生身体健康发展，为心理健康发展提供坚实的物质基础。

2. 提高认知能力

坚持参加体育活动可以提高一个人的智力和学习效率。良好的体育教学和运动训练能提高学生的注意力、记忆力、想象力、思维力、应变力等认知能力，从而为学习活动和心理健康发展提供有效的保证。

3. 改善情感状态

体育锻炼能缓解紧张和不安，使忧愁、 焦虑、压抑、沮丧等不良情绪得以宣泄，使人轻松愉快、心情舒畅，有利于调节人的情绪，促进心理健康。

4. 培养良好的心理素质

体育竞赛永远伴随着成功与失败，赛场上的失败可以使学生承受挫折与失败的能力得到锻炼，迎难而上、不屈不挠等优良品质得到培养。体育竞赛有着严格的纪律和规则要求，这有利于培养学生的纪律性与自制力、公平竞争与创新的意识以及团结协作与开拓进取的精神。体育竞赛的环境通常是风吹日晒，甚至是严冬酷暑，学生不仅要承受大自然的考验，还要承受机体的疲劳和肌肉的酸痛，这无疑是培养学生强大毅力、吃苦耐劳精神的最好的锻炼。

5. 提高社会适应能力

体育与健康教学以班集体形式进行，师生之间、学生之间多向的人际交往与互动，可培养学生的人际沟通能力。体育与健康教学本身就是一个“社会课堂”。其内容和形式实质上就是对社会生活的一种模拟。在这个过程中，学生将获得顺利与挫折、成功与失败、优势与劣势、群体与个体、合理与不合理等种种体验。正确的引导和教育将对学生情感的陶冶、人格的塑造、人生观和价值观的形成等起到积极的促进作用。

（三）中小学体育与健康课程的社会功能

体育是我国社会主义建设事业中的一项重要事业，体育产业是国民经济发展的重要组成部分。随着世界经济与国际体育的发展，我国体育产业有可能成为国民经济第三产业的支柱之一。体育产业在许多发达国家已跻身十大热门行业之列。体育已是影响生产力发展不可忽视的因素。当今世界体育产业的发展明显加快，已经成为国民经济新的增长点。体育是第三产业的重要组成部分，加快体育产业的发展与发展社会主义市场经济体制的需要相适应，符合我国经济结构战略性调整的要求，对于扩大内需、拉动经济增长、实现现代化建设发展目标有着明显的推动作用。

体育作为一种群众广泛参与的社会活动，不仅可以增强人民体质，也有助于培养人们勇敢顽强的性格、超越自我的品质、迎接挑战的意志和承担风险的能力，有助于培养人们的竞争意识、协作精神和公平竞争观念。高水平竞技体育对丰富人们的文化生活，弘扬集体主义、爱国主义精神，增强国家和民族的向心力、凝聚力，都有积极的作用。社区建设是构建和谐社会的关键。社区体育主要是指成年人针对自身情况，以其身体运动为基本手段，以获得健、美、乐为目标的一种社会文化现象。它是我国体育事业的重要组成部分，直接关系到占全国人口绝大多数的成年人的身心健康与生活品质。成年人是一个国家或民族的中流砥柱，其身心之健美程度、生活之快乐幸福程度与生命之健康长寿程度又直接关系到国家的社会稳定与繁荣程度，可以成为衡量一个国家社会制度是否优越和民族文明程度高低的一个重要标志。因此，深入持久地开展社区体育实践必将对我国社会主义物质文明和精神文明建设产生积极的现实作用和深远影响。

体育发展是社会发展与人类文明进步的一个标志，体育事业发展水平是一个国家综合国力和社会文明程度的重要体现。在现代化建设的进程中，体育伴随着经济、社会的发展而发展。我国社会主义现代化建设的根本目的是满足广大人民群众日益增长的物质文化需要。经济越发展，社会越进步，人们强身健体的意识越强烈，体育的地位越重要，作用就越明显。

三、当前课堂教学现状与存在的问题

良好的课堂教学质量是培养学生良好习惯、增强学生体质的关键，应加以重视。在当前的体育与健康学科教学中，存在教师教学积极性不高、教学方法不科学和教学效果不理想等情况。在部分体育与健康教学授课中，相关的体育器材未能被充分利用。例如，运动器材在低年级课程的使用率较低，但是，高年级的学生应该学习篮球、足球、垒球，并且掌握基本要领，如果孩子使用运动器材的方法没有得到正规的教学，长期错误的练习，可能会损害他们的身体。教学方法不够灵活，当前体育教学模式，课堂单一，缺乏活力和生气。虽然有训练实践，孩子们可以在活动中自由地发挥个性，但是没有形成丰富多样的教学方法。在体育与健康课堂中，学生的身体素质训练并没有达到预期的效果，对情感教育的作用不明显。

毛泽东同志在《体育之研究》一文中深刻指出："欲图体育之效，非动其主观，促其对体育之自觉不可。"因此，学生必须重视体育与健康课，积极参与，加强体育与健康课的理论学习。另外，室内体育教学质量低。要想开展好的室内体育与健康教学，教师不仅要有扎实的、广泛的体育实操知识，也要有一定的体育理论知识和体育理论教学水平。然而，由于"重技术的体育教学效果，轻理论"，体育与健康教师大多是"技术型""经验型"的，"理论型""科研型"教师少，从而导致室外课得心应手、游刃有余，室内理论课无能为力、照本宣科。体育与健康教师缺乏对体育理论知识全面系统的研究，不仅影响自身体育参与的态度和能力，也直接影响对学生的教育。室内体育教学质量低下原因还有室内体育教学材料少、新教材缺乏。

四、中小学体育与健康教学的改进策略

（一）培养学生积极进取的良好习惯

通过各种游戏和比赛，激发他们的竞争意识，用团队精神带动个人的进取意识。体育

游戏是体育与健康教学的手段之一，是体育训练的重要内容。它以身体的练习为基本手段，活动的内容包括走、跑、跳、投、爬、攀等人的基本运动形式以及各体育运动项目。游戏的明显特征就是有趣、好玩，正因为如此才能吸引学生积极参与。在没有任何外在逼迫的情况下参与体育游戏，参与者就会体验到一种轻松、自由、平等的心境，享受游戏带来的快乐。体育游戏是一个有目的、有意识的活动，不仅有助于提高学生身体素质，也有助于使学生养成团结互助、顽强果敢的品格。体育游戏的开展对体育教学有着不可估量的作用，通过提高学生对体育与健康课的兴趣，进而提高体育与健康教学的质量。

（二）加强个别学生指导

部分学生在学习技能的过程当中可能会遭遇困难，尤其是在需要现场展示的场合，并因此选择远离老师的视线。教师要主动接近学生，仔细询问他们的问题，帮助他们分析产生问题的原因，找到解决的办法，同时鼓励学生，使他们在心理上变被动为主动。

（三）游戏教学法

在教学过程中采取游戏教学法，教师通过各种游戏教学形式让学生学习，培养学生多方面的能力。这种方法以其独特的活动形式吸引学生积极参与体育游戏，让学生在游戏中充分表现个人素质和能力。“游戏”的教学活动可以激发学生的体育兴趣，积极参与课堂教学，促进学生思维、智力的发展，使学生更广泛地获取体育知识，也体验到运动的乐趣，发展技能，提高体育与健康课教学质量。体育与健康教学要充分利用游戏教学。发挥游戏教学的作用，对完成体育与健康教学任务有重要意义和作用。体育与健康教师应适当地运用游戏教学法，在课程的开始和结束阶段，运用博弈的方法，提高学生的注意力，调动学生的积极性，以期收到良好的教学效果，从而利于课堂的顺利进行。儿童的特点是兴奋占优势，单调的运动容易导致疲劳。因此，必须使用变换游戏的方法，增强教学趣味性，让每一个游戏都能吸引学生。通过游戏提高学生对体育教学的兴趣，是小学体育教学的一个非常重要的方法。

（四）情境教学法

情境教学法是指在体育教学中，教师通过语言描述、亲自演示、渲染等手段创造课堂教学情景，提高学生学习体育的积极性的教学方法。教师可以结合教材内容中的各种有益的活动，通过创建特定的情景教学法，激发学生的学习兴趣。这种方法可以使学生进一步发掘大脑的潜力，最大程度地参与教学，培养学生的想象能力，对进行思想教育有很好的效果。在情境教学的具体操作中，教师必须根据实际的教学目标、教学内容，利用相关的情节设计、现场设备和现场气氛进行教学。其一般的操作程序是：创设情境—激发兴趣—体验体育事件产生的乐趣。创设情境的方法多样，还可以使用语言、教具、身体形象和其他手段的创新，这就要求教师要在实际教学中因地制宜，灵活运用。

（五）诵读教学法和生活化教学法

语言修养，是教师必修的一门艺术。体育与健康教学需要为学生提供丰富的、生动的语言环境，用简洁易懂的语言指出教学要领。诵读教学语言简洁、容易理解，因而深受学生喜爱。生活化教学法紧密联系教学内容与学生的生活实际，可以降低知识学习的难度，把抽象的知识具体化、生动化，便于学生掌握，而且有利于教师自由发挥和创新。使教学方法生活化就要求教师充分熟悉和利用学生的生活特点，找到学生耳闻目睹的生活经验，引起学生共鸣，使其主动参与教学。同时，教师要培养学生的观察能力，要引导学生将教学内容与日常生活经验相联系来理解。例如，在以往的教学中，许多学生不能顺利完成滚转运动。老师只需拿出一个盒子和一个球，比较哪个更容易转动，并解释原理。这样，学生自然会明白蜷缩成球形的原理。很多同学的烦恼因此迎刃而解了。如此，学生不仅更轻松地学会了教学内容，而且对学习也更感兴趣。

（六）积极开展大课间体育活动

1. 丰富的体育内容

大课间是开展体育锻炼活动的良好载体，学校应充分利用这一载体，有效地组织课间操活动，让学生多锻炼。在过去，大课间体育活动主要是广播体操，活动内容单一，时间短，达到的身体锻炼效果差。此外，多年以来广播体操没有形成评价体系，以致学生逐渐失去兴趣。大课间体育活动应该有更多的内容和形式，使学校体育教学得到有效发展。

2. 课间活动器材

简单的体育器材，包括呼啦圈、跳绳、毽子、皮筋、鼓、篮球、足球等。这些体育器材虽然简单，却能激发学生开展体育活动的兴趣。

3. 以资源整合为主题，立体式发展

仅仅靠体育与健康教师组织和管理大课间体育活动显然是不够的，还需要有其他学科教师的参与，有效地分工协作，如音乐教师负责音乐的安排，体育与健康教师负责体育训练。

4. 确保大课间体育活动时间充足

一些学校过分强调文化课的教学质量，安排的大课间活动时间比较短，学生因此没有真正得到充分的活动，每天锻炼时间不足一小时。

5. 评价指标体系的构建

学校应设立评估团队，记录每个班级的出勤情况、活动和比赛成绩，并纳入期末班级管理总得分，得分为优秀课评价指标之一。平时的检查纳入班级月度考核，及时反馈每月的教师评价，提高积极性。

开展好体育与健康课程是培养学生良好习惯、增强学生体质的关键，是素质教育的前提和基础，应引起重视。教师要联系体育与健康学科的发展特点，关注学生的实际学习情况，引导学生在有效参与体育与健康学习及锻炼时形成良好的身体素质，发挥体育教育对学生体质、技能、心理等多方面的塑造功能，为学生全面发展及进步打下良好的基础。总之，教学方法不应仅仅局限于这几方面，体育与健康教师还应该不断总结经验，开拓创新，更新完善教学方法，将新课程理念落实到课堂，更好地服务于学生，服务于教学。

第三章　体育与健康课堂教学的结构

体育与健康课的结构是由宏观结构和微观结构两个方面构成的，受多方面的影响。从宏观角度来看，体育与健康课的结构要遵循认识论、心理学、教育学和生理学的基本原理。从微观的角度而言，体育与健康课的结构则受制于课的目标、类型及教学对象特点等因素，基本结构必须突出知识和技术学习的主线。

一、体育与健康课结构的概念

体育与健康课的结构，是指构成一节课的几个部分和各部分内容的安排顺序、学习目标、重点难点、教学流程、组织教法、时间分配等。体育与健康课的结构之确立主要是以人体的生理机能活动能力变化规律为依据，并受体育教学特点制约。

体育与健康课一般分为开始部分、准备部分、基本部分和结束部分。至于每部分的内容和组织安排等，则因课的目标、教学内容、学生情况以及作业条件（场地、器材、季节气候等）的差异而有所不同。

二、四段式课堂教学结构的要素分析

（一）开始部分

开始部分的内容，按照其性质和目标可分为组织教学所必需的课堂准备、队列队形练习和提出本节课学习任务以及安全注意事项。

（二）准备部分

准备部分的内容分为一般性准备活动和专项准备活动。一般性准备活动，包括身体的一般发展的内容，主要促进学生身体全面发展，使全身各肌肉群、关节、韧带得到充分的活动。进行一般性准备活动时应注意较弱的肌肉群的发展，注意动作的准确性。它的组织方法一般采用集体形式进行，可定位做，也可在行进间做，还可根据具体情况变化队形，以提高学生的学习兴趣。专项准备活动则应根据教学内容安排有针对性的热身，比如球类的球感球性练习、田径起跑的反应激活练习等。

（三）基本部分

基本部分是教学过程中的主要环节，也是衡量体育与健康课教学目标完成与否的主要部分。进行基本部分的组织教学，应注意以下几点：

1. 要合理安排好主要教材的学习顺序。

2. 在基本部分教学中，应根据课的目标和主要教材的性质与学生的特点，安排一些必要的辅助练习、诱导性练习、转移性练习和发展身体素质的练习，以便学生更好地掌握教材内容和提高身体训练水平。

3. 要合理安排好运动密度与运动负荷 ，注意练习与休息合理地相互交替。练习的次数少、时间短、强度大，不利于体育技术、技能的掌握，且对发展身体、增强体质的效果也不大。教师要善于根据课的目标、教材性质、学生特点和场地器材设备等具体条件，采取切实可行的方法组织教学。

4. 基本部分可根据人数、场地器材条件以及教材的特点，采用全班的、分组的或个人的形式进行练习，以便贯彻区别对待的原则，一般可采用分组练习的方法。

（四）结束部分

结束部分应根据基本部分最后一个教材内容的性质，选择一些逐步降低运动负荷的练习。结束部分一般采用全班集体形式进行。在教学中，不能忽视结束部分，不能挤掉这部分内容而仓促下课，否则不仅会影响课的效果，也会影响下一节课的进行，甚至会影响学生的身体健康。

三、课堂教学结构研究的背景

马赫穆托夫认为：“课的结构是作为一种有益的组织知识，作为一种指示和标准理论而被人们理解和运用的。”然而人们由于过多地强调“教无定法”而忽视了教学应当有“法”的一面，忽视了对这种“组织知识”和“标准理论”的研究。在冲破了赫尔巴特和凯洛夫的模式之后，部分教师并没有真正建立起科学的课堂教学结构体系，课堂教学的随意性很大。不少教师对四十五分钟的课时缺乏通盘的考虑，导致课堂结构松散，教学实践不能落到实处，在学习研究优秀教师的教学经验时，也往往偏重于他们的教学艺术而忽视了对他们的教学模式的研究，因而不能从整体上把握优秀教师教学经验的科学内涵，只重视局部的、形式上的学习模仿。违背教学规律的“蛮干”现象屡见不鲜，影响了教育教学整体效益的提高。

首先，一堂课的效果如何，取决于课堂结构是否合理。

系统论告诉我们，整体大于个体孤立部分的总和，总体功能不是各个要素功能的简单相加，而是一种新的、独特的功能。因此。我们在研究课堂教学的时候，不能只重视局部的优化，而应当着眼于整体的优化，从整体目标出发，研究课的各个组成部分的相互联系、相互结合和相互制约的规律，使课的各个要素相互协调、相得益彰。而形成这样一个整体的关键便是结构。事实上，大部分教师在教学上有自己的个性或优势，或知识渊博，旁征博引；或擅长表达，口若悬河；或教风严谨，精雕细刻；或精于启发，循循善诱；或巧于点拨，画龙点睛……但这些都是局部的优势，要想上出高效率的课，必须依靠课堂结构的整体优化。许多优秀教师的课总是结构合理、板眼清晰、重点突出、详略得当、衔接自然、起伏和谐、技巧娴熟、语言精湛，使人如坐春风、乐而忘返，使课堂教学进入理想境界。我们若细细品味一下这些课，就不难发现，虽然他们的课千姿百态，有鲜明的个性，但是他们的课总有个"谱"、有个模式，即遵循教学目标和教学规律的要求，找到并采用一种包括教学原则、形式、方法等在内的教学结构格式。他们成功的关键在于课堂结构的合理和教学艺术的精湛。

其次，优化的课堂结构是培养全面发展的新人的重要条件。

苏霍姆林斯基认为，完善的智育的一个非常重要的条件，就是教学方法、课的结构以及课的所有组织因素和教育因素，都应当与教材的教学目标和教育相适应，与学生的全面发展的任务相适应。系统的结构决定系统的性质和功能，结构和功能总是相互制约的，只有当教学处于合理的课堂结构之中，才能为学生的全面发展提供条件。我们常常看到这样一些情况，有些教师一味强调"发挥讲的优势"，一讲到底的课堂结构很不合理，学生处于被动、消极、受压抑的境地。在这种单调沉闷的课堂结构的禁锢之下，一个生气勃勃的班级很快就会变得死气沉沉，学生的智能得不到充分的发展。有些老师则不然，他们认真备课，精心设计教案，注重课堂结构的优化，引导得法，点拨有方，能大大地调动学生的学习积极性，甚至原来死气沉沉的班级在这合理的课堂结构中也变得生气勃勃，学生的智能也在"活"的教学环境中得到发展。

再次，抓住了课堂教学结构的优化，也就抓住了教学改革的"牛鼻子"。

改革的目的是自我完善。优化课堂教学结构本身就是一项重大的改革，必然会带动其他方面的改革。因为，整体的课堂教学结构是系统的空间结构和过程的时间结构的统一。它不是线型的而是立体的：它不是单一的"环节"或"过程"，而是内涵极其丰富、涉及到许多教育因素的复杂结构。任何课堂结构都可以把教育思想、教学原则、教学方法、教学手段以及教师、学生、环境系统地组装起来，形成一个综合体。课堂结构的优化必须以先进的教育思想、科学的教学原则、正确的教学方法为前提。因此，优化课堂结构必然会推动教育思想、教学方法、教学手段等各个教学因素的变革。

四、合理设计课堂教学结构的意义

体育与健康课堂教学结构可以理解为是一节课的教学中所包含的几个组成部分。而优化课堂教学结构则指原有传统的体育与健康课组成部分在施教过程中依照教学结构“统一化”所带来的以教师为主体的“重教轻学”的方式进行调整、组合、优化，以促使学生积极地学、主动地练，使学生真正成为课堂的主体、学习的主人，充分发展他们的个性，从而在合理结构的教学中给学生的全面发展和创造力的提升提供较好的条件和环境。

优化体育与健康课堂教学结构源于提高教学效果的需要，同时也是“以学生为本”教育思想的体现。一堂课的效果如何，很大程度上取决于课堂结构是否合理。因此，我们在研究课堂教学的时候，不能只重视局部的优化，而是要注重课的整体结构，研究课的各个组成部分的相互联系、相互结合和相互制约的规律，使课的各个要素相互协调、相得益彰。事实告诉我们，教学的艺术是附丽于教学的科学性的。只有重视课堂教学结构的研究，才能充分揭示课堂教学的一般程序、课堂教学诸因素的内在联系和课堂教学的普遍规律。只有优化课堂教学结构，才能实现依靠普通教师教好普通学生的愿望，达到大面积提高教学质量的目的。

由此可见，优化教学结构，源于提高课堂教学效益的需要，源于更新教育观念、深化教育教学改革的需要，也源于培养适应社会主义现代化建设的全面发展的新人的需要。

五、设计过程中要注意的问题

（一）明确教学设计的出发点

教学设计的出发点是为了促进教学，因此教师要深入分析教学中存在的问题，并围绕教学问题的解决开展设计活动，不能为了设计而设计，为了编写教学设计方案而设计。

（二）立足于正确的教学设计观

在教学设计中，一方面要充分体现教师的主导作用和学生的主体地位，另一方面要强调方法的应用，从方法论范畴来思考设计教学，而不是以媒体观为指导，围绕教学资源展开教学设计活动。

（三）教学设计的要求

1. 课标要求与教材分析

要说明本单元内容属于课标哪部分的内容，要列出课标中相对应内容的具体要求，最好将对应的条款都写出。要写出本单元教学内容在整个学科体系中的位置及前后联系，能够对本单元内容进行分析，并初步理解编者的意图。能对本单元的教学提出主要的教学建议。

2. 学情分析

这部分内容要结合学生的实际进行分析，特别是要能够结合本校的实际，以及学生的真实状况，如果能列出具体的数据更好。教师非常认真、详细地了解学生的情况，这是活动设计和实施的基础，反映了教师把新课程的理念和自己的教学实践结合起来的努力。

六、实践案例

（一）体育与健康课实践案例

足球大单元（模块化）教学计划——以前 6 课时为例

指导思想	以新时代党的教育方针为指引，依据《义务教育体育与健康课程标准（2022 年版）》的基本理念，紧跟课改发展趋势，遵循运动科学原理和人体发育规律，关注个体差异，持续促进学生身心健康、体魄强健	
单元学习目标		
运动能力	学生掌握足球守门员技术，加强接抛球能力，增强速度、反应、力量、灵敏等身体素质	
健康行为	通过本单元的学习，学生学会做守门员时的基本技术，从而保护自己以免受伤	
体育品德	体验足球的乐趣，学会团结与合作，勇于挑战自我	
课次	运动能力发展目标	教学内容
1	1. 通过体验学习守门员接抛球的方式 2. 发展学生的协调、力量、灵敏素质	1. 站立姿势与手势 2. 静止接抛球练习 3. 接抛球练习 4. 通过游戏比赛进行练习
2	1. 通过学习熟练掌握接抛球能力 2. 发展学生的协调性、灵敏、速度素质	1. 接抛地滚球练习 2. 单腿跪撑式接地滚球练习 3. 通过游戏比赛进行练习

（续表）

课次	运动能力发展目标	教学内容
3	1. 通过学习掌握侧滑步和交叉步多种脚步移动接球的能力 2. 发展学生的反应能力、灵敏和协调素质	1. 半蹲快速向侧面滑步和交叉步跑 2. 向相距3—5米处的守门员反复快速掷球和击球，守门员接球后抛回 3. 融合专项体能进行练习
4	1. 通过学习掌握扑球基本动作练习 2. 发展学生的灵敏、协调、速度素质	1. 向守门员侧面掷或踢地滚球，守门员快速倒地扑接球 2. 单手肩上或体侧掷球，掷远掷准
5	1. 通过学习掌握接高空球、双拳击球的技术动作 2. 发展学生的速度、灵敏、协调素质	1. 近距离大力射门，守门员快速扑接球 2. 单拳或双拳击球，击远击准 3. 融合专项体能进行练习
6	结合前几节课学过的内容加上练习的熟练程度，进行足球守门员接抛球基础运动能力比赛，发展学生的爆发力、力量、协调性	1. 复习之前学过的内容 2. 球感热身赛 3. 接抛球练习 4. 结合体能进行专项比赛

义务教育体育与健康课程教学课时计划（水平二，四年级）

发展守门员抛接球能力单元（模块化）

第 2 课时　发展足球守门员接抛球能力教学设计

学情分析	本次课的授课对象为四年级学生，身体处于平稳发展的时期，身高与体重每年增加。这时期的孩子大脑处于飞跃发展的阶段，兴奋水平提高，表现为既爱说又爱动，注意力比一二年级时有所提高。这个阶段的孩子喜欢模仿，小肌肉群正处于发展阶段，协调性有了很大的发展，不过不宜做强度太大的运动或时间太久的体育项目
教材分析	足球运动是学生特别喜欢的一项体育运动，有很强的集体性和趣味性。足球守门员的训练能发展学生的多项身体素质，还可以充分激发学生参与活动的积极性和主动性，提高学生的综合素质，培养竞争意识和团队合作的精神，但如何进一步提高守门技能，需要教师加以引导。本节课是按照足球水平二来设计的，课程内容以守门员正面抛接地滚球为主。为了提高孩子们的兴趣和学习的激情，笔者设计了一节以赛代练的课，体现了“学、练、赛”的教学导向，充分调动了孩子们学习的积极性，从整节课学习效果来看，是非常有效的，几大核心目标全部达成

（续表）

教学方法	坚持“学、练、赛”的教学主张，采用“验、研、学”的教学模式，除了运用启发式教学法、讲解示范法、激励评价法、合作练习法等准备教学法以外，还特别设计了腿部小贴纸帮助本节课教学内容和重难点的目标达成，让学生在比赛环境中体验足球带来的快乐，保持活跃的思维和敏捷的肢体行动，让学生在整个学习过程中提升学习能力，更好地掌握守门员各项基本技术
教学流程	课堂教学准备——准备活动（专项体能）——复习内容——球感热身——接抛球练习——结合技术的体能练习——放松——小结——布置课外作业
场地器材布置	所需器材和场地：足球场一块、40 双手套、40 个标志垫、40 个足球，场地布置如图： 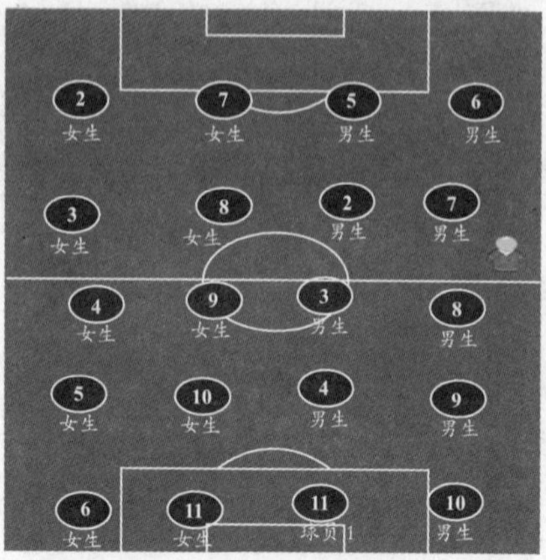
安全防范措施	基于教材本身、场地器材和学生的基本情况，本课的安全隐患主要体现在以下两个方面：一是固态的安全隐患，在课前应做好场地隐患排查，排除安全隐患并设置警示标志；二是在教学过程中出现的动态安全隐患。（1）要求准备活动充分，掌握好正确练习方式；安排好练习位置，避免抛接球时受伤；关注练习中学生的情绪。（2）器材安排合适，教学中出现位移，要及时复位，要注意组与组之间的间隔。（3）学生练习时，个人能力与选择的场地不相符，教师应及时提醒学生调整。（4）在学生练习过程中，可能会出现软组织挫伤、踝关节扭伤、膝关节挫伤及胫骨骨折等运动损伤，要提醒学生受伤后不要随意挪动位置，其他同学不要随意处理，应及时向教师报告，教师在课前还应准备一些夹板、绷带。（5）及时把控学生完成动作时出现的情绪变化

第四章　中小学体育与健康学科教学规范的内涵

教学规范是指规定教学活动和教学管理的基本要求和操作规程，是帮助学生掌握有效的学习方法，注重培养学生良好的学习习惯，建立符合新课程概念，规范指导学校和教师的科学教学新方法。教学规范有助于广大体育与健康教师理解学科的本质属性，确立体育与健康教育新的科学质量观，实现角色和功能的精准定位。

一、教学规范的概述

规范是标准化、规格化。刘勰在《文心雕龙·镕裁》讲过“规范本体谓之镕，剪裁浮词谓之裁”。“镕”指范本、法式意识，如做“钱”的模子。为遵循镕裁之道，需“规范本体”与“剪截浮词”，就像“绳墨之审分，斧斤之斫削”（意思是在木材上用墨线量曲直，用斧头砍削）。规范的形成对于社会制度的建立有着不可磨灭的作用。

教学规范是指规定教学活动和教学管理的基本要求和操作规程，是帮助学生掌握有效的学习方法，注重培养学生良好的学习习惯，建立符合新课程概念，规范指导学校和教师的科学教学新方法。

回顾我国基础教育阶段体育与健康课程标准制定及推广的历程，立足于我国基础教育体育与健康课程改革的基本原则和价值追求，以及对全面颁布的《义务教育体育与健康课程标准（2022 年版）》（以下简称“新课标”）的理解与实施，教学规范为进一步深化基础教育课程改革，促进了中小学教学活动的有效开展，切实提高了教育教学质量，落实在教学的点点滴滴。

二、教学规范的背景

进入 21 世纪以来，世界发达国家对体育课程进行了相应的改革。教育改革的核心是课程改革。课程改革的首要任务是完善结构体系和制定符合课程改革要求的课程标准，所有的教学规范必须符合课程标准。“他山之石，可以攻玉”，比较研究发达国家的教育理念，可以为我国课改提供借鉴。

（一）国外研究现状

1. 英国

英国体育课程改革一直都在努力实现其内容与目标的协调与统一，并在课程目标、内容、课程组织、课程评估等环节努力实现内部平衡，使之发挥综合性的效应。2013 年，英国政府颁发了最新版本的《英国体育课程国家标准》。这个标准希望学生在完成课程学习之时能够知晓、理解、熟练应用各项体育运动基础技能，形成健康合理的体育价值观。

2. 日本

20 世纪 90 年代，日本文部省对全国学校体育的现状，现行的学习指导要领的执行情况以及学生的体力、运动能力和健康状况进行了调查分析，发现在以“问题解决”学习为主要形式的“目标学习”方面，在“选择制教学”方面取得了很大成果。具体表现为学生主动参加体育学习，对体育的关心程度和进行体育活动的主动性有明显的提高。调查表明，日本学校在执行该学校体育学习的指导要领时，可以有效培养学生对体育活动的爱好及自觉参加体育活动的习惯，在实施快乐体育方面取得了可喜的成果。但是，对学生的体力、运动能力和健康状况的调查结果却令人担忧，测试的数据均比 10 年前有所下降，特别是学生的运动能力下降幅度较大。针对上述问题，1995 年至 1997 年日本先后公布了《21 世纪日本教育和体育改革》报告书，提出了 21 世纪日本学校教育和学校体育改革的指导思想、目标和具体对策；2008 年又颁发了《体育健康教学指导纲要》，明确指出义务教育阶段课程内容改革是教学改革重要内容之一。课程内容方面，该指导纲要主张扩张选修幅度，目的是帮助学生在不同方面提升运动兴趣。其中，小学教师可以根据学生的年龄和身体发育特点进行选择性讲授。纲要强调初中和高中阶段体育健康教学要扩大讲解范围和学生运动项目的选修幅度，在确保课程内容与其他科目有联系的前提下，精选教学内容。

3. 美国

2010 年，美国颁布实施第一部全美各州统一参考课程标准《美国州立课程核心参考标准》。该标准强调各学科课程标准的制定不得脱离主体思想和核心要求。美国允许各州各自制定体育课程标准，包括健康与体育课程合设、体育与健康课程分设两种课程模式。2013 年，美国出台了新版《K–12 体育课程国家标准》。美国在对体育课程的理论和实践的研究方面积累了丰富经验，该指导性文件为各州制定体育课程计划和内容提供了参照样本。美国校园体育的良好开展，正是得益于其完善的体育课程标准。

（二）国内研究现状

回顾我国制定和修订中小学体育与健康课程标准和教学大纲的历史，探讨其中的发展规律，对我们研究新时期中小学体育与健康课程改革、推动 21 世纪我国中小学体育与健康学科教育发展是十分重要的。

1904 年，清政府颁布了中国近代史上第一部较为系统的教育法规——《奏定学堂章程》，也称为“癸卯学制”。该章程规定在小学堂、中学堂开设体操课，每周 3 课时。章程规定课程的宗旨是“调护儿童身体”，以培养国民之善性，扩充国民之知识，强壮国民之气体等。1929 年，中国第一部中小学体育课程标准以学科形式颁布，将以往的体操课改为体育课。从 1929 年至 1949 年，国民政府共颁布、修订中小学体育课程标准达 16 次之多。课程标准在体育教学内容及教法选择方面比过去更注重学生的身心发展规律，并提出了教学内容的选取要尽量贴近儿童的生活世界的原则及教学分组的办法。同时，在教学内容的安排上，该标准注重不同学段、年级间的相互衔接，以及强调课内外体育活动要相互联系。由于受当时中国政治、经济、文化发展的限制以及中小学体育课程自身发展水平的制约，这个时期的课标也存在着薄弱环节，主要体现在以下几个方面：

1. 课标目的过于偏重于军事体育和运动技能两个方面的培养。

2. 忽视对体育理论知识的学习，注重运动技能教学，造成了体育与健康学科教育日益狭隘化，也使课标中一些对目标和任务的规定流于形式。

3. 课标中对教法的要求方面过于提倡“自然体育”所强调的“教育即儿童现在的生活”的教育理念，使得体育与健康学科教育实践中出现“放羊式”教学方法。

新中国成立 70 多年来，我国中小学体育与健康课程经历了五个阶段：

1. 建章立制阶段（1949—1977）。在此阶段，中小学体育课程文件的颁布与实施，推动了我国中小学体育课程体系在社会主义教育制度下的建构。即便在“文化大革命”的十年中，中小学体育课程也只是放缓了构建的速度，而并未改变教育方向。

2. 恢复调整阶段（1978—1987）。这一阶段的显著特点不仅是提出了“教育要面向现代化，面向世界，面向未来……必须要把学生的体育摆到应有的位置，予以重视”的体育与健康课程理念，更是体现在体育课程内容分为基本教材和选用教材两部分、体育教学内容有较强的灵活性上。

3. 厚植基础阶段（1988—1999）。这一阶段虽然只有十几年的时间，但政策文件发布数量较多、文件间联系较为密切，为中小学体育课程良好的发展奠定了较为坚实的基础。同时，这一阶段为新世纪体育课程改革埋下了种子。

4. 试验改革阶段（2000—2013）。这一阶段的主要任务是解决中小学体育课程体系中存在的违背素质教育理念的问题，如课程结构单一、学科体系封闭、课程内容存在“繁难偏旧”等。这一时期， 专家们希望通过中小学体育课程标准的制定，助力以素质教育为理念的基础教育体育课程体系的建构。

5. 深化改革阶段（2014 至今）。这一阶段的显著特征是将时代的新要求贯彻到中小学体育教学改革中，在继承 2003 年实验版的精神和基础上，围绕体育与健康学科核心素养对高中体育与健康课程进行了重构。这一阶段颁布的体育课程政策文件能够为落实立德树人根本任务、促进学生身心健康发展发挥出体育与健康学科独特的育人功能。

新中国成立 70 多年来体育课程的演进逻辑则是：从最初“保卫社会主义成果，服务、建设社会主义”，到“坚持走中国特色社会主义道路，为提高民族素质奠定基础”，到“扩大覆盖广度并且强化学习深度”，到“课程体系重构，增强体育课程灵活性”，现阶段到“新时代赋予体育课程新要求，强化体育核心素养的统摄与主导作用”。

我国的中小学体育与健康课程标准从 20 世纪 50 年代至 21 世纪的今天则经历了几个演变时期：

表 4-1 我国中小学体育与健康课程标准演变历程

时期	时间	名称
初创期	1950 年	小学体育课程暂行标准（草案）
初创期	1956 年	中小学体育教学大纲（草案）
扭转期	1987 年	全日制中小学体育教学大纲（试行草案）
恢复期	1992 年	九年制义务教育全日制中小学体育教学大纲（试用）
发展期	2000 年	九年制义务教育全日制中小学体育与健康教学大纲（试用）
发展期	2001 年	全日制义务教育普通高级中学体育（1—6 年级） 体育与健康（7—12 年级）课程标准（实验稿）
发展期	2012 年	义务教育体育与健康课程标准（修订版）
平稳期	2022 年	义务教育体育与健康课程标准（2022 年版）

我国基础教育阶段体育与健康课程标准的与时俱进、不断创新，对提高教学质量、促进学生全面发展、立德树人起到了重要作用。虽然推进课改的过程并不是一帆风顺的，但

是面对各种困难与障碍，新课程改革的步伐从未停止过。我国基础教育阶段体育与健康课程改革的基本原则和价值追求：一是坚持落实“健康第一”的教育理念，促进青少年学生体魄强健、身心健康；二是坚定学科核心素养的思想始终不变，充分体现育人的本质特征；三是坚持课程内容规定性和灵活性的统一，增强课程教学的适切性；四是坚持课程教学方式的多样化，培养学生的运动能力和体育品德；五是坚持发展性和激励性的学习评价，促进学生更好地达成学习目标。

（三）现实情况

课堂教学是学校教育的主阵地。高质量的课堂教学，是每一个教师不断追求的目标。它是教学过程的最优化、教育效果的最大化，是师生完美配合的结晶。随着课程改革的不断推进与实践，中小学体育与健康教学越来越规范。以下就目前课程教学现状给予分析：

1. 在教学目的方面，对体育与健康教学的重视程度不够

中小学体育与健康教学是全面发展教育的突破口，中小学体育与健康教学现状反映了学校体育工作是否能跟上教学改革的步伐。体育与健康教学是实施素质教育的起点，在素质教育过程中起着不可替代的作用。然而在长期的应试教育影响下， 体育与健康课程还是处于“说起来重要，干起来次要，抓起来不要”的尴尬地位。部分中小学为了让学生取得文化课的好成绩，文化课经常占用学生的体育与健康课。体育与健康课程放在知识课程之后，没有与知识课程处在同等重要的位置。另外，部分中小学的学生锻炼时间少，锻炼量较少，导致部分中小学的学生出现体质较弱、身体发育不完善的情况。尤其是因为长时间伏案，部分学生的脊椎出现了一定的问题。可见，体育与健康教学的作用尚未得到应有的重视。

2. 在教学内容方面，体育与健康教学内容单调

中小学体育与健康教学内容有理论和实践两个方面。但在大多数的中小学教学体系中，体育与健康的教学内容通常偏于实践方面，比较具体。理论课的传授对于中小学生来说比较抽象，因而常被忽视。而实践课一般会包括队形训练、广播体操、跳远、跑步、跳绳、球类等内容，根据学校具备的器材进行教学，如有跳绳的就上跳绳课，有篮球的就上篮球课，有排球的就上排球课。还有的中小学经费不足，缺乏器材和设备，只能安排学生在教室上自习或者进行简单的徒步或跑步训练等。除此之外，还有如没有专业教师等问题。这些问题都造成了中小学学生不能很好地参加体育与健康课程学习的局面，影响了中小学体育与健康教学活动，阻碍了中小学体育与健康教育的发展。

3. 在教学评价方面，体育与健康教学评价一元化

目前对中小学体育与健康教学的评价大都基于学生体育成绩达标率、学生运动量以及运动时间，成绩高低是评价教师教学质量的一个主要标准。这在一定程度上忽视了学生身心的全面发展，影响了学生身体的发育和成长。同时，对学生学习进行评价的方式依旧是以教师评价学生为主，其次是师生互评，最后是学生互评。由此可见，教师评价仍然决定着学生的体育与健康课成绩，这就导致不能对学生进行全面评价。

4. 在教学师资方面，教师队伍匮乏

在教学活动中，除了按新课标的要求体现学生的主体地位以外，教师是完成教学活动的主导者，是教学这个舞台的导演。但是在目前的中小学体育与健康教学中，既由于体育与健康课的专业性要求较高，又由于经济条件的制约以及学校本身对体育与健康教学的不够重视，存在着以下问题：许多中小学体育与健康教师专业知识不够扎实，对体育与健康的教学目标不够清晰，教学方法比较死板。一些学校为了充分利用学校教师资源，甚至让一些教学任务不繁重的教师承担体育与健康教学工作。有的学校的体育与健康教师是从校外临时聘请的，他们无法充分了解学生的身心发展特点，也不能更好地响应国家号召，完成国家所规定的教学任务。除此之外，有的学校担任体育与健康教学工作的教师教学观念比较陈旧，不能与时俱进，使学生对体育与健康课失去了兴趣。

三、价值或目的意义

现代的生产方式和生活方式导致人们体力活动减少，心理压力增大，这使人们更加关注自己的健康和生活质量。而新课标要求：坚持“健康第一”的指导思想，促进学生健康成长，注重激发学生的运动兴趣，培养学生终身体育的意识，以学生发展为中心，重视学生的主体地位，关注个体差异与不同要求，确保每一个学生受益。基于以上观念，新课标具有了增进学生的身体健康、提高学生的心理健康水平、增强学生的社会适应能力、使学生获得体育与健康知识和技能的价值。

四、教学规范的内涵与核心要素

教学规范来源于新课标，以下将从课程实施、组织教学与方法、学习评价等几方面进行分析：

（一）教学内容的选择

为了更好地达成教学目标，我们可以选择多种教学内容。教学内容的灵活性、可选择性在这里得以充分体现，课程目标的多功能性也体现了出来。那么我们要如何选择教学内容呢？

选择教学内容的依据有两点：①社会的需要和学生发展的需要；②教学目标。

社会对学校体育与健康课的需要是：思想品德教学、促进学生的身心和谐、让学生掌握运动技能、培养学生的体育能力，提高学生的文化素养。学生发展需要是：健全的人格、健康的身体。学生个体体育的需要是：愉悦身心、满足兴趣、实现自身价值。从行为科学看，需要产生动机，动机引导行为。因此，学生自觉地参与运动源于学生个体的体育需要。如果学校体育不符合学生的需要，那么他们的运动参与就失去了内驱力；如果学生对体育学习和锻炼缺乏自主积极性，那么社会对学生的体育要求也会成为一句空话。

根据教学目标选择教学内容，体现了在课程标准的引领下我们不是在“教教材”而是在“用教材”，在利用教材的特性去完成各个领域的教学目标。

选择教学内容要符合的要求：①健身性与科学性；②兴趣性与实效性；③地域性与简易性；④继承性与时代性。

为了适应学生的身心特征，提高学生的学习兴趣，可以对一些竞技运动项目适当地进行改造，如简化规则、降低难度等。同时也可以根据实际情况，在课堂教学中引入一些学生喜爱的新兴运动项目。在少数民族和有条件的地区，还应挑选整理一些民族民间体育活动项目，引入课程教学，以提高学生对民族传统文化的了解程度，并增强其民族自豪感。

（二）教学目标的表述

1. 教学任务和教学目标的区别

在制定各种教学计划时应注意教学目标与教学任务的区别。首先，我们来进行教学任务和教育目标的对比（见表 4–2），然后依次列举一些案例进行更为具体的比较（见表 4–3）。

表 4-2　教学任务和教学目标的区别

教学任务	教学目标
以教师为主体	以学生为主体，是在一定教学时间内各种教学活动行为要达到的标准
比较笼统，分不出阶段和层次	采取具体的行为动词进行表述，因而对教学过程的阶段、深度、层次有明显的限定
是教师对教学的期望，缺乏量和质的规定性，观察和测量都难以进行，其结果难以评价	将教学任务具体化、量化，使其有可观察、可测量、可作评价的依据
一般为老师所掌握	师生都要明确和掌握。学生可以根据教学目标进行自主学习和自我检测，有利于提高学生学习主动性

通过对教学任务和目标的比较，我们可以看出一般表述得当的教学目标应具有两个特征：①必须说出目标内容，即说明做什么、如何做；②应当用特定术语描述学生学习后应该能做（产生）的以前所不能做的事，即学习后所要达到的结果的详细规格。

表 4-3 教学任务和教学目标的表述案例比较

教学内容	教学任务	教学目标
跑	不同距离越过不同数量障碍物跑的练习 初步学会通过障碍物的动作方法，发展灵敏、速度等素质	利用器械做跨越、钻过和绕过一定障碍的练习，发展位移速度和动作速度
棍棒操	掌握棍棒操的动作要领，培养学生的节奏感和协调性	初步学会在音乐的伴奏下进行简单而有节奏的身体运动，说出所学简单动作的术语。会做简单的组合动作，体验节奏感、韵律感，在活动中充分展示自我并具有良好的合作精神
跨越式跳高	学习侧向助跑、起跳时重心下降、用力起跳的技术，发展弹跳力，培养勇敢顽强的良好品质	初步了解跨越式跳高的动作技术，知道简单的运动术语。如：助跑、起跳等。能主动观察评价同伴的运动动作
跨越式跳高	进一步学习跨越式跳高技术动作，改善两腿依次过竿技术，发展跳跃能力及灵敏性、协调性	学会跳跃时用正确的姿势着地，提高自我保护的能力，并从中获得运动的基础知识，运用到实际生活中。如：能观赏电视中的体育比赛

2. 教学目标的表述要求

教学目标的表述有三个基本要素：行为、条件、标准。结合体育与健康教学，我们可以作出以下解释。

行为的表述：主要说明学习者通过学习应能做什么。我们表述行为时要使用一个动宾结构的短语。如：“说出”“列举”“做出”等具体的行为动词，再加上学习内容的宾语。这样可使对学习目标的表述更具可观察性、可测量性，如：学生能够做出简单动作组合。

条件的表述：主要说明行为是在什么条件下产生的。条件包括时间、环境、人的因素等。如：学会在音乐伴奏下进行有节奏的身体活动；在帮助下完成。

标准的表述：指出行为的最低标准，是对行为的结果作出具体的描述，一般从行为的速度、准确性、质量等来确定。如：学会 1—3 节广播操动作；知道身体基本部位。

（三）教学计划的制定

新课标最为主要的特点就是按水平划分阶段和按学习领域设置目标，改变了大纲以教学内容的完成统领教学活动的情况，实现了以目标的达成来统领教学活动。由此，教师制定的教学计划应包含水平计划、学年计划、学期计划、单元计划和课时计划。

1. 水平计划的制定

在制定水平阶段教学计划时应该对整个水平阶段有一个整体的考虑，而不是仅对一个学期或一个学年的考虑。这既需要教师对新课标所提出的目标群有一个完整的认识和把握，又需要我们对每一个目标进行认真思考和分析，以使水平教学计划更有助于学生达成相应的水平目标。教师首先可以在对水平目标进行认真研究的基础上仔细地考虑可选择哪些教学内容来达成哪项目标，然后对这些教学内容进行认真仔细的筛选，优化组合，最后制定出水平教学计划。

2. 学年计划的制定

在制定学年教学计划时，首先根据五个学习领域的目标制定学年教学计划。在确定学年教学目标时，既要有运动参与、运动技能和身体健康的目标，也要有心理健康和社会适应的目标。值得注意的是，各学年教学目标仅是水平目标的一个层次而已。如："水平四"目标应分别反映在7—9年级各年级的教学目标之中。在制定出学年教学目标后，根据"健康第一"的指导思想以及学校场地、器材的条件确定每个学年的教学内容，完成学年教学计划（见表4-4）。

表4-4 《体育与健康》7年级学年教学计划（水平四）

领域	年级目标	参考教材	
		上学期	下学期
运动参与	积极参与体育活动；能合理安排锻炼时间	（1）体育游戏 （2）体育锻炼对机体主要系统的影响	（1）简单的身体练习方法 （2）科学锻炼身体

（续表）

领域	年级目标	参考教材	
		上学期	下学期
运动技能	了解所学项目的简单技战术知识和竞赛规则；发展技战术能力；能安全进行运动	（1）篮球运动的技术和战术简介 （2）篮球技术（体前变向换手运球等） （3）田径（实心球） （4）体操（屈体后滚翻） （5）武术（五步拳）	（1）篮球运动规则简介 （2）简单篮球战术（传切、掩护配合） （3）田径（障碍跑） （4）韵律操（自编操） （5）武术（少年拳）
身体健康	发展速度、耐力和灵敏性素质；理解身体锻炼的积极作用；知道生活方式对健康的影响	（1）田径（障碍跑） （2）耐力性游戏 （3）体操（屈体后滚翻） （4）篮球 （5）如何选择运动需要的健康营养食品	（1）田径（接力跑、快速跑） （2）跳绳 （3）体操（肩肘倒立） （4）篮球 （5）不良生活习惯的危害
心理健康	学会一些调节情绪的方法	自我暗示方法	呼吸调节法
社会适应	识别体育中的道德行为；理解不同运动角色的任务	（1）篮球游戏 （2）区分体育运动中的不道德行为	（1）角色游戏 （2）体育运动中如何避免不道德行为

3. 单元计划、学期计划及课时计划的制定

在旧的教学大纲中，教材内容是按运动项目进行分类的，因此，同一个运动项目就是一个教学单元。而新课标是按照体育的功能进行分类的，因而具有同一功能（即完成同一教学目标）的教学内容应分到同一个教学单元中去。由此可见，依据新课标设计的教学单元中，可以只有一个教学内容，也可以出现多个教学内容，但不论选择什么内容、采用何种方法，都应有助于学习目标的达成。

学期教学计划也称教学进度。教师在制定学期教学计划时也要依据学年教学计划和单元计划，进行适当的调整和补充。只有如此，教师才能使学期进度更具实用性和操作性。在制定时以运动参与、运动技能、身体健康为活动的载体，以心理健康和社会适应为两翼，将单元计划合理分配到五个学习领域中去。

制定课时计划要体现以下几点：①指导思想明确，在教案中有所体现；②确定具体明确的教学目标；③教学程序清晰，教与学的方法有所表现；④教学各部分的时间内容安排要有弹性，留有空间，使教师拥有创造性的教学的展示舞台；⑤准备教案中要有课后小结或教学反思。

在此，不对以上各类教学计划的制定逐一举例说明，但是在制定各类教学计划时应突出以目标的达成为统领来组织安排教学的各项工作。

（四）体育教学的组织与方法

1. 课程环境的改变

新课标的实施必然导致课程环境的改变，那么让我们来看一下传统课程环境与新课程环境的区别（见表4–5）。

表4–5　传统课程环境与新课程环境的区别

表现方面	传统课程环境	新课程环境
课堂活动	教师中心	学生中心
学生的发展	单向发展	多方面发展
学习方式	独立学习	合作学习
学习状态	接受学习	探究式学习
学习反应	被动反应	有计划的行动
学习内容	基于事实知识的学习	基于批判思维和选择决策的学习
教学背景	孤立的人工背景	仿真的现实生活背景
教学媒体	单一媒体	多媒体
信息传递	单向传递	双向 / 多向传递

2. 练习方法与组织技巧

基于以上课程环境的改变，教师依据教学活动的具体要求来选择练习方法（见表4–6）、组织技巧（见表4–7）。

表 4-6 练习方法示例

分组练习法	轮换	不轮换	对等	不对等	
散点练习法	大散点	小散点	控制	非控制	
集体练习法	同心圆	大圆	多圆	长方形等	
讲解示范法	教师	学生	分组	对比	图像
积分练习法	相加	递减	互加	互减	

表 4-7 组织技巧示例

目标把握的技巧	课程目标	水平目标	领域目标	
开始引导的技巧	情景导入	游戏导入	艺术导入	
整体安排的技巧	主题	主线	合并	层次
场地布置的技巧	图案	实用	多用	自然
器材运用的技巧	设计	制作	研究	创新
音乐选择的技巧	节奏	情绪	速度	思想
动作编排的技巧	健身	艺术	专业	特色

3. 教法与学法

教学方法是教师为达到教学目的而开展的教学活动的总称。教师的教法和学生的学法互相影响和制约，教师的教法必然通过学生的学法体现出来，学法实际上是教师指导下的学习方法。现列举教法与学法及教学形式示例（见表 4–8）。

表 4-8 教法、学法、教学形式示例

教法	学法	班级教学形式	分组教学形式
目标教学法	自主学习	行政班	随机分组
主题教学法	合作学习	男女分班	同质分组
分层教学法	创造性学习	男女合班	并质分组
信息教学法	探究式学习	依兴趣分班	合作分组
创设情境法	延伸性学习	依爱好分班	帮教分组
区别对待法	信息化学习	小班化教学	友伴分组
竞赛激励法	评价式学习	合理化	目标分组

学习方式的多样性与互补性这一特点对于学习方式的选择和运用显得尤为重要。任何

一种学习方式的运用，我们都要用辩证的观点分析对待。如，“自主性学习”实质上是一种学习原则，提倡“自主性学习”是说明过去的体育与健康教学中学生自我学习的“空间”还不够。它是对传统教学方式的挑战，但绝对不是对接受性学习方式的否定。我们提倡多样的学习方式并存与创新性运用，无论是接受性学习方式、合作性学习方式、探究式学习方式或是其他学习方式都应纳入到选择和运用的范围。

4. 体育学习评价

评价有助于了解学生学习情况与表现以及达到学习目标的程度，判定学生学习中存在的不足，分析其原因，并改进教学，给学生提供展示自己能力水平的机会，鼓励和促进学生的进步与发展。

由于新课标较之旧的教学大纲有较大变化。因此，学习评价的重点也发生了转变（见表 4–9）。

表 4–9　体育与健康课程学习评价的重点

不太强调	比较强调
评价与遗传因素相关较大的体能等	评价教学过程中较为相关的态度、行为等
评价对体育与健康知识的记忆	评价对体育与健康知识的理解与运用
评价对单个运动技术的掌握水平	评价运动技术的运用和运动参与程度
仅评价最终成绩	既评价最终成绩，又评价学习过程和进步幅度
仅由教师进行外部评价	学生在学习过程中的自我评价、互相评价和教师评价相结合

学习成绩评定的内容应与课程目标相一致，尤其是需要与学习领域的水平目标一致。这样才能更好地促进学生的全面发展。由于新课标的五个学习领域的设置，学生的学习评价也必须反映这五个领域目标。所以学习评价的内容应包括体能的评定、知识与技能的评定、学习态度的评定、情意表现与合作精神的评定。

依据体育与健康课程标准的目标与内容，采用的学习成绩评定方法不应是单一的，而应是多元的。体能、运动技能的评定可采用定量与定性评价相结合的方法进行，学习态度与行为、情意表现与合作精神的评价可采用以定性评价为主的方法进行。在具体实践中进行评价时，可采用学生自评、小组互评、教师评定的方式进行。体能的学习成绩评定应采用绝对评价标准和相对评价标准相结合的方式进行（见表 4–10）。

表 4-10　学生学期体育与健康成绩综合评定表

<table>
<tr><th rowspan="4">序号</th><th rowspan="4">姓名</th><th colspan="3">学习态度</th><th colspan="6">知识与技能</th><th colspan="6">体能</th><th colspan="2" rowspan="3">情意表现</th><th colspan="2" rowspan="3">合作精神</th><th rowspan="4">学期成绩</th><th rowspan="4">等级</th></tr>
<tr><th rowspan="2">出勤</th><th colspan="2" rowspan="2">积极参与</th><th colspan="3">项目</th><th colspan="3">……</th><th colspan="3">项目</th><th colspan="3">……</th></tr>
<tr><th colspan="3">×××</th><th colspan="3"></th><th colspan="3">×××</th><th colspan="3"></th></tr>
<tr><th>师评</th><th>互评</th><th>师评</th><th>自评</th><th>互评</th><th>师评</th><th>自评</th><th>互评</th><th>师评</th><th>自评</th><th>互评</th><th>师评</th><th>自评</th><th>互评</th><th>师评</th><th>互评</th><th>师评</th><th>互评</th><th>师评</th></tr>
<tr><td>1</td><td></td><td></td><td></td><td></td><td></td><td></td><td></td><td></td><td></td><td></td><td></td><td></td><td></td><td></td><td></td><td></td><td></td><td></td><td></td><td></td><td></td><td></td></tr>
<tr><td>2</td><td></td><td></td><td></td><td></td><td></td><td></td><td></td><td></td><td></td><td></td><td></td><td></td><td></td><td></td><td></td><td></td><td></td><td></td><td></td><td></td><td></td><td></td></tr>
<tr><td>3</td><td></td><td></td><td></td><td></td><td></td><td></td><td></td><td></td><td></td><td></td><td></td><td></td><td></td><td></td><td></td><td></td><td></td><td></td><td></td><td></td><td></td><td></td></tr>
</table>

总的来说，无论体育与健康课程管理的形式怎样变，体育与健康学科特性不会变；无论课程目标领域怎样变，教育的基本理念和目标不会变；无论手段的划分怎样变，体育与健康教学的对象是全体学生不会变；无论教学结构怎样变，体育与健康教学的实用性、趣味性、艺术性的原则不会变。

第二篇 规范篇

第五章　教学设计的规范

本章聚焦学习者教学设计规范化撰写及实施能力发展。援引教学设计规范化撰写及实施能力发展教学实践的刚性要求，阐述教学设计对教学实践的支撑作用；围绕《义务教育体育与健康课程标准（2022年版）》，落实“教会、勤练、常赛”要求，注重“学、练、赛”一体化教学，加强课程内容整体设计，注重教学方式改革等课程理念，对体育与健康教学设计的整体结构、环节要素、撰写方法、实践策略进行论述。

一、体育与健康教学设计的定义和核心要素

比较规范的体育与健康教学设计究竟是一个什么样的结构？包含哪些要素？这些要素存在的必要性是什么？搞清楚这些问题，是有效把握教学设计思路与方法的关键所在。

（一）体育与健康教学设计的含义

关于什么是教学设计，不同的教学论专家有着不同的解释，但其中大多数解释都是定位在教学规划、课程开发等含义上。著名教学设计专家加涅（R.M. Gagne）认为：“教学设计是一个系统化（systematic）规划教学系统的过程。”教学论学者赖格卢思（C.M. Reigeluth）也形象地把教学设计比作建筑设计蓝图的准备，把教学开发比作实施这个计划的过程。而有些学者则把教学设计与教学开发视为同一物。我国的教学理论研究者们则普遍认为：教学设计是运用系统方法分析教学问题和确定教学目标、建立解决教学问题的策略方案，是评价实行结果和对方案进行修改的过程。

从以上对教学设计的认识，可以看出：教学设计是对教学的整体规划。体育与健康教学设计可以被理解为：根据教学目的和教学条件，对某个过程如学段、学年、学期、模块、单元和学时的教学，进行各方面的最优化研究工作和计划工作。

体育与健康教学设计是一项牵涉因素很多的研究工作和计划工作。它要从体育与健康教学的基本目的和各个目标实现的需要出发，对体育与健康教学过程中的各个要素进行全

面的分析，科学地制订全面而又系统的体育与健康教学策略，如制定目标，选用教材、场地器材和媒体，设计适当的教程，选用合适的教学模式、教学技术和教学手段，设置优良的教学环境，组织合适的学习集体与选用适当的评价方法等。教学设计要完成对影响体育与健康教学过程的各个要素的科学配置，形成一个最优化的教学设计方案。因此，教学设计是实现体育教学最优化的前提，科学的体育与健康教学设计是保证体育教学质量的必备条件。

（二）体育与健康教学设计主要包含以下八个方面

1. 对学生学习需要和发展需要的分析

进行体育与健康教学设计的第一项工作就是要认真分析体育与健康教学系统的环境，其中最重要的内容就是对学生的学习需要和发展需要进行分析。只有在客观分析学生学习需要和发展需要的基础上，才能提出合理的体育与健康教学目标，并进行科学的体育与健康教学设计。因此，体育与健康教学设计的第一项工作就是要明确学生“为什么而学”“为什么必须学”的问题。

2. 对学习内容的分析

体育与健康教学设计还要对学生需要学习哪些知识和技能，要达到什么程度和水平，体育与健康教学的过程中可以形成何种能力等问题进行分析。学习需要的分析与学习内容的分析密切相关，前者是学生“为什么而学”的问题，后者是教师针对学生的学习和发展的需要决定“让学生学什么”的问题。

3. 对学生的分析

研究表明，教师对学生当前具备的知识技能的了解程度是教学成败的关键。因此，好的体育与健康教学设计，还必须分析学生进入学习前的准备状态，包括学生的身心特点、某项技能的基础等。

4. 教学目标的设计

在分析学生的需要、学习内容和学生自身情况的基础上，要对体育与健康教学目标进行设计和制定。明确而具体的教学目标是进行体育与健康教学策略的制订和体育与健康教学媒体的选择的指导思想，同时也为体育与健康教学评价提供了依据。

5. 教学策略的设计

体育与健康教学策略设计是课程设计的核心和重点。体育与健康教学策略主要研究以下几个问题：课程的类型和结构、教学的顺序和节奏、教与学的活动、教与学的方法、教学的形式、教学的时空安排、教学活动实现对策等。体育与健康教学策略主要解决的是体育与健康教师“如何教”和学生“如何学”的问题。

6. 教学媒体的设计

现代科技的迅猛发展为体育与健康教学提供了越来越多的教学媒体，现在可供选择的体育与健康教学媒体多种多样，我们应该根据体育与健康教学的需要选择最恰当的教学媒体。各种体育与健康教学媒体各有所长和所短，没有适用于所有教学情境的媒体，在教学设计时应遵循“经济有效”的原则来选择教学媒体。选择教学媒体以后，还要进行教学媒体的设计，就是将教学内容与方法转换为印刷的或视听的、具体详细、具有可操作性的实施方案。

7. 教学过程的设计

经过以上三个环节和三个设计阶段的工作，即可着手设计体育与健康教学过程。可用流程图的形式，简明扼要地表现各要素之间的相互关系，直观地表示体育与健康教学的过程，为体育与健康教师提供了一个可供参考的教学设计方案。

8. 教学设计的评价

要确认设计的方案能否带来理想的教学效果，对学习需要、学习内容和学习者的分析是否准确，体育与健康教学目标的确定是否合理具体，体育与健康教学策略的设计是否合理恰当，体育与健康教学媒体的选择与设计是否有效等问题，还必须对体育与健康教学设计的成果进行评价。评价可采用形成性评价，就是在体育与健康教学设计使用之前，先在小范围使用，了解教学设计的可行性、有效性、实用性等。如果不能达到预期目标，则要修改设计方案，直至合理。

二、体育与健康教学设计的原则

体育与健康课程是一门以身体练习为主要手段、以增进中小学生健康为主要目的的必修课程，是学校课程体系的重要组成部分，是实施素质教育和培养德智体美劳全面发展人才不可缺少的重要途径。课程标准强调的四个基本理念是：（1）坚持“健康第一”的指导思想，促进学生健康成长；（2）激发运动兴趣，培养学生终身体育的意识；（3）以学生发展为中心，重视学生的主体地位；（4）关注个体差异与不同需求，确保每一个学生受益。这些课程理念，在体育与健康课的设计上具体呈现为以下需要遵循的原则和要求是：

（一）系统性原则

系统性原则是指在体育与健康课堂教学设计的过程中，自始至终都要贯彻系统论的思想，使其成为有机的统一体。体育与健康课堂教学活动是由教师、学生、场地器材、教学方法、教学内容等要素构成的具有体育教学功能的整体系统。体育与健康教学设计要从整体的角度出发，对课堂活动中的基本要素以及各要素之间的相互关系进行认真的分析研究，比较各种不同要素组合产生的效果，从而选择最优化的教学方案，取得最佳的教学效益。

例如，在篮球教学过程中，如果仅仅着重于活动中的某一方面，简单地满足某种需要，就不能够达到优化体育与健康课堂教学的效果。在未曾充分了解学生的体育基础和运动兴趣的前提下，教师主观上随意地制订偏难的教学目标，不仅让大多数学生无法实现目标，而且也影响了教学效果。再比如，设计排球课的体育教学方法时，必须要考虑场地器材的条件。特别是在乡镇农村学校，经济比较落后，场地器材配备不齐全，尤其需要考虑这一问题。所以有些教学方法虽然本身很好，如人手一球进行练习、分组对抗比赛等，但在没有场地器材的前提下，也是难以实施的。

（二）目标设计的综合性、具体性与重点性相结合原则

目标设计的综合性、具体性与重点性相结合原则是指在体育与健康课堂教学目标设计过程中，要全面地考虑认知的、情感的和技能的各个方面所要达到的目标，而且要突出某方面作为一次课的重点目标，同时对课堂教学目标的描述尽量要具有可操作性。以往的体育与健康课堂教学目标设计主要存在两个问题，即目标的单一性与抽象性。所谓单一性是指过分重视运动技能目标的设计，忽视其他领域目标的设计，体育教学比其他学科教学更有条件注重教学目标的综合性。而所谓抽象性是指有些课堂教学目标很模糊，难以理解，更不易实现。如“水平五”的运动参与目标中这样描述：“有规律地进行体育锻炼”，在运动技能领域中认识多种运动项目对改善身体健康和心理健康、提高社会适应能力的价值。因此，教师需要根据这些上位目标认真分析研究，制订出年级目标、单元目标与课堂目标，逐级细化目标，设计小而可操作的体育与健康课堂教学目标。需要说明的是，目标的综合性不等于每次课都要考虑所有领域的目标，应该根据教学内容的特点与教学阶段选取几个适宜的领域目标进行设计，而且目标设计应该有所侧重。

（三）内容设计的组织性原则

内容设计的组织性原则是指教师面对二次及以上体育与健康课的教学内容，要在认真分析该教学内容的特点、教学目标以及学生特点等基础上，根据教学的综合条件，有目的地组织、加工与改造相应的教学内容，使其更易于达成教学目标。最明显的例子就是在“同课异构”的教学活动中，同样的教学内容经过不同的教师组织或改造会得到不同的教学效果。在课堂中对教学内容进行细化和创新的方法有：简化某个动作的技术结构、降低或增

加难度、修改某项内容的规则、调整场地器材的规格等。很多教师习惯于按照教科书规定的内容直接进行教学，这里有教师的认识问题，也有教师的惰性问题。实际上，教师们只要认真分析教学中的问题，善于开动脑筋，在教学内容的组织与加工方面都会有意想不到的收获和效果。

（四）评价设计的多样性与针对性相结合原则

所谓评价的多样性与针对性相结合的原则是指：教学评价设计要采取多种形式，同时要突出重点评价方法。评价的多样性包括三层含义：其一是评价内容的多样性；其二是指评价方法的多样性；其三是评价形式的多样性。评价内容的多样性表现在运动技能、运动参与、身体健康、心理健康和社会适应五个方面，以弥补以往体育与健康学习评价过分重视技能评价的缺陷，全面评价学生的学习情况。这就提醒教师在设计学习评价过程中要从多个角度评价学生的成绩，而且要让学生对具体的评价内容有一定的选择权。

学习评价的内容包括：体能的评价、知识与技能的评价、学习态度的评价、情意表现与合作精神的评价、健康行为的评价。学习评价方法的多样性表现为：要注意定量评价和定性评价相结合、过程性评价和终结性评价相结合、绝对评价和相对评价相结合。此外，在学习评价的形式方面，既要有教师的评价，同时也要重视学生的自我评价和相互评价。

评价的针对性是指，要根据教学目标、教学方法、教学进度以及主体特征等各种条件，有针对性地选择评价方法。如对于一次新授课，过程性评价是重点的评价方式；而对于一次单元总结课，则要突出终结性评价的重要性。

从体育与健康课程的传统评价与新型评价的比较（见表 5-1）中不难看出二者之间的差异。

表 5-1 体育与健康课程传统体育学习评价与新型评价的比较

传统的评价	新型的评价
评价运动成绩	评价与教学过程相关的态度、行为等
评价体育与健康知识的记忆	评价对体育与健康知识的理解与应用
评价单个技术动作掌握的水平	评价所学运动技术的运用和参与程度
仅评价最终成绩	评价最终成绩，也重视学习过程和进步幅度
仅由教师进行外在评价	教师评价与学生自我评价、相互评价相结合

（五）运动负荷的合理性原则

体育与健康教学区别于其他学科的最大特点就是其以身体活动为载体展开教学，而人体的身体活动是有一定的规律的。体育与健康课堂教学设计要始终依据青少年学生体能发展规律（敏感期）、人体机能适应规律和人体生理机能活动能力变化规律，遵循循序渐进（退）原则，科学安排和监控课堂教学全过程各环节以及学生运动负荷的密度和强度。一般来说，少年儿童机能活动能力的特点是，上升时间短而快，达到最高阶段的延续时间较短，承担急剧变化的负荷量的能力较低。而随着年龄的增长，学生达到最高阶段的延续时间较长，能够承担急剧变化的生理负荷。根据上述人体生理机能变化特点，教师在进行教学设计时首先要明确学生的年龄阶段，进而按照三个阶段的特点设计运动负荷。如在一堂课的开始和结束阶段，不宜安排负荷过大的内容；在课的基本部分阶段，也要根据学生的承受能力安排适宜负荷的内容，保证既能达到锻炼效果，又不至于对学生的健康造成损害。

（六）趣味性原则

趣味性原则是指一次课的教学设计必须让学生感到快乐且充满兴趣。教师无论选择什么样的教学内容，都要时刻铭记教学设计要尽量使呈现给学生的知识、技能带有一定的趣味性。趣味性原则的依据是现代学习论认为影响学生学习的因素不仅有智力因素，还有非智力因素，如动机、兴趣、情感和态度等。此外，体育与健康教学内容大多起源于各种游戏。因此，它拥有与生俱来的趣味性特点。教师要实现课堂教学设计的趣味性，主要应该把握好以下几点：（1）教师应广泛了解学生的兴趣，并针对个体的不同兴趣，来选择和安排多样化的教学。（2）教师在分析教学内容过程时，要巧妙设计符合学生兴趣的接受方式和教学方法，同时对一些枯燥和技能性较强的内容进行适当的加工改造以满足学生的需要，如田径项目等。（3）认真分析教学内容的特性。不同的教学内容的趣味性的种类也不同，不能把趣味性简单地理解为只为学生们开心，这是低层次的趣味性体现，而高层次的趣味性要通过帮助学生在课堂中获得喜悦和成就感（即“享受乐趣”）来体现。

（七）可操作性原则

可操作性原则是指体育与健康教学设计的过程与成果是可以传播并应用于教学实践的。教学设计学产生的目的之一就是架设起教学理论与教学实践的桥梁，如果教学设计的成果难以付诸实践、过于抽象，那么这种教学设计就失去了意义。在当今我国体育与健康课程改革的背景下，以新课标为代表的体育教学指导文件如何顺利地转化为教学实践，很大程度上要依赖于课堂教学设计。因此，体育与健康教学设计的过程与成果必须是具有可操作性的，这样才会使教师们更快地掌握这项技术。再好的体育与健康教学设计，如果无法实施，也就失去了意义。

三、体育与健康教学设计的核心要素

（一）教学内容的选择及分析

教学内容以发展学生运动能力的体能素质和技战术能力内容为主，配以心理能力、安全技能、健康行为和体育品德等协助性内容，以组成结构化的课堂教学内容。准备活动和放松运动要为主教学内容的学习服务，新授内容要与前置内容、拓展性内容关联。课堂开始和结束必须要有队列队形的练习内容。

水平一：以发展学生的灵敏、协调、平衡、柔韧性的动作技术为主的内容，提高学生的感觉统合能力（大脑不同区域协作能力）。

水平二：以简单的闭合性动作技术与2—4个动作的串联教学为主要内容，帮助学生学会、掌握力所能及的运动技能（肌肉自我控制能力）。

水平三：以相对复杂的闭合性动作技术和基本的开放性运动技能为主要内容，提高学生的应对能力（肌肉自主调整应对能力）。

水平四：以闭合性运动技能的运用和开放性运动技能综合运用（情景与情境相结合）为主要内容，发展相互配合与协作能力（环境判断与调整能力）。

水平五：以应对情景或情境运用技术、战术的能力为主要内容，发展心理与实战能力（综合能力）。

体育与健康教学教什么（具体内容）、为什么教（最客观的依据）、怎么来教（最适宜的方法），甚至教到什么程度（达成的目标）等问题都需要在教材分析中有一个较为明确的呈现。教材分析并非只是说明教学内容是什么、有什么特点，而是在全面了解所选教学内容的前提下，深入分析其原理、方法，以及学生所应达到的教学目标。但有一点是明确的，在体育教学设计过程中，对教材本身进行分析是必不可少的环节，凡是不了解、不熟悉教材的教学都是盲目的教学。基于此，在撰写教材分析的时候，要求写实、写深、写全。

（二）教材分析存在的若干现象

1. 脱离课堂的现象

在对已有体育与健康教学设计中的教材分析进行研究后，我们发现，有些教材分析只是在做就事论事的工作。也就是说，就教材而论教材，与课堂教学脱节，很多情况下只介绍了教学内容的特点、功能，只是对教学内容的结构、口诀式的要领进行了总结和归纳，缺乏与课堂实际情况的关联。假如教材分析脱离了课堂，分析的意义就会大打折扣。因此，教材分析需要紧扣课堂实际情况，尤其要与课堂教学的学生、场地器材相关联。脱离学生和场地器材条件的教材分析，是缺乏实效性的教材分析。因为，即使是同一个教学内容，如果教学对象不同、教学条件不同，其教学组织形式也将有较大的差异。而且教学重点把握和教学难点的突破也因对象、条件的不同而不同。因此，教材分析不能脱离课堂实际。

2. 浅显空泛的现象

前面谈到了脱离课堂的教材分析。实际上，还有一些教材分析呈现出了不够深入，语言表述总是围绕着教学内容（运动项目）的特点、功能等展开的现象，内容显得有些空泛，未能凸显出教材分析应有的价值，未能说明教学内容的优势、劣势、安全性、易出现的教学问题和相应的调整策略等。也就是说，教材分析中大都只提到一些教学内容的显性特征与功能，而对教学内容隐藏的内容很少谈及，这势必就会显得浅显而空泛。

3. 千篇一律的现象

部分一线教师的教材分析，或多或少地会让人觉得千篇一律。也就是说，为某一项技术所写的教材分析，将其技术名称更换以后依然适用。甚至有些教师撰写的教材分析已经形成了固定的模式，即便有与学生学习这一因素关联的，也大都只是在泛泛而谈地阐述不同学段、年级学生的生理心理特点、兴趣爱好等，很少涉及认知规律。有的即便是提到了认知规律，也仅仅停留在对规律的描述上，而缺乏对其实际应用性的分析。

以上多种现象若没有规范的撰写格式加以规范和引导，部分一线教师所写的教材分析就会长期停留在不切实际的、千篇一律的层面上。仅仅几百字的教材分析文本，不但反映出了体育与健康教师对教材分析的重视程度、分析的能力水平，而且会对教学质量产生影响。那些不规范、不完整、不深入的教材分析不利于教学质量的提高和对课堂的有效把握。

（三）教学内容核心要素的分析

分析教材要讲究一定的方法，找好分析的切入点，把握分析的关键点。就体育教学的教材分析而言，对教学内容的分析不能只把注意力停留在教学内容本身的特点、功能上，不可忽视教材的重点的分析，更不能缺乏对教学内容的安全性的考虑。

基于此，教材分析是有层次性的，需要首先考虑教学内容的核心要素。对教学内容的核心要素进行分析时，可以从教学内容本身的特点、功能等的分析展开。对各核心要素进行分析的必要性及侧重点如下所述：

1. 教学内容特点的分析

体育与健康教学内容从整体上来看有其自身的特点，与其他学科教学内容相比，学科的特殊性更加突出。从局部来看，各运动项目有其各自的专业特点，与其他项目相比，专业化特征比较明显。从具体的教学内容来看，对单个技术的分析，首先需要将其置入到运动项目之中，对该堂课传授的每个技术的特点要逐一进行分析。

2. 教材功能的分析

体育与健康教学的教学内容一般都具有多功能性。当然，一些教学内容本身还具有其功能的特殊性。体育与健康教师在选择教学内容的时候，实际上首先需要考虑的就是这一教学内容能干什么、能给学生带来什么，尤其是最主要的功能是什么。要充分了解教学内容的功能，无论是运动项目的整体还是单个技术，都需要准确把握其功能和价值。只有这样，才能一方面在教学中采取有效的教学手段，充分地发挥其功能，另一方面选择和搭配辅助的教学内容以促进学生全面发展和强身健体。

3. 教学内容重点的分析

从便于学生掌握的角度来看，各教学内容都应有其重点。这一重点，应在该教学内容的教学过程中呈现。分析教材的时候，切不可忽视对教学内容的重点的分析。通常情况下，把握住教学内容的重点，就能把握住教学的关键，教学时间、次数、要求等的提出，也才具有针对性。假如分析教材的时候，忽略了对教学内容的重点的分析，就很容易导致教学重点不明，眉毛胡子一把抓，从而导致教学的效果不突出。

4. 教学内容安全的分析

除了上述几个关于教学内容的核心要素的分析以外，实际上还有一项更为重要的要素——安全性。体育就好像是一把双刃剑，一方面它有利于促进身体健康、增强体质，另一方面如果把握不好会带来一定的负面影响。如教学内容本身存在一定的安全隐患，但如果在分析的时候未能引起高度的重视，甚至完全忽略了对安全性的考虑，就会因教学内容本身的安全隐患导致安全事故发生。基于此，任何一项教学内容，在对其进行分析的时候，都不可忽视其安全性。安全事故的发生有的是由教学内容本身的性质所决定的，有的是由该项教学内容的准备组织形式所致，还有的是虽然分析到了安全隐患，但因在教学中未采取有效的规避措施而造成的。因此，教师不但需要对教学内容的安全性进行充分考虑，还需要付诸行动，力争将体育与健康教学中的安全事故发生概率控制在最小范围之内。

5. 教学内容关联要素的分析

在分析教材的时候，还要考虑其关联要素。任何一项教学内容都是在一定的教学环境中实施的，实施教学还受课程标准、单元、学生、方法、技巧等的影响，因此不可忽视其关联要素。

四、学情分析

学情分析是体育与健康教学设计中的重要因素之一，对学生情况的把握程度对实现有效教学起着关键性的作用。在进行体育教学设计时，需要充分考虑学生的情况，不但要了解学生的人数、性别、年龄、生理和心理特点、认知水平、兴趣、爱好等基本信息，还要对学生的运动技术与运动素质基础、体育学习行为表现、态度等作深入的分析。因此，要想写好学情分析，一定要与课堂关联起来，脱离课堂的学情分析很容易走进形式化的误区。有的学情分析几乎写成了可以呆板套用的通用模板，这种现象尤其需要避免。

【案例 1】

首先，高一年级学生刚入高中，这些学生学习热情比较高涨，态度比较端正，能以较大的热情投入到体育与健康课的活动之中。其次，高一的大部分学生在初中的学习过程中很少接触到羽毛球这一运动项目的课程教学，只有少部分学生接触到且掌握了正、反手握拍和正手发球等基本技术动作，但是技术细节不够准确。因此，需要在高中阶段向其普及羽毛球基本技术动作，并使其在技术细节方面提升改进。再次，由于课堂采用的是选项走班制的教学模式，学生大部分起点较低，但却非常喜欢羽毛球，乐学善思，自学能力强，教师应把握这一特点，以小组的形式让学生相互学习，鼓励班里水平较好的学生辅导和帮助其他同学完成练习。最后，高一年级学生身体素质较好，活泼好动，运动起来容易忽略自我保护，在教学中应强调体育运动安全意识的培养。

【案例 2】

学生酷爱篮球运动，具有一定的运球、传球与投篮技术基础，甚至常常能做出高难度的动作，有一定的球感与技术动作感知能力。显然，这对技术的提升与掌握具有积极的推动作用。但是，由于初一年级学生力量素质还处在快速增长期，体格还相对单薄，心理素质还不够强，缺乏正规比赛的历练，在面对积极防守压迫时，往往会出现掉球、脱手等失误现象。因此，学生对接下来的学练产生挫败感，影响了对后续技术学练的积极性与信心。所以，教师在教学过程中除了让学生掌握过硬的基本技术以外，更要发展学生的各项身心素质和技能，通过创设或模拟多种比赛情境，传授面对防守压迫时的处理方式，使学生形成正确的认识；通过融入实战，让学生设身处地地感受激烈的对抗压迫，达到提升学生心理抗压能力、不断提升其对技术动作的灵活运用能力的目标。

【案例分析】

该案例中，任课教师提及了学生在被外界防守施压的环境下，出现失误率上升与心理变化的现象，并能结合初一年级学生身体发育特点寻找问题缘由，制定相应的问题解决措施。正所谓实践出真知，要想让学生在比赛中提升心理抗压能力，还是得让学生回到比赛当中，重复地面对压迫情境，在潜移默化中提升自身面对压迫防守时对技术动作的组合与运用能力。

五、学习目标

我们知道学习目标是由水平目标、学年目标、学期目标、单元目标、课时目标组成的完整体系。教师应根据标准的总要求，掌握五个层次的学习目标设置方法，制定各个层次的具体学习目标，做到：水平—学年—学期—单元—课时，层层递进，由大到小，由相对宽泛到越来越具体。日常教学中我们体育与健康教师接触最多的就是课时学习目标的设置，过去它常叫作教学目标。设置课时学习目标时要注意合理分配单元各课次的目标。在单元教学计划中要明确哪些目标需要侧重。需要具有整体观，即从单元的角度进行整体分配。学生在呆一个单元需要学习什么、锻炼什么、培养什么，在确定单元内容和课次时，就应该有充分的考虑和安排，并确保为不同的课次制定不同的目标。将需要侧重的目标分配到各课次之中，在随后的设定课时学习目标时，就无需再重新考虑哪些目标需要侧重，哪些目标无需侧重。

（一）体育与健康课学习目标的制定

学习目标是体育与健康教学指导思想的具体体现，是体育与健康教师组织和进行体育与健康教学活动的指南，也是评价教学质量标准的依据。制定目标的方式有两种：

体育与健康课的学习目标可划分为行为性与非行为性目标。行为性目标表述法是指对学习者在结束课程后所应达到的目标进行精确的陈述，如学生在学过篮球投篮这个单元后，需要进行投篮准确性的测试，学生必须在规定的时间内 10 次投篮投中 5 次以上。而非行为性目标则是指态度或情感等一些无法运用量化表述方法的内容，如学生学完篮球这个单元后，将了解篮球的含义、篮球技术的种类、篮球明星、篮球比赛规则，并敢于表现打篮球的能力、喜欢篮球运动等。因此，行为性目标必须表述具体、准确，具有可测量性，非行为性目标则不能量化。

表述恰当的行为性目标应具有以下几个基本特征：

（1）包含要求达到的具体内容的明细规格；

（2）能用规范的术语描述所要达到的教学结果的明细规格。

我们通常运用的是 ABCD 法来表现行为性教学目标：A（学生），B（行为），C（条件），D（标准）。例如：七年级篮球单元第六节课教学目标可表述为："初中二年级上学期的学生（教学对象），能在 1min 内（条件），完成半场运球上篮往返 6 次（行为），投篮命中率达 90%（标准）。"

但实际上，由于学生个体的差异性、学习基础与层次的不同，要求大部分学生在短时间内熟练掌握某项内容可能是不现实的。因此，需要先制定一个更符合现实的目标，而这个目标的标准要根据具体的情况与要求来定。如使 90% 的学生熟练掌握技能，10% 的学生较为熟练地掌握技能，可能采取设立递进的目标的方式，循序渐进地达到最终目标。如单元教学共 10 次课，第一次课先让 40% 的学生熟练，40% 的学生较为熟练，20% 的学生基本掌握；第二次课让 60% 的学生熟练，30% 的学生较为熟练，10% 的学生基本掌握；第三次课达成 70% 的学生熟练、30% 的学生较为熟练地掌握的教学效果；最终让 90% 以上学生熟练掌握篮球的运动技能。因此，在阐述教学目标时，不能仅仅说明教学对象，而应更明确地表明班级教学中学生达成不同程度教学目标的数量状态。

在目标制定的过程中，教师要清楚地拟订本次课所教的内容，还要明确表明教学重点。如，上立定跳远一课要制定目标，一般老师都会这样来制定：让学生学会立定跳远动作。这样的目标很笼统、很粗糙。立定跳远的动作看似简单，其实要做好它却并不是那么容易的。它分成起跳、腾空、收腹、落地四个步骤，学生仅上一两节课是不可能完全掌握的。因此，就要根据学习内容来制定每一课次所要达到的具体的学习目标。

（二）体育与健康课堂教学中对目标进行合理细化

课程标准在对设置学习目标的建议中提出了三个具体要求，即"侧重""细化""难度"。那么，究竟要侧重什么？如何侧重？细化什么？如何细化？什么样的难度是适宜的？如何做到难度适宜呢？

所谓细化，无外乎是具体化、精确化、清晰化。那么如何体现这些呢？

在我们的体育与健康教学中，很多老师，就运动技能目标而言，都是使用了"初步了解""初步掌握"或"进一步提高"等表述形式来表述学生要达到的运动技能的熟练程度。这看似有一定的层次性，但达到什么水平是初步了解和初步掌握呢？初步掌握的具体标准用什么来衡量？这些都还不够清晰，教师所设定的目标显然缺乏细化。又如，在发展学生的体能的目标的设置上，很多的教师对目标的表述都用了"发展学生力量、耐力、柔韧、速度等素质"，而且大多数教师的教学设计上都提到三项以上的素质，实际上却未明确表明课堂上要重点发展哪方面的体能素质，或者说是发展哪个专项素质。这些表述对教学过程的指引都不甚明确。除此之外，还有出现忽略少数学生的学习目标的现象，如有很多运动技能目标在设置时采用百分比来明确表明只需要多少学生达到本节课设定的目标。

例如，七年级足球课中设定 80% 的学生能够熟练掌握脚内侧传接球技术，那么请问应该给剩下 20% 的学生确定什么目标呢？让这部分学生自由发展吗？甚至有的老师在用百分比设定目标时，这个数字本身就不切实可行，一节课下来，达标的学生根本不足 80%。以上几种情况都充分表明教师在设定教学目标时未能很好地把握准确性。

（三）在体育与健康课堂教学中制定适宜的目标难度

课堂教学中目标难度要适宜，那么什么难度的目标才算适宜呢？新课程标准建议教师应根据学生的体能、运动技能等实际情况确定目标难度。随着学年目标、学期目标、单元目标、课时目标的层层深入实施，我们对目标难度的把握就会更加容易。

在教学中我们是根据学情分析来确定学生学练难度目标的，如果目标难度过大，学生会因为即使通过努力也难以达成而失去学习的动机和愿望；目标难度过低，学生会因为无需努力就能达到而难以产生学习动机和愿望。因此，能否准确把握激发学生学习动机和愿望的难度，成为目标是否合理的关键，我们应该将目标难度设置为通过师生共同努力能够达成的程度。条件是师生的共同努力，结果是能够达成。

具体学习目标，一般包括条件、行为、标准三个部分。无论是哪个层次的学习目标，在制定具体标准时，都需要用这三个要素内容来呈现。在这里有两点要加以说明：

每一个层次的目标都可以按照这三个要素来设置，只是层次不同，三个要素的具体化程度有所不同。同一层次的各维度的目标也都可以按照这三个要素进行设置，只是维度不同，三个要素的具体方法要有一定的区分。

例如，一节排球双手正面垫球的教学课上，任课教师将运动技能目标设置为通过本课教学，80% 的学生能在相距三米的距离成功完成一抛一垫，基础稍逊的学生可以完成三次以上的自抛自垫，水平较高的学生可以两人一组完成三次以上相距三米的对垫。其中“条件”是相距三米，“行为”是一抛一垫、自抛自垫、对垫，“标准”是一次或者三次。

而且，我们在这里不仅为 80% 的学生设定了目标，还为水平较差的学生设定了目标，照顾了全体学生。同样，假如需要侧重体能素质目标，在设定目标内容时，最好也能按照三要素具体化设置该目标。在设置目标的过程中，不但要体现条件，还要有一定的行为动词来对行为作出表述，更要有对标准的表述，否则的话，对该目标的达成情况就很难评价。

其一，就条件而言，一节课的教学会有一定的情境作为条件，如：篮球的传接球练习的学习情景可以设置为两人相距三米传接球练习；排球的垫球练习的学习情景可以是两人一组，相距三米，做一抛一接的练习；体操双杠支撑前摆下的学习情景可以是在同伴的帮助与保护下进行练习等。

上面的“两人，相距三米”“两人一组，相距五米”和“同伴帮助与保护下”等都是条件，这些都是可看、可测、可数、可评的。

其二，就行为而言，任何练习都是在一定的行为支配下完成的，行为具体指的是做什么和怎么做。还是以前面的篮球、排球、体操为例，看一看对行为的具体表述方式。其中，我们将“两人相距三米传接球练习”中的“传接球练习”进一步设定为“连续传接球练习”，这样就能更加明确练习的方法方式。而“两人一组相距五米做一抛一垫的练习”中的“一抛一垫练习”，如将其调整为“连续一抛一垫五次轮换练习”，练习的方式方法就会更加具体。在体操双杠支撑前摆下中，“在同伴的帮助与保护下练习”也可以进一步调整为“在同伴的帮助与保护下完成规定动作练习”“跳上成支撑，前摆挺身下、落地扶杠，举手等”，由此可以看出所有动作都是在同伴的帮助与保护下，学生自己主动完成的行为。

其三，就标准而言，我们同样可以在上述项目的目标的基础上作进一步调整，从而提出具体的标准。如：篮球传接球练习的基本目标，我们可以将其表示为“两人一组，相距三米，连续完成五次传接球练习，传接球期间球不能落地”。其中“连续完成五次”就是具体的标准。同样，排球垫球练习的技能目标，我们也可以将其表述为“两人一组，相距五米，连续完成五次一抛一垫练习，抛、垫的位置要求达到同伴身体正前方，且完成五次后双方互换练习”。其中“连续完成五次”和“要求抛、垫到同伴的身体正前方”等都是规定的标准。

总之，在设置某一节课的学习目标时，我们要将目标具体化，并保证其具有可操作性，按照目标设置三要素条件、行为、标准去设计：条件指的是在什么情景下做，行为是做什么和怎么做，标准是做到什么程度。只有这样，我们的学习目标才可测量、可实现。

六、教学流程

教学流程，有人表述为课的流程，实际上二者是有所不同的。就体育教学而言，课的流程是从课的开始一直到结束的各项活动的呈现顺序，而教学流程主要是具有教与学成分的环节的活动程序。因此，教学流程主要是针对体育教学的基本部分主教学内容的教学而言的。只要在教学流程要素下讲明主教学内容教学的各环节安排，就已经达到了最基本的要求。由图 5–1 范例可知，体育教学流程的关键是要把握好主教学内容教学的程序。

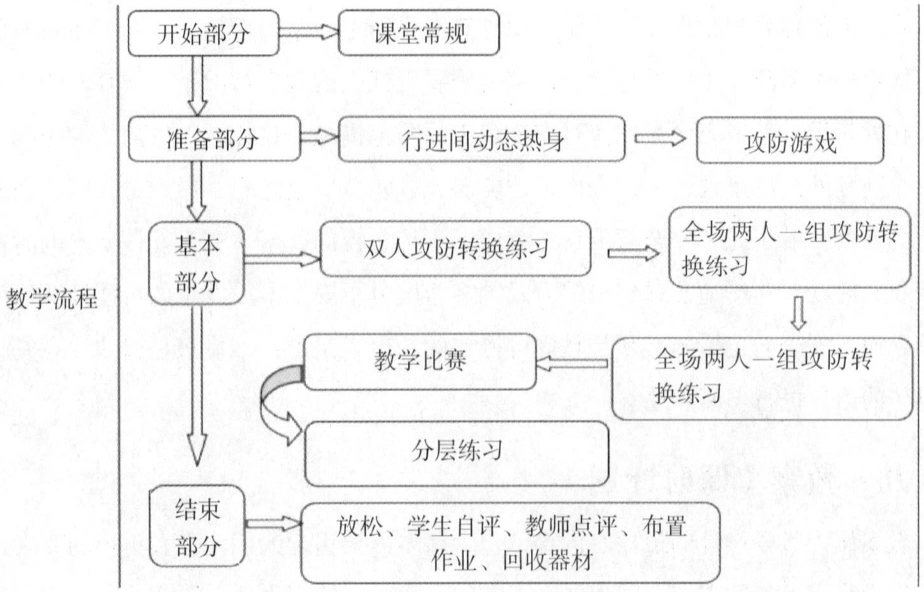

图 5–1　篮球攻防转换教学流程图

七、场地器材布置

教学设计中的场地器材布置不同于教案上的场地器材，后者是数量和名称的呈现，而教学设计基本要素中的场地器材布置，却是用图示的形式把体育与健康课上主要环节场地器材布置的情况绘制出来，体育与健康课堂教学组织方式也就因此一目了然了。虽然不同的课场地器材布置有区别，但是，无论什么内容的教学，器材在场地上的摆放方式都是需要精心设计的，既要考虑美观，更要考虑合理、实用和安全。要充分考虑每一个器材在场地上摆放的科学合理性，充分利用场地器材，确保教学的有效性。

如初二年级分腿腾越课的场地器材布置如图 5–2 所示。

器材：4 个横箱（2 个低箱、2 个中箱）、4 个踏跳板、2 个山羊、若干张垫子。

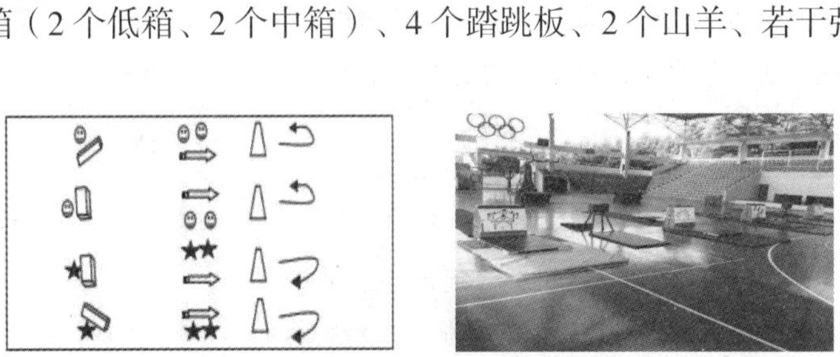

图 5–2　体操分腿腾越场地布置图

八、安全防范

在过去的体育教学设计模式中，很少有安全防范要素，但该要素是必不可少的，尤其是在体育伤害事故发生后教师会被认定为主要责任人的现实情况下，体育与健康教师很有必要在教学设计环节充分考虑应对安全隐患的防范措施。这样，一方面能够引起一线教师对安全问题的高度重视，另一方面，还能够充分防范安全隐患，做到最大限度地避免安全事故的发生。基于此，安全防范自然就成了不可忽视的要素。在设计该要素的时候，需要从教材到活动、从场地器材到组织方式等多角度分析安全事故发生的可能性，做到防患于未然，而且安全防范措施必须是具体可操作的。也就是说，不能只是以“注意安全”一类不具体的语言进行书面表述。

九、教案（课时计划）

教案作为教学设计的最核心内容，包含诸多需要引起人们注意和重视的要素，如教学目标、重难点、课的内容、师生活动、时间、次数、练习密度、心率曲线、课后反思等，每一个要素都不可忽视。在撰写教案的每一部分的时候，都需要明确、具体、科学、切合实际。尤其注意要切合实际，这几乎是对所有要素的总体要求。任何一个要素的呈现如果脱离了课堂教学的实际，都难以保证规范性与科学性。

【教学设计案例 1】

体育与健康学科教学计划（以前 6 节课为例）

《体操技巧》教学单元课时计划（水平四，七年级）

班级：705 班　学生：41 人

单元学习目标	1. 让学生建立正确的动作概念和动作表象，了解单元学习的锻炼价值，熟练掌握体操技巧。2. 通过本单元的学习，发展学生的上下肢协调配合能力和柔韧、弹跳、灵敏协调等身体素质及良好的空间知觉水平。3. 通过合作学习和保护帮助，培养大家良好的团队精神和勇敢进取、克服困难、干脆果断的意志品质，充分体验成功的乐趣，在生活中遇到险情障碍的时候能合理运用，化险为夷		
学习内容	体操技巧	预计课时	6 课时
课次	学习目标	学习内容	重、难点
1	发展学生的肩肘倒立能力	以肩肘倒立的翻臀、升髋、夹肘技术教学为主线发展学生的协调性与平衡能力，增强上下肢、腹背、腰部肌肉的力量	重点：压垫伸髋、夹肘撑背 难点：伸髋挺腰，维持平衡

（续表）

课次	学习目标	学习内容	重、难点
2	发展学生的头手倒立能力	以头手倒立的夹肘提臀、并腿伸髋技术教学为主线培养身体空间感知和定向平衡的能力	重点：头、手位置的固定与蹬地摆腿 难点：头、手、腰、腿的协调配合
3	发展学生的头手倒立能力	以头手倒立的蹬地摆腿、并腿伸髋技术教学为主线培养身体空间感知和定向平衡的能力	重点：蹬地摆腿，直臂顶肩立腰 难点：动作的连贯协调
4	发展学生的滚翻能力	通过不同形式的滚翻练习培养提高身体的空间感知能力，发展学生的灵敏、柔韧、协调素质	重点：蹬地有力，团身紧 难点：滚动圆滑，动作协调
5	发展学生的远撑滚翻能力	能够在他人保护与帮助下完成远撑前滚翻的动作，体验远撑前滚翻中手臂远撑的位置，体会蹬撑结合动作方法，发展身体失重状态下的平衡能力及手臂与腿部力量	重点：远撑，蹬地有力，团身紧 难点：滚动圆滑，动作协调
6	发展学生的鱼跃前滚翻能力	以鱼跃前滚翻的蹬、跃、撑、滚教学为主线发展学生的协调性与平衡能力，增强上下肢、腹背、腰部肌肉的力量	重点：蹬地有力，身体腾空 难点：鱼跃一定的高度和距离

体育与健康课程（水平四，七年级）

《体操技巧》单元教学设计

第 2 课时 体操技巧：头手倒立 教学设计

设计思路	以探索“初中学生体能素质与运动技术相长的教学”作为本课的设计思想，通过将上肢力量、双手支撑、腰腹力量、空间感知力等体能素质，植入运动技术的教学过程中，使体能素质与运动技术互为渗透，促进共同发展

（续表）

指导思想	以“立德树人”为根本，坚持以学生为主体，树立“健康第一”的指导思想。从实际出发，贯彻《体育与健康课程标准》的精神，促进体育与健康课程与教学改革健康深入的发展，从而达到提高学生体质健康水平、提高学生运动技能和培养学生健全的人格的“三位一体”目标
学情分析	七年级的学生活泼好动，模仿力强，求知欲也很强，但对于头手倒立缺少一定的了解和基础，且在学习中容易出现害怕、懦弱、失败受挫的心理。学生通过上次课的学习对头手倒立有所了解，学习参与度非常高，因此笔者主要采用直观分层教学法及激励评价法等引导、鼓励学生，培养学生勇敢进取、克服困难的意志品质与自信心。本班有2位学生体质较弱，学习此技术有一定的难度，还应多关注个体差异
教材分析	头手倒立是初中体育教材中一项重要的体操技巧教学内容，主要发展学生的上下肢协调配合能力和柔韧、力量、灵敏协调等身体素质及良好的空间感知水平。其技术动作可分为支撑、提臀、摆腿、保持直立四个部分，重点教学环节是三点支撑提臀摆腿。在教学中，按照循序渐进的教学原则，由易到难，逐渐掌握技术重点，纠正易犯错误，从而突破难点。重点：头、手位置的固定与蹬地摆腿。难点：头、手、腰、腿的协调配合
教学方法	为了让学生在整个动态的教与学过程中，提升学习能力，更好地掌握头手倒立的技术和发展体能素质。本次课除了运用启发式教学法、讲解示范法、直观教学法、激励评价法、合作练习法等准备教学法以外，还设计了“循环学练”的学习方法，让学生在有限的学习时间内，保持活跃的思维和敏捷的肢体行动
教学流程	课堂准备—情景慢跑热身及专项徒手操—教师示范、传授保护与帮助方法—学习头手支撑辅助动作练习—分组分层头手支撑练习—放松操—互评小结—师生总结。主教材与体能练习的教学实施：第一环节，教师示范、传授保护与帮助的方法；第二环节，垫上专项辅助性练习；第三环节，分组分层尝试性练习，进行分组分层练习时，在学生的学练过程中植入核心力量体能练习的内容，促进学生体能素质与运动技术相长；第四环节，体能游戏小竞赛
场地器材布置	篮球场1块、折叠体操垫41个、录音机1台 

（续表）

安全防范措施	基于教材本身、场地器材和学生的基本情况，本课的安全隐患主要体现在以下两个方面：一是固态的安全隐患，在课前应做好排查并设置警示标志；二是在教学过程中出现的动态安全隐患：（1）保护与帮助方法不正确，教师在学生练习前，要将正确的方法教给学生，要求每一位学生都要过关；（2）体操垫出现位移，要及时复位；（3）学生练习时，个人能力与选择的场地不对应，教师应及时提醒学生调整；（4）学生练习过程中，可能会出现手腕挫伤、前臂骨折、锁骨骨折、髌骨挫伤等运动损伤，要提醒学生受伤后不要随意挪动位置，其他同学不要随意处理，应及时向教师报告，教师在课前还应准备一些夹板、绷带；（5）及时把控学生完成动作时出现的情绪变化

第 2 课时　体操技巧：头手倒立　教学计划

（水平四，七年级）

七年级6班，学生：41人

<table>
<tr><td>学习目标</td><td colspan="3">1. 通过学练，提升学生的空间感知能力，发展上肢力量、核心腰腹力量、平衡能力以及身体的协调配合能力
2. 通过学练，让学生形成正确的头手倒立姿态，预防运动损伤
3. 通过分组合作练习，培养学生坚持不懈、团结的良好精神品质</td><td>重点</td><td>头、手位置的固定与蹬地摆腿</td></tr>
<tr><td>教学内容</td><td colspan="3">1. 垫上专项核心力量练习及辅助性练习
2. 体能练习：俯卧撑、核心力量等多种体能的练习</td><td>难点</td><td>头、手、腰、腿的协调配合</td></tr>
<tr><td>课的部分</td><td>学习内容</td><td>步骤与方法</td><td>组织与要求</td><td>时间</td><td>次数</td></tr>
<tr><td>开始部分</td><td>1. 课堂准备
2. 导入新课</td><td>1. 接受体委报告并向学生问好；安排见习生
2. 宣布本课学习目标、任务及学习内容
3. 强调安全事项及课的要求
4. 队列队形</td><td>组织：如图
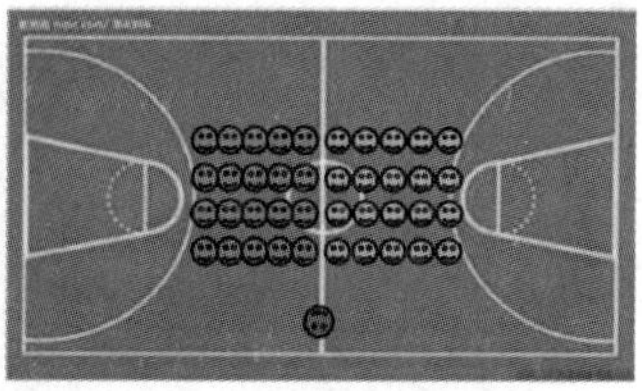
快、静、齐</td><td>3分钟</td><td>1次</td></tr>
</table>

（续表）

课的部分	学习内容	步骤与方法	组织与要求	时间	次数
准备部分	1. 舞龙情景慢跑 2. 专项热身操 4节4×8拍	1. 全班分为4个组，每个组成一路队舞龙慢跑，组长带领本队列去取垫子，然后沿着路线往返慢跑。（目的是锻炼学生自己摆放器械，渗透劳动教育） 2. 教师强调专项热身操的练习方法与要求。学生听着音乐节拍，由教师带领学生完成专项热身操	组织：如图 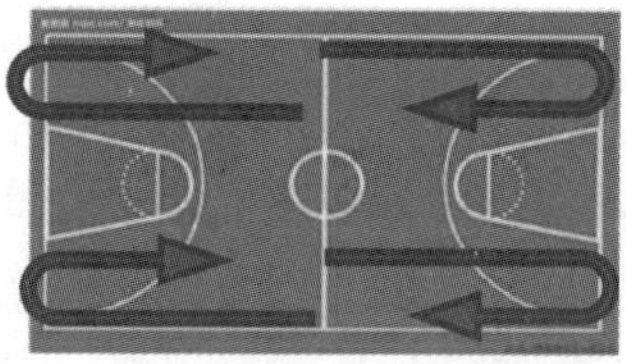 有序、积极主动 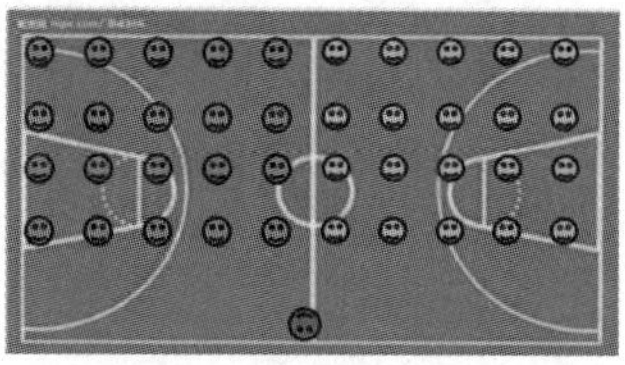 认真积极 	5分钟	3圈 1次
基本部分	1. 垫上专项核心力量练习及辅助性练习	1. 教师带领学生进行力量及辅助练习： ①仰卧两头起； ②仰卧顶髋； ③推手背起； ④俯卧两头翘； ⑤俯卧屈臂前额触垫（有能力的同学做俯卧撑前额触垫，针对手掌与头触垫位置不固定的问题，用便条贴提示手掌与额头支撑的相对位置）	组织：如图 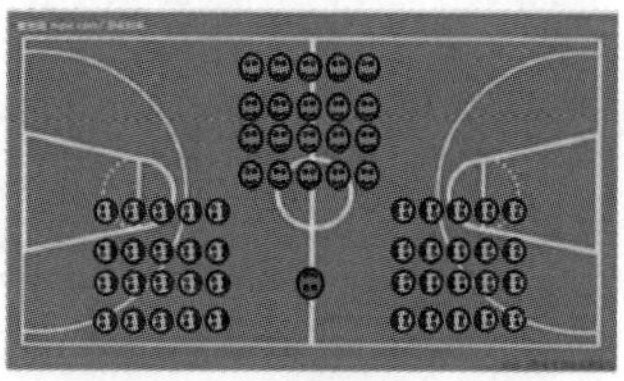 在小组长的带领下认真练习 	25分钟	10次以上

（续表）

课的部分	学习内容	步骤与方法	组织与要求	时间	次数
基本部分	2. 模仿辅助练习：分组分层头手支撑提臀练习 3. 个别学生尝试性练习“头手倒立”	2. 教师将学生进行分组，对不同层次的小组进行不一样的练习： ①挂脚提臀（手支撑）； ②挂脚提臀（头手支撑）； ③直腿上举（头手支撑）。 3. 在保护与帮助的情况下，尝试完成较低要求的“头手倒立”	教师示范讲解  分小组合作 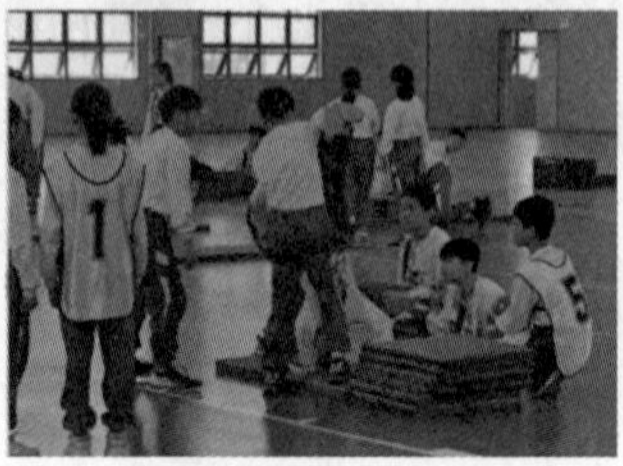	25分钟	10次以上
	4. 体能练习：蚂蚁搬家	4. 学生仰卧支撑起身体，将体操垫折叠放于自己身体之上 5. 当教师发指令后，学生身体抬着垫子到达指定地点进行练习，以发展学生上肢力量及腰腹力量	组织：如图 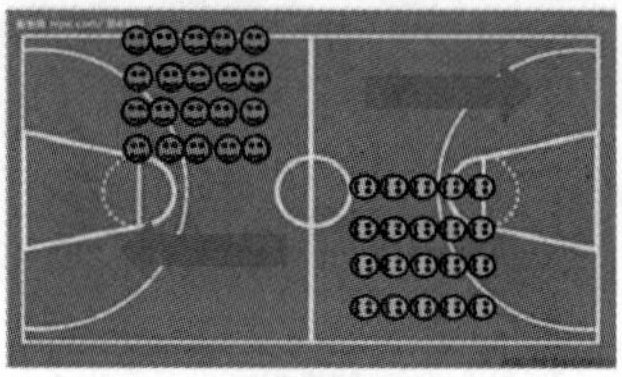 积极认真练习 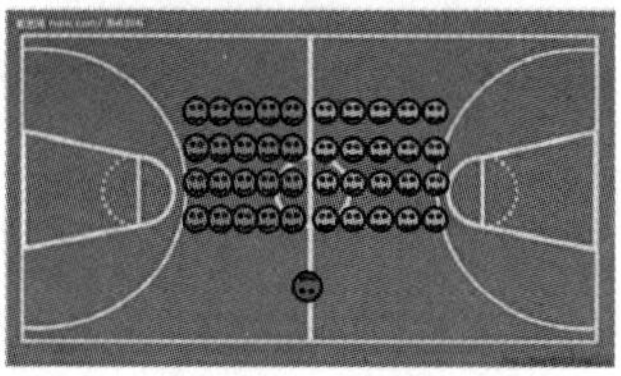	4分钟	1次

（续表）

课的部分	学习内容	步骤与方法	组织与要求	时间	次数
结束部分	1. 放松整理：徒手放松操4节4×8拍 2.课后小结：评价本课完成教学目标的情况 3. 布置课后作业	1. 教师带领学生一起进行放松活动 2. 组织学生进行自评、互评 3. 积极认真地进行放松活动，从而让身心逐渐趋于平静状态。 4. 安排学生收拾器材 5. 课后作业：开合跳20个／组×2；俯卧撑20个／组×2；两头起20个／组×2；两头背起20个／组×2	组织：师生共同进行练习 要求：动作舒展、身心放松，将练习结果和小视频上传钉钉	3分钟	1次
场地器材	篮球场1个、折叠体操垫41张	预计心率曲线图 竖：脉搏 横：时间	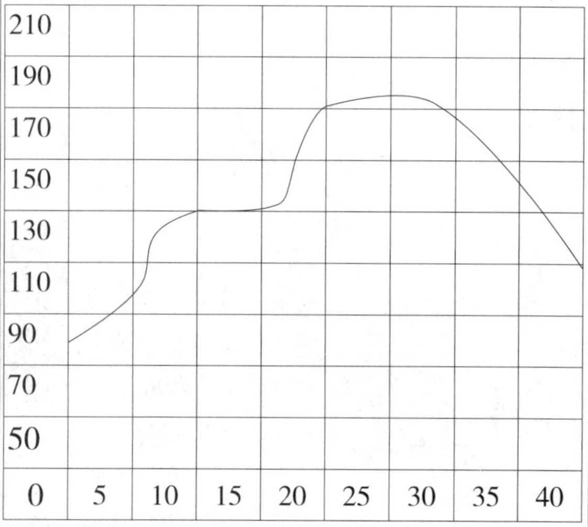		
预计运动密度	75%—80%				
预计练习密度	55%—60%				
预计平均心率	135—150次／分				

（续表）

课的部分	学习内容	步骤与方法	组织与要求	时间	次数
测量运动密度	75%				
测量练习密度	56%				
测量平均心率	140 次 / 分				
课后小结	本堂课“头手倒立”主要是发展学生的平衡协调能力和同学之间相互交流协作的能力，主要体会头手倒立后身体重心控制在等边三角形支撑面内的感觉。以发展学生体育与健康核心素养为导向，通过情境化教学，让大部分学生学会头手倒立和肩肘倒立的动作，并且能让不同水平的学生在体能、技战术能力、心理能力上都能得到一定程度的进步。采用大小方阵相结合的教学组织形式，在热身跑和徒手操环节通过音乐调动氛围，提高学生练习的专注度和积极性。通过分层分组练习，学生由易到难、循序渐进地在同伴的帮助下完成完整的头手倒立，克服恐惧心理，不断提升自信。不足：（1）可以在课堂中利用平板教学和拍摄动作视频进行纠错，再针对性进行讲解、示范；（2）在总体教学中，学生安全意识还需继续加强，学生自我保护和同伴保护与帮助的安全的重要性需反复强调；（3）教学过程细节还需要不断打磨，包括专业术语的准确运用、课堂衔接等。				

第六章　教学准备的规范

体育与健康课教学过程是由开始部分、准备部分、基本部分、结束部分等四个基本环节构成，它们相互联系、相辅相成。无论是什么样的课堂结构教学模式，都离不开准备部分，它是一堂课的引子和前奏。作为沿袭了多年的传统，准备部分具有比较稳定的特点。良好的课前准备有助于建立正常的教学秩序以及提高教学质量，并强化学生的学习效果。

一、概念解析

教学准备指的是在课堂教学前所做的一切准备性工作。比如，上课前需要从课程标准、教材、学生、场地、器材、教学方法、安全防范等方面进行一系列思想认识上、实际行动上的准备工作。缺少任何一个环节，都直接影响教学的有效性。

广大体育与健康教师经过长期体育教学实践并不断总结经验，已经构建了较为成熟的教学准备体系，比如课前的准备有撰写单元计划、教学计划，课中的准备有集合整队、检查人数和服装、安排见习生、队列队形练习、安全教育和检查、宣布课的内容、准备活动以及整理活动等。这些内容和其他教学活动共同构成一个完整的体育与健康课堂，其中每一部分都对体育教学起着重要的作用，对学生的体育学习和培养学生的锻炼意识都产生不可忽视的影响。课堂准备的实施不仅有利于建立正常的教学秩序和课堂教学组织，而且对培养学生的德育、提高课堂教学效率、促进“五育”并举起着非常重要的促进作用。

二、体育与健康课堂教学准备的内涵

为了维护体育与健康教学的秩序和提高教学的效率，协调教学活动中的人与物、时间与空间等各种因素及其相互关系，必须有一系列体育教学要求来规范体育与健康教师和学生的教学活动。体育与健康课堂教学的准备可以分为几个方面，其中一些方面在理论上是在全国普遍适用的规范。例如，在《学校体育理论》教材中，对体育与健康教师和学生在课前、课中、课后的准备都有具体的要求。有些要求可能是区域性的，必须为该区域各级学校的体育教学所遵守。此外，还需要学校和教师经常进行一些特定的准备。各层次体育与健康教学准备的要求将教师和学生教学活动的各个方面一一规范，它们既是教师管理和考核学生的依据，也是学校或上级主管部门管理体育与健康教师和进行教学评价和评比的依据。学生在规范的管理下的循序渐进的活动，以及教师对教学内容、学习方法甚至具体活动的全面安排，已成为规范体育教学秩序工作的重要组成部分。

充足而完善的教学准备，能使课堂组织显得井井有条，为教师的讲解示范和同学们的模仿实践奠定良好的基础，并让课堂气氛活跃有序、教学效果明显提高。因此，懂得如何开展教学准备工作，以构建一个符合学生认知规律的、有组织的、科学、规范、高质量的课堂学习氛围尤为重要。这对体育与健康教师的专业素养提出了更高的要求：体育与健康教师的理论知识必须扎实，并能很好地驾驭课堂，规范体育教学准备。

三、体育与健康课堂准备的内容

体育与健康课遵循教育教学规律和运动人体科学的要求，体育与健康教学准备包括课前、上课、下课这三个部分。其中上课是教学准备中比重最大的部分，包含开始部分、准备部分、基本部分、结束部分。在日常教学中，体育与健康教师应注重课堂教学准备的规范化和科学化，这样才能引起学生对体育与健康课堂的重视，教师也更容易在学生中树立起威信，体育与健康课堂也将更合乎科学。

（一）课前准备

课前常规要素	规范要求
教案	明确教学目标和重难点，提前备好一周教案
教学用具	课堂记录本、秒表、口哨
教师着装	运动服、运动鞋，或者根据上课内容选择相应的服装
学生着装	运动服、运动鞋，无关物品不得带进体育课堂
场地器材	根据内容选择相应的场地器材和应急计划
安排见习生	根据具体情况，妥善安排见习生

1. 教师课前的准备

（1）教师课前的备课和编写教案：认真备课，写好教案。备课时，要对课程目标、教材重点难点、教学对象、场地器材、教学方法进行分析统筹，体育与健康教师要提前备好一周的课程，并编写教案。

（2）了解学生的课前情况：教师及时了解所上体育与健康课班级的学生情况，提前与体育委员沟通，由体育委员向教师及时报告。

（3）场地、器材的准备和清洁卫生工作：体育与健康教师应组织指导学生，培养学生动手能力，及时布置和检查场地，准备教具，为学生的积极参与奠定基础，一切准备工作应在课前准备就绪。

（4）教师服装的准备：体育与健康教师要穿运动服，运动鞋，不准穿西装、牛仔裤、皮鞋、高跟鞋、塑料鞋等有碍于运动的服装。

2. 学生课前的准备

（1）学生课前的各种情况：学生因身体原因不能正常上课，课前由体育委员或其他学生主动地向教师报告。教师应根据不同情况，妥善安排见习生。

（2）学生服装的准备：学生除了要穿运动服、运动鞋，还要注意安全，衣袋里不装有碍运动和可能伤害身体的物品，如剪刀、小刀、钥匙、笔等尖锐的物品。

3. 师生共同的准备

教师和学生在检查和整理好自己的服装仪表后，应在上课前到达规定的集合地点，等候上课。

（二）课中准备

上课常规要素		规范要求
开始部分（1 分钟）	集合整队	四列横队集合，体育委员整队，向老师报告，师生问好
	导入新课	明确本课的内容和目标
	安排见习生	安排好见习生的活动场地和内容
准备部分（6 分钟）	热身	可以慢跑热身，也可以做小游戏
	徒手操	教师领做，活跃精神，活动关节
	复习	进行相关的简单的练习
基本部分（小学 30 分钟、中学 35 分钟）	体验学习	学中练：教师引导，学生自由体验，交流讨论练习方法，教师根据学生情况，了解内容的学情
	掌握新知	练中赛：创设练习情境，组织学生练习，教师语言指导，挑战不同的练习难度，突破重难点
	拓展延伸	赛中学：教师示范，讲解规则和要求，学生分组进行比赛

（续表）

上课常规要素		规范要求
结束部分（3分钟）	放松	教师组织学生有针对性地进行放松
	小结本课	教师引导学生回顾本课内容，给予学生积极评价和鼓励
	回收器材	组织学生回收器材

1. 教师课中的准备

（1）教师待体育委员报告后，向学生宣布课的教学目标、内容要求等，并指出这节课需注意的安全问题，然后按教学计划逐步进入课堂流程。

（2）教师按教案进行教学，在无特殊情况下，不得随意安排内容；关心爱护所有学生，循循善诱，对学生进行适时鼓励，与学生共同创建和谐愉悦的教学气氛。

（3）注意安全卫生，检查见习生的执行与练习情况，以求课堂面向全体学生。

（4）课结束时，进行小结和讲评，让学生及时了解课中的表现。提出课后学习的要求，阐述下节课的内容，布置课后作业，组织学生归还器械和整理场地，有始有终地结束一堂课。

2. 学生课中的准备

（1）学生准时到指定地点集合上课。上课铃响后，体育委员进行整队，向教师报告班级情况。

（2）学生上课时，要专心听讲，仔细揣摩教师动作示范和启发引导，积极思考，分析理解动作要领，初步建立动作模型。

（3）学生须自觉遵守课堂纪律，爱护场地、器材，在教师的引导下，与教师共同学习，努力完成学习任务。

（4）课结束时，学生进行自我评价，并与同学相互评价。协助体育与健康教师归还器械、整理场地。

（三）课后准备

1. 教师每次课后都应总结经验和教训，写好课后小结与课后反思。

2. 下课后教师应检查学生整理场地和归还或移交器材的情况，以保证下节课教学的正常进行。

3. 教师对缺课的学生作进一步了解，必要时给予补课或辅导。

四、体育与健康课堂准备常见的问题

（一）教师日常行为

教师没能提前或按时到达上课位置。现在常态课中有些教师是等体育委员带领大家做完了热身活动后才到达上课位置的。教师对个人仪表形象重视度不高。常态课中还存在教师穿运动短裤、七分裤、九分裤上课的情况。另外，教师穿篮球鞋上足球课，口哨、秒表绳在裤袋外飘荡等情况还是时有发生。

（二）教师课前准备行为

安排见习生流于形式。教师未能根据见习生的具体情况安排适宜的练习内容及对其观摩学习提出具体要求。安全措施和安全要求落实不到位。课中对器材的使用监督不够。例如，器械体操课中学生未按照要求使用器械（非规范地坐、压器械等）、排球课中学生拉摇网、足球课中学生悬吊球门横梁等行为还是存在。

（三）教师教学行为

未能让学生参与场地器材的布置摆放，课后归还器材工作未落实到具体人员，对缺失的器材没有跟进找寻或报失等。教师在课堂执行的过程中还会出现一些临时问题，例如个别学生不爱护器材、故意破坏器材等。这些情况表明规范的落实是非常有必要的。常言道“无规矩不成方圆”，只有管理有方，学生才能认真地履行准备项目。

表 6-1　教师履行课堂准备内容存在的问题

常规内容	存在的问题
1. 选择教材，提前备课	选择教材不恰当，部分教师临时备课或不备课就上课
2. 了解学生情况，提前明确上课地点	缺乏对学生身体素质、性格特征、技术水平的进一步了解，没有吃透教材，未撰写教案
3. 布置场地器材，排查安全隐患	课前场地布置不恰当，课中临时调整；未排查安全隐患
4. 集合整队，清点人数	缺少师生问好环节，未及时清点人数或耗时过长
5. 宣布本课内容、任务与要求	只宣布课的内容，没有宣布任务与要求
6. 检查服装，安排见习生	对学生着装要求不严格，对见习生安排不妥当
7. 认真教学	不按教案上课，存在“放羊”的现象
8. 小结与评价，布置课后作业	没有小结或者评价，很少布置课后作业
9. 宣布下节课教学内容，回收器材	没宣布下节课内容，缺乏对器材回收的监管
10. 撰写课后反思，进行教案的再设计	不写课后反思或者随便写写，没有进行二次备课等

表 6-2　学生履行课堂准备内容存在的问题

常规内容	存在的问题
1. 了解学习内容，部分学生事先请假	没有提前了解上课内容，有临时请假的现象
2. 提前明确上课地点，与教师一起布置场地器材	不知道上课地点，利用上课时间布置场地
3. 按要求着装，准时到达上课地点	有个别学生穿皮鞋或者凉鞋
4. 自觉遵守课堂纪律	课堂组织涣散，学生注意力不集中，个别学生捣乱、不听指挥
5. 认真上课，避免安全事故	个别学生上课不认真，有发生安全事故的可能
6. 爱护器材、场地	有不爱护器材甚至破坏器材的现象
7. 回收器材	不及时归还器材或无人归还
8. 完成课后作业，加强身体锻炼	不重视或者完全没理会课后作业，甚至课后不参与任何体育锻炼

五、体育与健康课堂准备实施的路径

（一）课前准备培养学生规则意识

在学期刚开始的时候，教师应提前拟定好新学期的教学计划。其次，在上课之前，教师应该提前制定与本课相关的教案，以便在课堂上使用。如果学生因受伤、生病等特殊情况不能正常参加课堂活动，应提前向老师请假，不得擅自离开课堂。教师应在上课前到达指定的集合位置，等待学生的到来和集合。提前制定教学计划、写教案、实施好教学计划、了解学生课前情况、提前到达场地是对体育与健康教师最基本的要求。然而，在实际教学中，我们不难发现仍然存在教师没有教案和课前计划，并且选择临时发挥的情况。这样不仅使教学活动不能规范有序地进行，而且会降低课堂效率，无法保证课堂内容的丰富性和整个学期课程内容的完整性，也无法有效地实施结构化教学。有些学生因此出现有事不提前请假或迟到早退的情况。随着时间的推移，课堂纪律变得越来越懒散和杂乱无章。学生迟到早退，每次迟到两三分钟、早退两三分钟，看起来不是很多，但积累下来却是浪费了几十甚至几百分钟。

（二）课中准备有效落实

1. 整队集合和师生问好。整队集合是课堂教学的第一步。整队的形式有很多种，例如横队队形、圆形队形以及散点队形，教师可根据实际需求来选择。但是，无论采用哪一种方式，都一定要有利于下一个课堂环节的进行。师生问好不仅是一种彼此打招呼的方式，更是一种文明礼貌的传扬与精神文化的传递。同时，整齐的、声音洪亮的问好方式也能给课堂创造一个良好的开端，从而为接下来的教学活动做准备。

2. 清点人数。在当今的体育与健康课堂中，教师课程任务量大，课堂学生人数多，安全责任重大，因此，清点学生人数是教学管理的必要手段。清点人数，一方面可以帮助老师了解学生的出席情况；另一方面也是规范课堂行为以及维护课堂秩序的有效手段。

3. 宣布课的任务和内容。在上课之前，教师应该首先向学生宣布本节课的教学任务以及教学内容。比如，在上软式排球课时，老师可以在课堂内容教学正式开始前，简单介绍课的内容，布置课的教学任务。这样，一方面可以让学生提前了解教学内容，初步建立动作表象，从而对课程产生兴趣；另一方面也可以让课堂的教学变得更加有目标以及有方向感。

4. 安全检查与安全教育。安全永远是第一位，所以在课程开始前、课程中以及课程后，教师要时刻注意学生的安全。

六、教学基本要求

（一）基本原则

1. 科学性原则

树立科学的教育发展观，依据青少年学生身心发展规律、运动人体科学、运动技能形成规律、动作技术运动原理，遵循体育与健康教学规律，运用科学的思维方法组织和实施教学。

2. 安全性原则

树立安全第一的意识，常态化地开展对场地、器材的安全性排查和检修，加强对学生安全技能的培养，提升学生的自我保护能力。

3. 互动性原则

关注学生主体发展意识，改进教与学行为的方式。教师在基本掌控课堂的基础上，释放更多的课堂时间和空间，让学生自主进行多边互动交流式的学习，提高学生的情绪调控能力。

4. 因地制宜原则

立足于校情、学情，在坚守学校办学理念的基础上，依据课程“校本化”教学的架构，发挥主观能动性，制定适当的教学方案。

5. 因材施教原则

以学生个体差异实际所反映出的知识水平、学习能力和运动素质为着力点，适度安排教学的深度、广度和进度，让每一个学生都能获得最佳的发展效果。

6. 循序渐进（退）原则

渐进，指教学内容、教学方法和运动负荷等的顺序安排应由易到难、由简到繁，逐步深化提高，使学生系统地掌握基础知识、技术、技能和科学的锻炼方法；渐退，指在学生进行高密度、高强度运动后应逐渐降低运动强度。

（二）教学主张

1. 体能与技能相长

注重体能与技能在发展学生运动能力中的相互依存作用，发挥体能作为技能习得和运用的基础作用，发挥技能作为有效增强体能的保障作用。

运动能力（体能、技战术能力、心理能力，三位一体，不可或缺）是课堂教学和健康行为、体育品德素养进阶的载体。

2. “学、练、赛”一体化

以学优练、赛，以练助学、赛，以赛促练、学。

做到“学中练（模仿）、学中赛（对标），练中学（改进）、练中赛（对标），赛中学（拓展）、赛中练（运用）”。

3. 教学内容结构化

注重主教学内容与前置技术技能和发展（拓展）技术技能的衔接。

每节课的内容应包括发展体能、技战术能力和心理能力的内容。

4. “无卡顿”教学

不开展无目标、无主题、无主线、无衔接、无交流的教学。

不进行无目的、无内容的队伍调动。

不随意打断学生的“学、练、赛”。

不让学生无所事事地等待。

不对学生进行无谓的指导。

（三）课前准备

1. 依据课程标准和“校本化”课程教学体系（规划）制定单元教学计划。

2. 依据校情、学情以及单元教学进度，编写课时计划。

制订课时计划要考虑教学对象、课次、教学内容、学习目标、重难点、教学环节及策略（步骤与方法、组织与要求、时间与负荷安排等）、场地布置、器材使用、预计运动负荷等内容。

3. 做好安全防范措施

观察天气的变化。

检查场地、器材、学生的穿戴。

了解学生健康状况和课外锻炼情况。

准备运动损伤应急处理措施以及急救器材。

引导学生远眺放松，做好上课准备。

4. 安排好见习生

要让见习生参与课堂教学的全过程。

在不影响身心健康的前提下，要让见习生进行力所能及的锻炼，做力所能及的事。

（四）教学实施

1. 学习目标

学习目标要符合学科的课程性质与基本理念，体现核心素养的育人价值，对教学实施的全过程具有明显的导向作用。

目标应该是付出有效努力后可企及的，要有兜底线，学生在兜底线上要以已实现的目标为超越目标。

体能与技能目标要具体、可测、可操作。

提高心理能力、进阶健康行为和体育品德素养的目标要有具体表现。

2. 教学内容

以发展学生运动能力的体能素质和技战术能力内容为主教学内容，配以心理能力、安全技能、健康行为和体育品德等协助性内容，组成结构化的课堂教学内容。准备活动和放松运动要为主教学内容的学习服务，新授内容要与前置内容、拓展性内容关联。课堂开始和结束必须要有队列队形的练习内容。

水平一：以发展学生的灵敏、协调、平衡、柔韧性的动作技术为主要内容，提高学生的感觉统合能力（大脑不同区域协作能力）。

水平二：以简单的闭合性动作技术与2—4个动作的串联教学为主要内容，帮助学生学会、掌握力所能及的运动技能（肌肉自我控制能力）。

水平三：以相对复杂的闭合性动作技术和基本的开放性运动技能为主要内容，提高学生的应对能力（肌肉自主调整应对能力）。

水平四：以闭合性运动技能的运用和开放性运动技能综合运用（情景与情境相结合）为主要内容，发展相互配合与协作能力（环境判断与调整能力）。

水平五：以应对情景或情境运用技术、战术的能力为主要内容，发展心理与实战能力（综合能力）。

3. 场地器材

坚持“因地制宜、因陋就简、人尽其能、物尽其用”的原则，合理布置场地、提高器材的使用率。

开始时，在确定安全的前提下，但凡学生能上手的器材，让学生随身携带；但凡学生具备布置场地的能力，让学生布置场地；存在安全隐患或学生能力所限时，才由教师布置场地。

过程中，教师要及时将移位的器械复位，并提醒学生合理使用器材。

结束时，收好器材，恢复场地整洁。

4. 教学组织

发挥教师的主导作用，体现学生学习的主体地位。与教学环节紧密联系，简单、易于操作，利于面向全体、关注个体。教师根据教学的发生对教学组织进行有效的动态调整，同时要调动学生的主观能动性。

水平一：采用集中授导的组织形式。

水平二：采用以集中授导为主的组织形式，适当安排5—10分钟的自主学练时间。

水平三：采用集中授导与小组合作相结合的组织形式，安排自主学练的时间不低于10分钟。

水平四：采用集中授导与同（异）质分组合作相结合的组织形式，同（异）质分组的时间不低于20分钟，并且随着年级的升高逐步增加。

水平五：采用集中授导与同（异）质分组合作相结合的组织形式，同选项、同（异）质分组的时间不低于25分钟，并且随着年级的升高逐步增加。

5. 教学行为

教学行为是包括教和学两个动因在内的、结构复杂的、内容丰富的目的性行为，是由行为主体（教师和学生）以及与行为主体相联系的、起着直接与间接作用的因素所构成的并在动静交替转换过程中反映出来的一种行为。

（1）教师的授导行为是教师在课堂教学中，针对学生的“学、练、赛”行为所表现出的普遍现象或个案而施加的干预及影响行为，包括讲解、示范、组织、保护、帮助、纠错、激励、评价等行为。

在教学的全过程中，教师应避免冗余的行为，避免作出与学生认知水平、行为能力不相适应的指导。

教师面向全体学生进行讲解示范的时间应控制在 5—8 分钟，进行个别化或共性指导的对象要明确，指导时机要恰当，措施要具体有效。

（2）学生的学练行为是指学生在课堂学习过程中，运用主体思维接受知识传递，建立动作表象，运用多种方式进行实践体验的行为。包括聆听、观察、思考、比较、体验、实践、改进、强化等行为。

学生在“学、练、赛”过程中自主、合作、探究等表现出的行为，能成就自我和帮助他人发展。

6. 教学环节

根据主教学内容以及与主教学内容关联的教学内容，形成递进的教学主线。采用四段式教学的环节架构。小学每节课 40 分钟，中学每节课 45 分钟。

开始部分（2—3 分钟）：师生问好交流，明确教与学任务。

准备部分（5—6 分钟）：使身体机能达到主教学内容学习的要求。

基本部分（28—33 分钟）：进一步细化主教材的教与学环节，一般不超过 3 个环节，做到环环相扣，每个环节不少于 5 分钟。

结束部分（5—6 分钟）：放松，使身体机能恢复至接近开始时的状态；互动评价；布置课外作业。

7. 教学模式

运用规范与个性并举、结构框架和程序稳定的课堂循环教学模式。

结构框架：把握教学活动整体及各要素之间的关系和功能。

活动程序：有序性和可操作性。

建议模式：“验、研、学”循环教学模式、“学、练、赛”循环教学模式、“行政班 + 半选项”循环教学模式。

8. 教学方法

面向学生全体，关注个体差异，以教学发生为导向，运用多样化的教学方法支撑师生多边互动的思维与行为。

小学：让学生在多种环境中、多种情景或情境下（生活化情境为主）进行基础内容学习。低年级教师要围绕发展学生的感觉统合能力这一目标选择教学方法；高年级教师要围绕强化学生的感觉统合能力和让学生系统地进行体验学习这一目标选择教学方法。

初中：让学生在多种环境中、多种情景或情境下（比赛情境为主）进行动作组合内容学习。针对学生的基础运动能力、综合运用能力、战术能力和比赛能力发展选择教学方法。

高中：以满足学生个人运动兴趣、强化专项运动能力和实战能力为导向选择教学方法。

9. 运动负荷

依据青少年学生体能发展规律（敏感期）、人体机能适应规律和人体生理机能活动能力变化规律，遵循循序渐进（退）原则，科学安排和监控课堂教学全过程、各个环节学生运动负荷的密度和强度（见表 6–3）。

表 6–3　体育与健康课堂教学运动负荷指标（自制）

类别	项目		指标
全体	运动密度		≥ 75%
个体	练习密度		≥ 60%
	运动强度（心率）	平均强度	小学生：125—135 次 / 分；初中生：130—150 次 / 分；高中生：140—160 次 / 分
		中等强度	最大心率 ×（64%—76%）
		大强度	最大心率 ×（77%—95%）
		最大强度	最大心率 ×（96%—100%）

计算公式：靶心率 =[（220 – 年龄）– 静态心率]×（60%—80%）+ 静态心率；最大心率 =220 – 年龄。

中等强度以上运动负荷：每节课的时间 10—20 分钟，其中小学 2—4 分钟持续不间断的负荷，“水平一”要有 1 次，“水平二”要有 2 次及以上，“水平三”要有 3 次及以上；中学 3—6 分钟持续不间断的负荷，初中要有 3 次以上，高中要有 4 次以上。

每次负荷前要有 10—20 秒简单的准备活动，负荷后要有 20—30 秒的放松。禁止静止一段时间后立即进行中等强度以上负荷练习，负荷后立即静止。严控义务教育阶段的学生进行静力性力量训练的时长和次数。

运动负荷要适宜适度。师生应时刻关注每一位参与学生在负荷全过程中体征的变化。当脸红、出汗、肌肉酸疼等体征一同出现时，通过短时间放松能及时恢复的，说明负荷适宜适度。

第七章　教学目标的规范

教学目标是教师和学生对所学内容所要达到的标准和要求作出的预设。它在教学活动中占据着重要的地位，不仅引领教学内容，也是评价一节课的重要指标之一。一节科学有品质且高效的课堂，一定具有明确的教学目标，让教学目标引领课堂内容，促进教与学活动的顺利开展，并让学生有明确的学习任务，围绕学习目标进行学、练、赛，提高课堂学习效率与学生的练习兴趣。

一、概念解析

教学目标是体育教学活动的出发点，是教与学共同预期要达成的结果。随着社会的发展与进步，对体育教学目标的定义也在不断地更新。对于体育与健康教学目标的核心内容，学者们的观点是相对接近的。他们都认为体育与健康教学目标是一种对体育与健康课程预期的设定，是可以通过测量和评价获得的最后结果和标准。例如，经过体育教学之后，学生在各个项目具体取得怎样的成绩，如立定跳远能达到多少米、400 米跑步用时多长等，都可以通过具体数据呈现。

在体育与健康教学目标核心内容的基础上，也有不少学者提出更深层次的解释和理解。2002 年，程秋珍提出：体育教学目标是教师与学生双方都应该遵循的；在教师看来，体育与健康教学是他们的教授目标；在学生看来，这是他们应该完成学习的目标；好的体育教学目标应该是教师的教授目标和学生的学习目标的整合体，即教师的有效输出与学生的有效输入。

体育与健康学科的核心素养是在 2017 年修订的《普通高中体育与健康课程标准》中首次提出的新概念。对于基层的体育与健康教师来说，如何实现体育与健康学科核心素养是目前最具挑战性的任务。因为要适应这个新概念所指示的方法和思路，就要根据核心素养的内容和宗旨设计体育教学，制定体育与健康教学的目标，实现体育与健康教学的规范。体育的学科核心素养是运动能力、健康行为和体育品德。运动能力是人类身体活动的基础，分为从事生活劳动必需的基本运动能力和参与某项运动需要的专项运动能力。健康行为包括养成良好的生活习惯，例如饮食、运动、作息等，是提升体育锻炼的意识和习惯等。体育品德包括体育精神、体育道德和体育品格，是一种行为规范和精神风貌。以上所述学科素养的三个方面联系紧密，相辅相成。要实现学科核心素养，则需要具体落实教学目标。

美国心理学者爱德温·洛克（Edwin A. Locke）在1968年提出目标设置理论，认为目标对人具有激励作用，能够帮助人们把需求转化成动力，使人们愿意为一个目标而努力，并且会把自己的行为与目标进行参照对比，不断进行改善，从而实现自己的目标。教学目标是关于教学将使学生发生何种变化的明确表述，是指在教学活动中所期待得到的学生的学习结果。在教学过程中，教学目标起着十分重要的作用。教学活动以教学目标为导向，且始终围绕实现教学目标而进行，一般具有以下特点：

表7-1 以教学目标为导向的教学活动的特点

预期性	在正式开展教学活动之前，能够预测学生在教学后能够完成哪些在之前不能做到的事情
系统性	教学目标可以细分成若干个目标，且每个目标可以相互承接，构成一个完整的体系
层次性	完整体系下各个目标之间层次分明、难度递增，下位目标是上位目标的具体化，上位目标只有通过下位目标才能最终实现
可操作性	教学目标虽然由教师制定，但最终还是要学生在具体活动中落实，因此，教学目标一定要具体说明学生需要如何做，以及具体步骤
灵活性	教学目标应该根据实际的教学情况、学生的实际能力、当时的教学环境（如硬件设施、课时数量等）综合衡量制定

二、研究背景

（一）国外教学目标研究背景

20世纪50年代，美国著名的教育学家布鲁姆（Benjamin Bloom）提出教学目标分类观点。按照他的理论，体育教学目标可以被分为认知目标、情感目标和动作技能目标。在这个理论中，认知目标可以分为记忆、理解、简单应用、复杂应用，情感目标分为接受、感到有趣、有自己的立场、勇于自我表达，动作技能目标分为体验、模仿、组合、协调、自动化，三个目标各自都分成了循序渐进、由浅入深的若干个小目标。一系列小目标的实现能帮助最终目标的完成。此外，布鲁姆还认为教学目标的具体与明确程度，对教学效果有着巨大的影响，决定着教学方向。

海德洛特在布鲁姆的认知、情感、动作技能的目标分类理论的基础上，提出应该把体育教学目标分为认知目标、情感目标、运动技能目标和增强体质目标，并且按照重要程度细化每一类目标。例如：在认知目标中，了解身体的运动机能与健康的关系最重要，而了解运动的基本方法最不重要；在运动技能目标中，培养参加娱乐的运动能力最重要，而达到较高的运动水平最不重要。这样的分类表明，增进学生对健康和运动知识的掌握及运用，比让学生在运动中达到较高运动水平更重要，这一分类也更加突出了体育与健康课程的基本功能。

（二）国内教学目标研究背景

我国对教学目标的研究经历了九个发展阶段。1956 年 3 月，我国制定了第一部体育教学大纲，确定了中小学体育以全面锻炼身体、促进学生成为全面发展的人、为建设保卫祖国做好准备为目标。1961 年，教育部重新编定了体育教材，在教材中强调体育教学的目标是增强学生体质，使学生能更好地学习、参加生产劳动和准备保卫祖国。1978 年，体育教学大纲提出了培养德、智、体全面发展的社会主义建设者和保卫者。1986 年，教学大纲把促进学生在德育、智育、体育、美育得到全面的发展，为提高全民族的素质奠定基础，培养学生成为祖国社会主义的建设者和保卫者作为体育教学的目标，同时也首次提出终身体育和满足学生生活娱乐的需要两个概念。1992 年，教学大纲确定体育教学目标是通过体育教学实现学生健康，促进德、智、体、美全面发展。首先，从我国体育教学目标的演变过程可以看出体育教学目标的演变是顺应了社会的发展需要，它们反映了每个时代教育需求的特征。其次，体育教学的目标从开始的“保家卫国”到后面逐渐演变为对个人价值的实现。

我国的《教育大辞典》将体育教学目标具体划分成四类。第一类是认知类，重点是理解基本体育概念和体育原理，加强体育思维能力的锻炼。第二类是技能类，培养学生相关的体育行为、体育习惯、运动以及体育交际能力。第三类是情感类，培养与体育相关的价值观、审美观。这基本与布鲁姆的教学目标分类一致。在这基础上，辞典提出了第四类目标分类，即综合应用前三类解决社会和个人问题的能力。结合《教育大辞典》的四个分类，我们可以看到：国内目前基本把体育教学目标分为身体发展、情感发展、认知发展、动作技能发展四个板块；其中增强学生体质、实现身体发展为根本目标，因为这是体育与健康学科区别于其他学科的最大特点；认知、情感和动作技能目标都应服从于身体发展目标，因为当身体发展目标实现后，认知、情感和动作技能这三个目标都会达成。

长期以来，我国所制定的体育教学目标还不够科学合理，其中还存在着很多问题。从1956年体育教学目标的首次提出，到2017年体育与健康学科核心素养的提出，中间的衔接不够恰当，因此我国体育教学目标的制订依然存在问题：

第一，理论与现实脱节。制定的体育教学目标在理论上很完美，内容也很齐全，但在落实的时候缺乏可操作性。不同于其他学科，体育与健康课程会受到很多外在因素的影响，例如天气、场地、学生身体素质等。

第二，概念混淆。周国海指出学校体育目标和体育教学目标之间有严格的界限，但我们往往会混淆这两个概念，使问题变得更加模糊、更难界定。

第三，层次不清。韩桂凤认为体育教学目标上下层关系不分、层次模糊，经常用课程目标代替课时目标，主次区分不清，造成小初高各个学段的教学目标没有太大差别。

第四，偏重学生知识技能学习，忽略情感发展。陆作生指出，我们的体育教学目标过多地关注体质和技术的传授，把学生当成接受体育技术的“工具人”和传承运动文化的载体，忽视了体育教学中人的精神价值和意义。

第五，忽视学生个体发展。王健提出我国的体育教学目标太过于强调群体属性，忽视个体价值，打击了学生体育学习的主动性。

第六，缺乏有效的评价标准。蒋月琴指出不少老师缺乏对学生体育学习行为结果的准确描述，导致无法确定教学目标是否完成，而且往往只选用达标率、排名等较片面的显性指标作为主要的体育与健康教学评价标准。这会使教师们急于求成，一心追求达标率，专注提高学生体育成绩等，忽视教学目标中增强学生体质、促进身心发展等内容。

三、教学目标规范的内涵

（一）教学目标的特征

第一，多元性。体育与健康教学目标具有多元性：一是健身目标，通过体育教学，让学生合理、适度并持之以恒地进行体育锻炼，从而达到增强自身体质的目标；二是竞技目标，通过体育教学，不断完善学生的运动技能，最大限度地挖掘学生运动的潜能，帮助在运动方面有天赋的学生达到更高的竞技水平，获得优秀的比赛成绩，也帮助学校树立声望和品牌；三是育人目标，体育与健康课程必须针对学生的个人情况在不同层次上设定目标，使学生在体育与健康课上掌握基本理论知识、基本技术和基本技能以及基本方法和手段，使学生具备进行各项运动的基本能力，从而增强学生体能，并帮助学生培养运动的爱好和兴趣，在日常生活中形成良好的运动习惯，培养吃苦的毅力和团队精神。

第二，阶段性。体育教学目标具有阶段性。针对不同年龄段的学生，体育教学目标各有不同的要求：在小学阶段，教师的教学目标会侧重于教授体育保健知识，激发学生的运动兴趣，培养小学生基本的运动能力和运动基础；在中学阶段，体育教学目标是培养学生的体育参与意识，帮助他们掌握基本技能，学习有效的健身方法，而且更突出培养意志力、竞争意识等心理素质，整体侧重于运动技术和锻炼方法的养成；在大学阶段，学生通过体育教学的内容，满足自身对于健身健美的需求，侧重于生活体育和娱乐体育。小学、中学和大学三个阶段不同的体育教学目标说明在不同的阶段有不同的侧重点，具有阶段性。

第三，灵活性。体育教学不同于文化科教学，在课程开展的过程中，容易受到外界客观因素的影响。例如天气因素，如果碰上雷雨天，那么室外课就不能顺利进行，当节课原计划安排的内容就会受到影响。因此体育教学目标必须具有灵活性，能够根据当下的实际情况、教学条件进行调整。在上述例子中，教师可以把上课场所改为课室，上课内容也可以调整为在小面积的室内场所可以进行的体能训练。

第四，层次性。韩桂凤指出体育教学目标有四层：第一层是国家教育目的和学校的培养目标，是一种理念和精神代表；第二层是教学目的和学校教学目标，从宏观的角度对教学达到的目标进行预设；第三层是课程目标和学段目标，上位的学校教学目标也必须通过这两个目标的实现才能完成；第四层是课时目标，如何安排每一个课时的具体内容，并且保证学生能掌握基本内容，对每一位体育老师来说是最核心的工作。

（二）教学目标和课程目标的关系

体育与健康课程和教学是学校体育教育的两大关键组成部分。但是长期以来，我们对体育与健康课程目标和教学目标的关系认知比较模糊，容易把这两个概念混为一谈。以下我们从两者的定义、联系和区别三个方面探讨体育教学目标和体育与健康课程目标的关系。

1. 定义

体育与健康课程目标是指在某一教育阶段中，促进学生在体育与健康课程中取得的预期效果，而体育教学目标是指教学主体预期在体育教学活动中要达到的、并且可以测量的教学效果。

2. 联系

从学校体育与健康目标这个宏观角度来看，课程目标和教学目标都是子目标，它们的制定都以教学目的和学校教学目标为依据。就两者的关系而言，体育与健康教学目标是体育与健康课程目标的具体化，体育与健康课程目标所涉及的学习方面，都会在体育与健康教学目标中得到展开和细化。

3. 区别

从实施过程来看，体育与健康课程目标是针对整个体育与健康课程，针对学生体育学习的全过程的，比较宏观和长远，更加具有稳定性，不容易发生改变或调整；而体育教学目标则比较微观和细化，针对一个学年、一个单元的具体教学，相对而言更加具有灵活性，在制定后也能根据实际教学情况进行调整。两者在制定者、制定依据、使用范围的区别如下表：

表 7-2 教学目标和课程目标的区别

比较内容	体育与健康课程目标	体育教学目标
制定者	行政部门、学科专家	学校体育与健康教师
制定依据	学科特点、社会对体育发展的需求、学生个人需求	体育与健康课程目标、学校和学生的特点、教学内容的特点
使用范围	向课程的制定提供理论依据，也为教师和学生这两个教与学的主体提供参考	为老师开展体育教学活动提供方案

（三）教学目标规范的意义

体育与健康教学目标的规范，首先能够有助于实现体育教学各个方面的功能：增强体质目标有助于有效实现体育教学的健身功能，情感目标有助于实现体育教学满足心理乐趣的功能，认知目标和运动技能的目标有助于实现体育与健康教学的授业功能。因此，如果缺乏教学目标的规范，体育与健康教学会在实施过程中与目标发生偏差，导致其各方面功能失效，体育与健康课变得空洞无趣且无效。其次，教学目标的规范，决定了体育与健康教学任务的具体化。有了规范的教学目标作为依据，教学任务的细节落地就能得到有效保障，那么每一个层次的教学目标才能有效地衔接。再者，教学目标的规范，能够指引和激励教师教学和学生学习。因为教师和学生有了明确的目标，才能发挥主观能动性，为实现目标而努力。最后，教学目标的规范也是教学成果的检验标准之一。

四、教学目标规范的内容

（一）体育与健康课程目标的分类

1. 总目标

体育与健康课程的学习使学生喜爱运动，积极主动地参加运动，树立健康的体育观念，形成健康文明的生活方式。

2. 分目标

通过体育与健康课程的学习，学生能够运用所学的运动知识、技能和方法，参与展示与比赛，显著提高个人的运动能力水平；学生能够积极地参加校内外的体育锻炼，掌握科学的锻炼方法，养成良好的生活习惯，学会自我健康管理；学生能够自立自强，积极克服困难，拥有积极进取的精神。

（二）体育与健康教学目标的分类

1. 认知发展目标

学生能够了解运动能力的重要性，掌握体育运动的基本概念和知识，并且能在实际生活中运用相关知识。

2. 情感目标

学生能够加强自身的心理能力，养成锻炼的意识和习惯，学会情绪调控与适应环境，获得较好的体育精神和体育品德。

3. 运动技能目标

学生通过接受体育与健康教学，获取较好的体能和竞技能力，能在比赛或展示中获得较好的名次。

4. 体能目标

这是体育与健康教学目标中的根本目标。通过体育与健康教学，学生获得基本的运动能力和技能，增强学生的体质，实现学生的身体发展。

（三）制定体育与健康教学目标的依据

1. 学校教学条件

在制定体育与健康教学目标的过程中，学校在体育与健康教学条件方面的条件，例如场地设施或者课时分配等，影响着教学目标的设计，因此一定要考虑清楚学校现有的各种条件，使得制定的教学目标更合理、可操作性更强。

2. 体育与健康课程标准

应该根据国家部门颁发的体育与健康课程标准中的总目标，制定好对应年龄阶段的体育教学目标。体育与健康教学目标是体育与健康课程目标的具体化，为了落实好课程目标，必须制定好切实可行的教学目标。

3. 教学内容

体育与健康教学目标的制定必须建立在对教学内容的深思熟虑和合理分析的基础上，

通过对教学内容的重难点的分析，导入新授、复习等环节的预期成果，制定体育教学目标的就会更精确、更有效。

4. 学生

学生作为教学目标的主体之一，也是体育与健康教学中的第一要素。教学目标的制定一定要尊重学生的身心发展规律，坚持以人为本，尊重学生的身心需求、兴趣爱好等，而且还要考虑学生之间的差异性，让他们在体育教学中都各有所获。

5. 教师

教师作为教学目标的另一重要主体，也是教学目标的设计者，制定教学目标要符合自身的实际教学水平。

（四）制定体育与健康教学目标的原则

1. 系统性原则

体育与健康教学目标可以细分成若干个目标，且每个目标相互承接，构成一个完整的体系。因此，各体育教学目标并不是孤立的，它与其他目标相辅相成。从纵向的角度来看，它要体现每个学段、每个学年、每个单元以及每个课时之间的衔接性。从横向的角度来看，不同方面的目标相互配合、彼此补充。

2. 科学性原则

体育与健康教学目标的制定要体现出体育的学科特色，要全方位涵盖各个学习方面，根据教学内容，突出重难点，目标要精确，并具有可操作性。教学目标难度适中，符合大部分学生的实际水平。

3. 灵活性原则

体育与健康教学目标可以根据教师和学生的实际情况进行调整，保留适当的弹性空间，因为体育与健康教学在开展的过程中具有复杂性，容易受到客观环境的影响。体育教学目标的灵活性可以更好地帮助学生实现认知、情感、运动技能和增强体质的目标。

4. 可测性原则

体育与健康教学目标是一种对体育与健康课程预期的设定，是对学生身心发展状况的具体描述，是可以通过测量和评价获得的最后结果和标准。例如，经过体育教学之后，学生在各个项目具体取得怎样的成绩，如立定跳远能达到多少米、400 米跑步用时多长等，都可以通过具体数据呈现，这样才能客观地评价教学目标是否达成。

5. 发展性原则

体育教学目标的最终受众是学生。教学目标的制定，既要考虑学生现有的水平和学习需要，也要为学生的未来做好准备，为他们打好下一阶段的基础。

（五）制定体育与健康教学目标的步骤

1. 分析学生

分析学生的学习需要、特点、能力水平等，这是我们确定学生的体育学习现状与学习目标的差距的关键环节，是我们制定体育教学目标的基础，同时这也影响着教学目标的实现。

2. 分析教材内容

实现体育教学目标，必须要有与之相匹配的教材。确定教材内容是否适合，例如它的特点、范围、难易程度，以及各个知识点之间的衔接是否合理，步骤分为 6 步：单元学习任务的选择—单元学习目标的确定—分类学习任务—评价教材内容—分析教学任务—进一步评价教材内容。

3. 制定体育教学目标

（1）分解教学目标

把体育教学目标分解成单元体育教学目标。在分解的过程中，第一要考虑目标的整体性，考虑清楚每一节课与课程目标、单元目标的联系；第二要考虑目标的灵活性，考虑学生的差异性，针对每个学生的基础制定符合实际且能操作的教学目标；第三要考虑目标的层次性，教学目标层次分明、难度递增，体现出学习的循序渐进；第四要考虑目标的可操作性，教学目标可以被测量、被观察。

（2）分析教学任务

在分解好单元目标后，我们再进行任务分析。任务分析是指针对学生为了完成目标而需要学习的知识、技能、情感以及这几个要素之间的相互关系进行的梳理分析，依据单元的目标确定每一个课时的教学任务。由于每个单元的目标都有各自的特点，因此对教学任务的分析也会各具特点。

（3）确定教学起点

教学目标是对学生学习结果的具体描述。要制定合理且可行的体育教学目标，需要对学生的基本能力进行分析，从而确定教学起点。教学起点的确定，直接影响教学的有效性。起点过高，会导致学生无法跟上教学节奏，浪费时间和精力；起点过低，课堂任务则会失去它的作用。因此，教学起点的确定非常重要。

（六）体育教学目标的表述

1. 行为观

行为观是指用可测量、可具体化的方法对教学目标进行描述。蒋新国提出 ABCD 表述方法：A 是教学对象，指针对哪一类学生；B 是学生的行为，是指学生通过体育学习之后获得了什么知识与技能；C 是确定行为的条件，是指影响学生学习的一些客观条件；D 是程度，是指表述行为的最低依据，学生能达到的最低标准，可以从完成时间、动作是否准确等进行判断。

2. 内外结合

行为观的表述方法比较强调行为的结果，但没有注重学生的心理过程所发生的变化。针对这个短板，格朗伦提出内外结合的表述方法，既记录可测量的具体教学行为，也对学生的心理过程给予关注。

五、应用实例及分析

（一）实例内容：三人无球掩护配合

教学目标

（1）运动能力：掌握正确的三人无球掩护配合以及其中的技术要点；

（2）健康行为：锻炼学生战术运用能力，通过多次演练提高学生篮球实战水平；

（3）体育品德：通过体育运动改善学生心理状态，形成乐观自信的生活态度，培养团结互助的团队精神。

（二）实例步骤

目标引导

在目标教学中，教师需要将讲授的内容巧妙地引入课堂当中，通过交流、讨论的方式激发学生的学习兴趣，进而促使学生更好地投入到体育锻炼中。

教师：同学们，今天我们学习的三人无球掩护配合，有哪些同学是比较熟悉的呢？

学生：我，我经常用这个战术。

教师：那你邀请两位同学上来演示一次。

教师邀请这名同学上前讲述自己的理解，并且完整演示一遍。教师通过学生的讲述和演示，引申出无球掩护配合的技术要点，进而介绍各个因素对配合成功的影响。

教师：听完上面的讲述，相信大家大概知道完整战术是怎么构成的，下面由我来进行完整示范。

在学生充分了解相关概念以及学习目标的基础上，教师通过示范向学生介绍正确的三人无球掩护战术，并组织学生进行练习。教师在巡视的过程中对学生的练习进行指导，并纠正学生在练习过程中的失误。

（1）学生分组进行练习

学生在各自小组中通过合作完成教师规定的小组任务，学生在互帮互助中能够更好地交流并完成战术。在具体的练习中，学生会认识到自己和组员是一个集体，因此在练习中除了努力提升自己外，还会协助组员更好地完成练习。教师除了在讲解示范中阐述该战术配合的技术要点外，还需要在学生练习过程中多次巡回指导，多次向单个或多个小组进行示范，帮助学生建立更深刻的动作表象，鼓励学生通过战术配合完成进攻，并对个别圆满完成的小组加以鼓励。各组学生在练习中能较好地、有意识地提高自己的动作技术，并且为小组队员提供帮助，自觉督促小组队员进行练习，并通过自己的能力带领基础薄弱的学生提高技术。小组之间形成无形的竞争关系，不仅能够有效增强小组内部的凝聚力，更能够实现学生之间良好的交流，促进学生身心健康发展。

（2）小组之间进行比赛

学生要将学习到的技能融入实战当中，在此过程中教师强调技术动作的细节要素，通过小组之间的比较找出学生在练习过程中的优缺点，鼓励学生进行更加深入有效的训练。

教师：同学们，接下来我们将以小组为单位，运用刚才所学的技术进行同场竞技。刚才我发现有好多小组练习得相当不错，但是面对积极防守的时候不知道能否发挥出来。下面我们进行3对3半场比赛，各组商量一下怎么利用战术打出更高效的进攻。

在小组比赛当中，教师带领轮休的队伍进行讨论：为什么有的组别能顺利达成配合，而有的不能？教师在积极讨论中引导学生认识团队配合的每个关键要点：除了做好掩护，还要注意队员间的站位以及进攻的空间。

（3）本次课结束后，组织同学进行教学效果的评价

评价的主要方式是教师评价、学生的自我评价和相互评价，教师先组织学生进行自评和互评，最后由教师进行总结性评价，并根据评价内容布置课后练习任务。

（三）实例点评

在最后一轮评价中要做到全体学生都能达成相应的教学目标。教师在评价时一定要及时肯定学生的努力成果，满足学生的心理需求，并且体现出体育运动的公平合理性，帮助

学生建立自信，激发学生对体育运动的兴趣，进而使其更加主动地投入到体育运动中。在本案例中建立的民主和谐的师生关系，是实现素质教育的关键。传统的教学往往忽视学生的心理需求，教师在课上有绝对的威严，课堂上的氛围沉闷，师生关系十分紧张。在案例中，教师巧妙地将本节课的教学内容以向学生问问题的方式导入，提供了一个让学生展现自我的机会，在肯定了学生的同时，将本节课的教学目标引入到课堂中，让强调的每个动作细节都为提高学生的实战水平这个目标服务，并在练习过程时刻强调合作的重要性，引导优生通过自己的能力提高小组的实战水平，从而在不断的肯定、鼓励和纠正下，营造出浓厚的体育运动氛围，让师生更高效地达成课堂的教学目标。

第八章　教学内容的规范

体育与健康教学内容是指依据体育教学目标选择出来，根据学生发展需要和教学条件加工改造，在学校体育的教学环境中学生学习的体育与健康知识、运动技能和方法等。体育与健康教学内容不同于一般的教育内容，它是依据体育与健康教学目标、学生发展需要和教学条件选择并加工出来的体育素材，它主要以大肌肉群的活动状态为教育内容，主要包括身体练习、运动技能学习和教学比赛等形式。体育与健康教学内容也有别于竞技运动的内容，它以教育为目的，而竞技运动内容以竞技、比赛为目的；体育与健康教学内容必须根据教育的需要进行必要的改造、组织和加工，而竞技运动内容不必进行这种改造。

一、体育与健康教学内容的含义

习近平总书记在2018年全国教育大会上提出“帮助学生在体育锻炼中享受乐趣、增强体质、健全人格、锤炼意志”这一“四位一体”的新时代学校体育目标。在体育与健康课程教学中，对体育教学内容的设计应以“四位一体”的方向为指引，培养身心健康发展的社会主义接班人。2019年《中共中央　国务院关于深化教育教学改革全面提高义务教育质量的意见》号召“加强课程教材建设”，对从国家到省、县各级的教材建设提出了指导性的建议：国家“建立义务教育课程方案、课程标准修订和实施监测机制，完善教材管理办法”，省级部门负责“制定地方课程和校本课程开发与实施指南，并建立审议评估与质量监测制度”。紧随其后，2020年中共中央办公厅、国务院办公厅印发《关于全面加强和改进新时代学校体育工作的意见》提出：“加强体育与健康课程和教材体系建设。学校体育与健康课程注重大中小幼相衔接，聚焦提升学生核心素养。”此意见对学前教育阶段至高等教育阶段四个阶段的体育教材建设和教学内容设定作出了详细的部署，以人的身心发展规律为依据提出了指导性的建议。

新课标提出“健康第一”的理念，提出要使每位学生的三维健康观都达到最佳水平，保证体育教学内容的时代性、先进性。新课标是我国现行体育教材编写的依据，而体育教材设定的教学内容则在很大程度上决定了我们的教学质量。新课标根据三维健康观，即身体健康、心理健康和社会适应三个方面，以及健康体育的要求，对中小学体育与健康教学内容提出了宏观性的要求。在选择哪种教学内容运用于体育与健康课堂的问题上，新课标给予了一线体育与健康教师更多的自主选择权，让体育与健康教师以“健康第一”的理念和“一个目标的四个方面”为抓手，兼顾体育活动参与、体育运动技术、身心健康与社会适应等几大方面，选用最适合学生身体发展特征、满足学生多方面需要的运动课程。但部分的一线体育与健康教师在选用教材的事情上也出现了问题。

虽然新课标根据学生身心发展不同阶段的特点，将体育健康课程的学习划分为六个不同的学习水平阶段，并提出了适宜每个水平阶段的目标和内容标准，却并未给出相应的、具体的教学内容。现有多种教师指导用书所编辑选择的体育教学内容也比较零碎和笼统，所以出现教学内容设计实施不利于目标实现、内容结构不合理、教学内容难易度不适合学情等的问题。

那么，该如何科学地选择教学内容？针对以上问题，我们需依据青少年学生身心发展规律、运动人体科学、运动技能形成规律、动作技术运动原理，遵循体育与健康教学规律，从运用科学的思维方法组织和实施教学的视角，结合新课标目标体系，严格执行新课标《普通高中体育与健康课程标准（2017 年版 2020 年修订）》，以解决体育与健康教学内容不利于目标实现、内容结构不合理、教学内容难易程度不适合学情等问题。

总而言之，体育与健康教学内容是以体育与健康教学为目的，以运动技能学习、身体练习和教学比赛为形式，经过组织加工能够在教学环境下进行的内容的总称。

二、科学选择体育与健康教学内容的原则

（一）根据人体身心发展的科学原理选择教学内容

我国义务教育阶段设置九个年级的制度一直沿用至今，青少年身心发展最快的时期就是这九个年级段。各学段之间，学生的身心发展突显出很大的差异性和年龄特征。“水平一”学段（7—8 岁）与“水平三”学段（10—12 岁）的儿童在身心发展方面的区别很大。部分 11—12 岁的女生开始进入生长发育的高峰期，“水平二”学段（9—10 岁）的儿童则处于两者的衔接期。也就是说，人在一生的任何年龄段，都需要通过身体运动来提高或保持体质和身体协调性。遗传性运动技能容易随着时间的变化而表现出差别。同时，后天获得的运动技能也将因体育运动过程和效果的不同而改变。身体素质增长速度有快有慢，我们把身体素质增长速度快的年龄阶段叫做增长的敏感期。对于学生而言，身体素质与相

应的各项运动技能一旦错过其发展的“敏感期”，就难以提升。所以，针对青少年心理发展和各项身体素质的“敏感期”科学地选择合适的教学内容进行教学显得尤其重要。

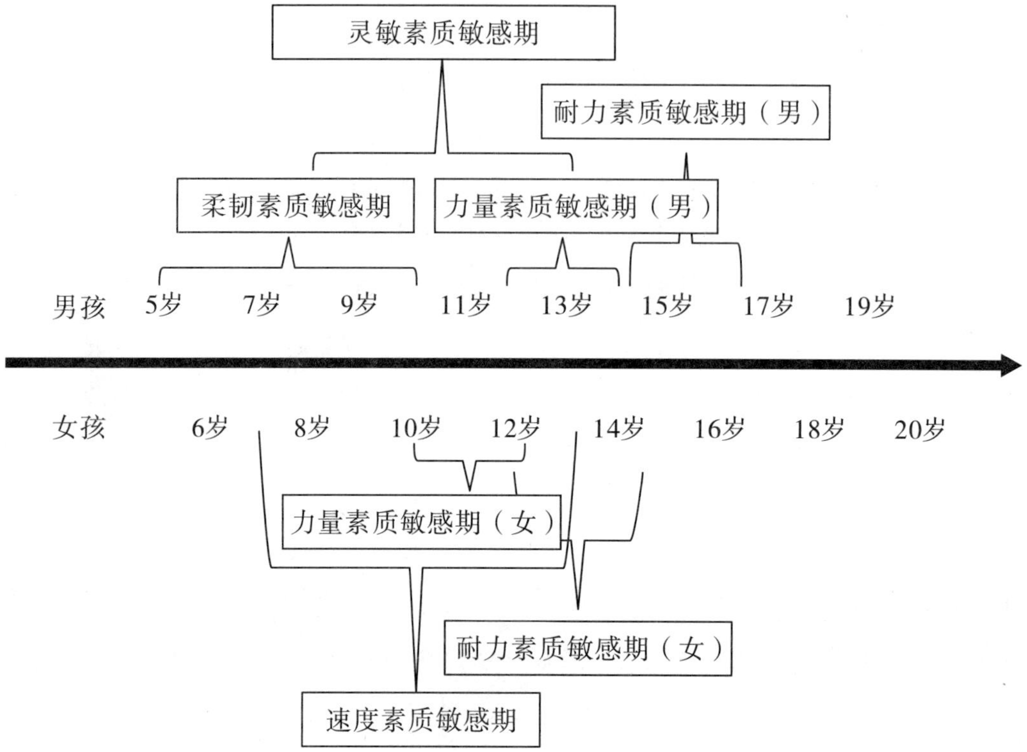

图 8-1 男女生青春期心理发展

（二）根据运动技能学习规律选择教学内容

让学生学习、掌握并运用运动技能是体育与健康课堂教学的一个重要内容。在体育教学的过程中，对运动技能的习得过程以及各个学习阶段所应达到的要求是有差异的。总体看来，学生习得体育运动技能需要一个过程，即从不知到知，由易到难，由简单到复杂，由动作的不太熟悉到熟练运用。在体育学习过程中，学习运动生理知识非常重要。运动生理学提出：运动技能的教学一般要经历三个过程，首先是粗略掌握动作阶段，其次是改善与提高动作阶段，最后是巩固与自动化阶段，即“形成—发展—巩固—消退”的规律。因此在选定体育教学内容及课堂教学过程中，体育与健康教师应遵循运动技能学习规律，在分析学生学情的基础上进行教学。

（三）根据学校传统建立校本特色

体育校本特色课程是基础教育阶段常见的课程之一，教师应根据素质教育最新的发展要求，助力学校特色体育教学内容的构建和研发。2001 年教育部印发的《基础教育课程改革纲要（试行）》明确表示，“为保障和促进课程对不同地区、学校、学生的要求，实行国家、地方和学校三级课程管理”，同时指出，“学校在执行国家课程和地方课程的同时，应视当地社会、经济发展的具体情况，结合本校的传统和优势、学生的兴趣和需要，开发或选用适合本校的课程”。因此体育与健康教师应根据学校传统的校本特色选择及构建教学内容。

三、科学选择体育与健康教学内容的方法

（一）依据体育与健康核心素养构建教学内容

首先，基于核心素养的课程体系在各学段的基本要求体现于三个方面。第一，体育教学内容的标准和教学的课时要求应达到促进学生形成核心素养的要求。学生需要接受各学科的学习才能形成其核心素养，而体育与健康学科的教学课时及教学内容标准则是培养学生核心素养的基本保证之一。传统的课程内容标准，一直要求以教学内容的完备性及科学性作为编写的根本依据，充分体现了“学科本位”的思想，并且还要求以学科思路和逻辑性为主要体现形式。若从构建基于体育素养的教学内容系统的角度来谈，则需要充分地根据体育与健康课程各学段学习者的身心特点和学生的心理需求编排和设定教学内容系统。同样的，教师建议也应该根据学生的具体特点和核心素养培养的要求做到有目的性、有针对性，以最终推动学生核心素养的发展。第二，教学目标也要具体化。教学目标的具体化在一定程度上也反映出了学校核心素养建设的目标。教学目标的具体化主要是为了统领和引导学校体育与健康课程内容的设置。在培养学生核心素养这一理念的引导下，体育与健康课程教师应当根据体育与健康课程的特点，并根据不同水平阶段学生核心素养的具体培养要求和重点教学内容，明确指出各个水平学段学生所应实现的核心素养的具体目标，并充分体现出体育与健康课程内容的特色，同时应将各个学科的学科素养融入到体育与健康学科中来，达到相互融合、融会贯通的效果。以上的内容应在体育教学目标的制订中得到具体的体现。第三，对学生的核心素养的培养成效的评价必须通过科学合理的质量标准具体呈现出来。质量标准的制定使得对学生的核心素养的培养更具可操作性，因此可以更有效地用来指导一线体育与健康教师的教学实践。所以在制定了教学内容标准之后，必须配套合理可行的质量标准，以便更好地用来指导对体育教学的评价。显然，学生核心素养的培养效果主要体现在学生适应社会发展以及终身学习的素质与能力，因而必须把对体育能

力的评价与质量标准更加紧密地联系起来，以便学生能够终生受益。

其次，要从体育核心素养三个层面出发确定不同阶段的教学内容。中国传统的体育教学过分强调对体育教学内容的理解，强调对体育与健康课程本身认识的全面性和科学化原则。随着新课标的推行，关于“培养什么样的人”的教育问题凸显出来，因此更有必要改变以往体育教学内容脱离学生现实生活的现状。然而对学生的核心素养的培养是从人的全面发展的角度出发，依照学生的身心发展规律给出相应学段结束后须拥有的基本素养和能力，贯彻的是“以人为本”的教学理念。课程标准核心素养的制订参考了国家对学生运动素质的分析以及中国当前的义务教育阶段体育改革的现实需要。我国专家认为中小学生的运动素质主要分为体育能力、身体行为、运动品质三个层面。这里应该按照这三个重要层次确定好各个学段运动素质需要满足的程度与表现形式，相应地增强各水平阶段体育素养的衔接性，进而依据体育素养要求构建好义务教育阶段相邻梯次递进及衔接性明显的体育与健康课程内容体系，最终实现体育教学内容的设计从“学科本位”到“以人为本”的转型。

（二）有效地衔接和递进运动技能教学内容

教育专家认为衔接性是指课程不同层级之间的连续性，如小学与初中课程的连续性、初中与高中课程的连续性，其重要之处在于减小不同学习层级之间的缝隙，让学习者顺利地从一个学习阶段过渡到另一个学习阶段，并兼顾学习者的个人差异和特点。目前中国基础教育体育教学内容的衔接，面临着不同学段内容间的区分度较小、内容基本雷同的问题。所以，学校体育与健康课程的教学组织中必须明确各学段间的差异，并扩大不同学段课程内容间的难易差异，在此基础上再寻求各学段内容的连贯度与衔接性。周兵博士所提供的运动技术金字塔的课程发展模型，对各学段运动课程教学的衔接有着重要的启示意义。他指出，除非个体的各种基本运动技术都有所进展，否则动作技术将永远无法进一步发展到运动技术中“金字塔”的先进水准，并主张孩子必须在儿时的早期到中期阶段获得广阔的技能基础，然后才有机会进一步发展到“金字塔”中更高级的动作技术。

学校体育中的运动技能可分为基础运动技能和专项运动技能。基础运动技能是人本身的生物学特征，在遗传获得的运动基因的基础上，经过后天的教育可以为专项运动技能发展奠定基础。专项运动技能是个体通过反复练习，熟练有效地完成特定运动项目的专门性技能。在学校体育教育中的运动技能包含两个内涵：一是专项化，竞技项目专业化技能活动方式；二是准专项化，适合全体学生学习和锻炼的非竞技专项运动技能。据此，专家研究构建了基础教育运动技能课程内容体系结构，并认为：在小学中低年级（1—4 年级）

应全面教授学生基础运动技能，发展学生的基本运动能力；在小学高年级（5—6年级）教授学生基础运动技能和准专项化运动技能，重点在基础运动技能；初中阶段教授学生基础运动技能和准专项化运动技能，重点在准专项化运动技能。在整个义务教育阶段要实现从基础运动技能到专项运动技能的过渡，应依据动作发展规律和学生心理发展规律，构建相互衔接且梯次递进的运动技能内容体系，从而为学生在初中教学结束时掌握两项运动技能奠定基础。

（三）建立体育与健康教学内容的更新机制和环境

伴随体育与健康课程改革的实施与推进，学校体育确立了新的课程标准，出版了新课标。然而要保证课程内容的“常新”，仅靠一两次的课程改革难以为继，必须建立有利于课程内容更新的制度机制和环境，明确国家、地方、学校在教学内容设计方面的权利和责任。首先，在国家层面制定课程标准，依据体育与健康课程目标进行课程内容标准的顶层设计，这种顶层设计具有宏观性和指导性，它没有对体育教学内容作出过于具体的规定。其次，强化地方、学校在体育与健康课程教学内容选择和设计方面的自主权。学校是实现体育与健康课程改革愿景的基层单位，应依据新课标的精神和理念，从学校自身的课程情境出发构建校本化的体育与健康课程教学内容。再次，新课标强调“课程目标引领内容”，这就表明了体育老师具有自由选用有利于学生学习的运动课程的权力，也确定了体育老师是运动课堂的主要建设者，而不仅仅是执行者。所以一线体育与健康教师应该增强体育与健康课程的研究能力，根据学生的生活经历和实际需要等选取学生感兴趣、教学内容有递进的课程。

四、基于科学原则选择体育与健康教学内容的案例解说

（一）依据人体身心发展的科学规律选定教学内容

教学内容需以发展学生运动能力的体能素质和技战术能力内容为主教学内容，配以心理能力、安全技能、健康行为和体育品德等协助性内容，组成结构化的课堂教学内容。准备活动和放松运动要为主教学内容的学习服务，新授内容要与前置内容、拓展性内容关联。课堂开始和结束必须要有队列队形的练习（训练）内容。

并对各个水平的教学内容选择作出如下的建议：

——水平一：以发展学生的灵敏、协调、平衡、柔韧性的动作技术为主的内容，提高学生的感觉统合能力（大脑不同区域协作能力）。

——水平二：以简单的闭合性动作技术与2—4个动作的串联教学为主要内容，帮助学生学会、掌握力所能及的运动技能（肌肉自我控制能力）。

——水平三：以相对复杂的闭合性动作技术和基本的开放性运动技能为主要内容，提高学生的应对能力（肌肉自主调整应对能力）。

——水平四：以闭合性运动技能的运用和开放性运动技能综合运用（情景与情境相结合）为主要内容，发展相互配合与协作能力（环境判断与调整能力）。

——水平五、六：以应对情景或情境运用技术、战术的能力为主要内容，发展心理与实战能力（综合能力）。

【教学课例】

《“8字跳”长绳》教学案例与思考

教学背景：《“8字跳”长绳》属于“水平二，四年级”跳长绳技术单元的课。跳长绳运动是学生非常喜爱的运动项目。教师自身体验后得出，学生喜爱跳长绳运动的原因可能是他们在跳长绳的过程可以体验到一种战胜未知情况的成就感。在未掌握跳长绳技能时，对于处于运动状态的长绳，人都有一种想跳进去尝试的冲动，但是又害怕失败，害怕长绳绊倒自己而卡绳不能成功跳过。当学生通过学习掌握跳长绳的方法后，能够从这个学习过程中体会到，技能可以通过循序渐进的辅助练习掌握。在这个学练过程中，跳长绳运动也能培养学生不畏学习困难、积极探索方法去解决问题的优秀品质。基于跳长绳技术有培养学生果敢性格和挑战精神的作用，便设计了“8字跳”长绳动作技术单元。

设计思路：针对四年级学生的活泼好动、喜欢玩、爱新鲜、创新探索能力强，而且男女的差异不大这些年龄特点，本课结合“体能素质与运动技术相长”的教学主张与我校体育“1+X”教学深度学习课型“运动体验—体能练习—技能习得—比赛运用”而设计。本课以体验自己想象中的跳长绳的方式为切入口，引导学生自己体验，激发学生的学习兴趣。对绕“8”字跳长绳的跑动路线、起跳位置与步伐、技术动作进行分步练习，循序渐进地让学生掌握绕“8”字跳的技术动作，发展学生速度、灵敏、协调、快速反应等综合素质，培养学生团结协作、顽强拼搏的意志品质与安全锻炼的意识。由于本课主教材主要以下肢练习为主，因此在完成主教材的同时安排了体能练习，发展学生的上肢力量。通过不同骨骼肌交替运动和各种不同的运动锻炼形式交替进行，学生的上下肢得到均衡锻炼，同时避免局部肌肉过度疲劳，增强人体各系统生理机能，有利于维持机体健康，达到均衡锻炼的目的。

学情分析：四年级学生，男女生技能、体能水平差别不大，组织纪律性较强，善于发现、思考与创新。因学生初次接触长绳跳，所以本课将从易到难地设计课的环节，激发学生的学习兴趣。本课结合所教学生的实际情况，让学生以小组合作的形式进行学习，从而培养学生的协同学习的能力和团结合作的精神。

教材分析：“8 字跳”长绳技术动作分为进绳、绳中跳、出绳三个技术环节，进绳时需预判进绳时机并掌握单脚起跳的运动能力，绳中跳又需具备及时反应并跳过绳的能力，出绳时需捕捉绳的空隙从中跳出。

教学流程：课堂常规—跟随音乐慢跑并进行创编动作热身—体验跳长绳—教师示范讲解—“8”字跑绳—绳中跳—“穿越火线”荡绳练习—完整“8 字跳”练习—“8 字跳”长绳比赛—放松—互评小结—师生再见。

教学目标：

（1）运动能力：通过有效的学练，不同层次的学生掌握“8字跳”长绳技术动作的同时，发展跳绳运动所需的速度、耐力、协调和灵敏性等体能素质。

（2）健康行为：激发学生对跳长绳的学习兴趣，培养学生勇于面对困难的优良习惯。

（3）体育品德：培养了学生团结合作、挑战自我、顽强拼搏的意志品质。

教学重点：找准起跳点、单脚起跳进绳。

教学难点：起跳进绳时蹬地发力协调、找准进绳时机。

教学准备：篮球场 1 个、地垫 10 张、长绳 11 条、音响 1 台。

教学过程

一、准备部分

1. 跟随音乐慢跑。

2. 模拟与跳长绳相关的一般性体能练习，教师放音乐并带领，学生模仿动作，在规定区域活动。

【设计意图】通过带领学生练习与跳长绳相关的一般性体能练习如单脚跳等动作，有助于学生形成动作概念。

二、基本部分

1. 学生体验跳长绳后教师示范讲解

让学生自行尝试体验自己理解的跳长绳动作。这时有的学生多次尝试不能进绳成功，有的学生侥幸成功进绳。当同学们冥思苦想成功进绳的方法时，教师启发学生要学会长绳就需要进行循序渐进的学练。观察和倾听老师的示范和讲解。

【设计意图】体验跳长绳的方式，达到“不愤不启”的效果，激发学生的学习积极性，使学生渴望将跳长绳的技术动作掌握。

2.“8”字跑绳

（1）通过画图，让学生理解“8”字跑绳的运动轨迹，并进行“8”字跑绳练习。

（2）熟悉运动轨迹后，学练两步一跳的进绳动作。

【设计意图】让学生通过“8”字跑绳形成运动概念，养成跟随行进的习惯，通过学练两步一跳的进绳动作为下一个进绳环节打基础。

3. 绳中跳

四个同学为一组，两人摇绳，当两人站在绳中时，摇绳者开始摇绳。摇绳者统一口令摇绳，另两人体验绳中跳，跳 20 次后进行交换。

【设计意图】通过绳中跳培养学生的绳感，使学生逐步适应长绳的运动轨迹。

4.“穿越火线”跳过荡绳练习

四个同学为一组，两人摇绳使绳成荡秋千式摆动，两人从摇绳者身侧准备起跳进绳。口诀：“绳去我进、绳来我跳”。

【设计意图】降低绳摆的幅度，让学生去尝试进绳，掌握进绳时机。

5. 分层学练

根据学生的实际情况，把学生分成两个层次，1、2 两组。1 组：一部分学生还未通过“穿越火线”的荡绳练习，这时让学生再一次熟练进绳专项体能练习两步一跳动作，练习 30 次后继续尝试挑战荡绳。2 组：这一部分学生已经掌握了荡绳练习，可以让他们直接挑战完整跳长绳练习，一人进行钟摆俯卧撑行走，一人进行长绳练习，熟练后进一步按照“8 字跳”长绳的运动轨迹进行练习。

【设计意图】分层学练的环节是为不同学习进度的学生设定的，教师适时地给予技术动作掌握得快的学生更高的学习任务挑战，给予技术动作掌握慢的学生循序渐进的指导，这样不仅仅给予学生差异化指导，也能够照顾到全班学生的学习进度，凸显学生的主体地位。

6. 小组比赛

让已经熟练掌握“8 字跳”的小组进行计时比赛，这时所有组员都分外紧张，都不想失误，想让自己小组在规定时间内跳的次数更多。

【设计意图】进行小组比赛，通过学以致用的方式强化学生课中掌握的运动技能，提高学习效率的同时，培养学生团队合作精神和集体荣誉感，锻炼学生顽强拼搏的意志品质！

（二）以运动技能学习规律选定教学内容

从教学内容的连续性来说，需根据运动技能学习的规律来进行教学内容的选择。如果是零碎的和散乱的教学内容，肯定不能让学生身心锻炼科学发展。所以在选择教学内容时，就应把项目的内容系统化和连续化，使教学内容真正符合学生的身心发展规律，符合运动技能学习规律。现以跳类教学内容和跑类教学内容作为范例说明。

跳类教学内容中，“水平一”可以安排模仿动物跳、单跳双落、立定跳远、助跑几步一脚踏跳、双脚落地为主要内容；“水平二”安排的内容可有急行跳高、助跑几步一脚踏跳、双脚落地、立定跳远、蹲踞式跳远、跨越式跳高；“水平三”的内容可有急行跳远、踏准跳远、蹲踞式跳远、跨越式跳高、立定多级跳。跳类教学内容贯穿整个义务教育阶段，由单跳双落、立定跳远、助跑几步跳、蹲踞式跳远过渡到立定多级跳，运动技能难度逐渐加大。教学内容的安排体现了运动技术学习由易到难的规律。同时根据学生的身体素质循序渐进安排教学内容，体现课标的理念和教学内容的衔接性要求。

跑类教学内容的各水平阶段安排：“水平一”可为短距离的各种姿势起跑的直线跑或短时间的定时跑，接力跑安排为迎面接力跑，充分考虑了学生身心方面因素。在“水平二”阶段，因学生身心得到发展，定时跑的时间可延长至10分钟，进行300—500米的自然地形跑练习，站立式起跑得到进一步练习和掌握，可以出现障碍跑，锻炼学生的协调、灵敏等素质。在“水平三”阶段中，可安排快速跑、弯道跑、400米耐久跑、12分钟定时跑、蹲踞式起跑、接力跑（4×30米）等内容。5—6年级的学生协调、速度、耐力等身体素质正快速增长，耐久跑、快速跑内容发展空间大，所以应增加锻炼耐力的练习的比重。到了“水平四”初中阶段，学生能够学习和掌握蹲踞式起跑的技术时，可把蹲踞式起跑技术安排在初中体育教学内容中。其中还有耐久跑、途中跑、跨栏跑、障碍跑、接力跑、中长跑等教学内容，接力跑、耐久跑、蹲踞式起跑技术教学在初中教学时对技术等要求更高、更规范。

花样跳绳教学内容的各个水平阶段的安排：“水平一”可为简单的并脚跳和各种双脚同时支撑的花样脚步动作，如开合跳、弓步跳、前后跳、左右跳、叉步跳、左右甩绳和交叉跳等适应“水平一”学生的动作。“水平二”可多为单脚支撑的花样脚步动作，如跑步跳、前点跳、提膝跳、提膝侧点跳、肯肯跳、四点地跳、侧点地跳、钟摆跳等对单腿力量要求较高的动作。“水平三”可安排以手部花样动作为主的教学内容，如侧甩交叉跳、前后交叉跳、胯下交叉跳、膝后交叉跳、同侧胯下交叉跳、异侧胯下交叉跳、背后交叉跳等多种手部与身体部位交叉的动作。“水平四”可以安排多摇类动作，如双摇花样动作扯花、凤花、快花等。“水平五”可以安排长绳类花样技术，如绳中绳、交互绳结合街舞舞步等教学内容。

（三）根据校本特色选定教学内容

每个地域和每个学校的情况有差别，新课标鼓励各校基于其五个领域的目标开发适合本校情况的教学内容，开发校本体育教学资源和教材。同时，教育部体育艺术“2+1”项目也号召让学生在义务教育阶段掌握两项运动技能。基于这样的政策形势，学校体育进行校本体育与健康课程体系开发大有可为。现以体育与健康“1+X”教学为例，为大家提供参考和借鉴。

【案例】

通过体育与健康“1+X”教学，整合体育与健康课程教学，落实学科核心素养。

其体育与健康“1+X”教学中的“1”从宏观上来说是国家提倡的体育艺术“2+1”中的两项运动技能。从方法层面看，“1”在一年级至四年级是毽球或跳绳，在五、六年级是毽球、跳绳、篮球、健身操。从思想层面看，“1”是聚合散落在各个年级的体育知识、体育技能等教学内容，从而改善体育与健康课程的“碎片化”教学现状，让体育活动的过程与方法更具连续性，让情感态度与价值观的形成更具层次性。“1”在体育与健康教育中是抓手，是载体。“ 1”是可变的，因需而变，因时而变，因势而变。

“X”是课程目标所提及的体育核心素养：运动能力、健康行为、体育品德、思维能力。即以多种体育项目实践活动为媒介，通过示范、模仿、探究、合作等综合方法，引领学生养成良好的健康行为，提高运动能力，培养优良的体育品德，提升学生的运动技能和体育素养。

那么，问题来了。为什么体育与健康“1+X”教学中将毽球、跳绳、篮球作为“1”，而不是其他项目？选项有玄机！

毽球项目，器材轻便易携带，不受场地限制，是随时随地都可以开展的项目。它能发展学生空间感，能很好地提高学生的感统能力，适合中低年级开展。

跳绳项目，以花样跳绳为主、速度跳为辅的方式进行。花式跳绳配合音乐，在提升心肺功能的同时，还能提高学生的节奏感和协调性，增强学生的耐力和下肢力量，同样适合中低年级开展。

篮球项目，是综合型运动项目。篮球运动可训练全身的肌肉活动及肌肉力量，同时也能训练耐力、改善体型，让学生懂规则、重协作，培养团队协作意识和学生的集体荣誉感，适合于中高年级开展。

体育与健康“1+X”教学通过对“毽球、跳绳、篮球”的有效教学，用整体的、系统的观念分析处理散落在各个年级的体育与健康要素等学习内容。从而改善体育与健康课程的“碎片化”教学现状，让体育与健康基础知识与运动技能的习得更为扎实，让体育与健康实践活动的过程与方法更具系统性，让情感态度与价值观的形成更具层次性。以此让学生在体育与健康“1+X”教学的培育下养成良好的健康行为，提升运动能力，培养优良的体育品德。

表 8-1　× × 学校“1+X”教学

<table>
<tr><th colspan="3">1</th><th>X</th></tr>
<tr><td>宏观层面</td><td>体育艺术“2+T”中的体育特长</td><td></td><td rowspan="4">新程标提及的体育素养：以多种体育项目实践活动为媒介，通过示范、模仿、探究、合作等综合方法，学生可以养成良好的健康行为，提高运动能力，培养优良的体育品德，增进思维能力贯穿素养的形成</td></tr>
<tr><td rowspan="2">方法层面</td><td>1—2 年级</td><td>毽球、跳绳</td></tr>
<tr><td>3—6 年级</td><td>毽球、跳绳、篮球</td></tr>
<tr><td>思想层面</td><td colspan="2">整体的、系统的观念</td></tr>
</table>

体育与健康课程教学内容的设定，不能脱离实际，难度系数不能太高也不能太低，所以 × × 学校基于新课标的要求和不同水平阶段的学生的学情对“1”的体育与健康课堂教学内容进行了详细的设定和安排，使学生对教学内容不仅有兴趣而且还能进行挑战式学习。在信息时代，学生也可以通过视频对体育技能进行预习和训练，为此笔者学校体育与健康课程组制作了系统的学习资源。详细内容见下表。

表 8-2 体育与健康“1+X”教学“1”的教学内容与评价表（跳绳）

学期内容		评价：达标标准	评价：主要技术动作	评价：评价等级	备注
一年级（上）	并脚跳	30 秒 50 次	两脚并拢，前脚掌着地，小臂带动手腕自然摇绳，目视前方，身体挺直	初级	各年级每学期均有视频示范
一年级（下）	并脚跳	30 秒 60 次	两脚并拢，前脚掌着地，小臂带动手腕自然摇绳，目视前方，身体挺直	中级	
二年级（上）	跑步跳	30 秒 70 次	两脚轮流抬腿，前脚掌着地，小臂带动手腕自然摇绳，目视前方，身体略微前倾	一段	
二年级（下）	个人花样	个人花样第一套	并脚跳—跑步跳—开合跳—弓步跳—左右甩绳—滑雪跳—前后跳—前点跳	二段	
三年级（上）	双人单绳	双人单绳第一套	空打绳—左跳绳—空打绳—右跳绳—空打绳—齐跳绳—空打绳—轮流跳—空打绳—左跳齐跳—空打绳—右跳齐跳	三段	
三年级（下）	个人花样	个人花样第二套	剪刀跳—十字跳—前踢跳—侧旋跳	四段	
四年级（上）	双人单绳	双人单绳第二套	左跳 + 内转身跳—右跳—内转身跳—空打绳—齐跳 + 齐内转身跳空打绳—胯下换手—空打绳—左同侧转身跳 + 齐跳—右同侧转身跳 + 齐跳	五段	
四年级（下）	个人花样	个人花样第三套	提膝侧点跳—交叉跳—后屈跳—手臂缠绕跳—肯肯跳—旋叉直摇跳—后前点跳—单旋直摇跳	六段	

（续表）

学期内容		评价			备注
		达标标准	主要技术动作	评价等级	
五年级（上）	双人双绳	双人双绳第一套	连锁跳—车轮跳	七段	各年级每学期均有视频示范
五年级（下）	个人花样	个人花样第四套	连续点地跳—单旋直摇跳—侧前点跳—侧交叉跳—叉步开合跳—单凤跳—前踢后屈跳—前后旋跳	八段	
六年级（上）	双人双绳	双人双绳第一套	车轮跳左内转身跳—车轮跳右内转身跳—车轮跳齐内转身跳—车轮跳左换位跳—车轮跳右换位跳—车轮跳连续换位跳	九段	
六年级（下）	个人花样	个人花样第五套	四点地跳—旋直交叉跳—侧踢跳—交叉侧叉跳—飘逸跳—持续交叉跳—侧身点地跳—敬礼旋跳	天元	

说明：

1. 练习时间为第 2 周至第 8 周；
2. 练完即考，除一年级以外，第 8 周周四检测。

表 8-3　体育“1+X”教学“1”的教学内容与评价表（毽球）

学期	内容、进度	评价			备注
		达标标准	主要技术动作	评价等级	
二年级（上）	连续盘踢	2 次	轻抛球，看准踢，脚型巩固靠练习	一段	各年级每学期均有视频示范
二年级（下）	高踢过头	3 次	球要高，也要直，大腿自然向上抬	二段	
三年级（上）	连续高踢	5 次	支撑腿找好位，快速移动把球踢，大腿自然向上抬	三段	
三年级（下）	两人对踢	2 组	一准备，二判断，三移动，四出脚	四段	

（续表）

学期	内容、进度	评价			备注
		达标标准	主要技术动作	评价等级	
四年级（上）	两人对踢	3 组	一准备，二判断，三移动，四高抬大腿，五高送	五段	各年级每学期均有视频示范
四年级（下）	两人两脚对踢	2 组	一准备，二判断，三移动，四调整，五送球，每人每次两脚把球送	六段	
五年级（上）	两人两脚高踢	3 组	一准备，二判断，三移动，四调整，五送球，送球要尽量高，每人每次两脚把球送	七段	
五年级（下）	三人连踢	2 组	每人接触球 1–2 次，三人依次传球一轮为一组	八段	
六年级（上）	三人高踢	3 组	每人接触球 1–2 次，三人依次传球一轮为一组，但传球一定要高	九段	
六年级（下）	四人对踢	3 组	每人接触球 1–2 次，三脚内踢球给对方，同队双人必须都接触球，再把球踢过网给对方	天元	
说明： 1. 练习时间为第 9 周至第 16 周； 2. 练完即考，第 16 周周四检测。					

表 8-4　体育“1+X”教学“1”的教学内容与评价表（篮球）

学期	内容、进度	评价			备注
		达标标准	主要技术动作	评价等级	
三年级（上）	10 米折返运球	15 秒 1 次往返	重心降低，上体前倾，五指拍按球短促有力	三段	各年级每学期均有视频示范
三年级（下）	10 米绕杆运球	25 秒 1 次往返	重心降低，上体前倾，拍按球短促有力，左右手的切换	四段	
四年级（上）	3 米双手胸前传球	30 秒 12 次往返	后腿蹬地，双臂向前伸出，手指腕拨球	五段	
四年级（下）	3 米双手胸前传球	30 秒 15 次往返	后腿蹬地，双臂向前伸出，手指腕拨球	六段	

（续表）

学期	内容、进度	评价			备注
		达标标准	主要技术动作	评价等级	
五年级（上）	行进间三步上篮（单边）	正确动作上篮并把球投进，不进可补篮一次（5次机会）	一大，二小，三高跳	七段	各年级每学期均有视频示范
五年级（下）	行进间三步上篮（单边）	正确动作上篮并把球投进，不进可补篮一次（3次机会）	一大，二小，三高跳	八段	
六年级（上）	行进间三步上篮（两边）	正确动作左右两边上篮并把球投进，不进可补篮一次（5次机会）	一大，二小，三高跳	九段	
六年级（下）（两边）	行进间三步上篮	正确动作左右两边上篮并把球投进，不进可补篮一次（3次机会）	一大，二小，三高跳	天元	
说明：体育课进行考核。					

第九章　教学方法的规范

体育与健康教学方法的合理选用是切实提升体育与健康教学实践活动有效性的重要依托，然而体育与健康教学方法又是体育与健康教学论研究中的难点之一。体育与健康教学方法对实现体育与健康教学目标起着桥梁和中介的作用，它是为达成教学目标而设计的。教师正确理解、选择和运用教学方法，对于教学活动过程的顺利进行具有重要意义。

一、教学方法的概念

（一）中外对教学方法的不同界定

由于时代的不同，社会背景、文化氛围的不同，以及研究者研究问题的角度和侧重点的差异，中外不同时期的教学理论研究者对"教学方法"概念的解说不尽相同。

（二）对教学方法的不同界定之间的共性

1. 教学方法要服务于教学目的和教学任务。

2. 教学方法是师生双方共同完成教学活动内容的手段。

3. 教学方法是教学活动中师生双方的行为体系。

（三）教学方法的内涵

教学方法，是教学过程中教师与学生为实现教学目的和完成教学任务，在教学活动中所采取的行为方式的总称。教学方法的内在本质特点：

1. 教学方法体现了特定的教育和教学的价值观念，它指向实现特定的教学目标要求。

2. 教学方法受到特定的教学内容的制约。

3. 教学方法受到具体的教学组织形式的影响和制约。

（四）与教学方法密切相关的概念：教学模式和教学手段

教学模式是在一定教学思想指导下建立起来的为完成某一教学课题而运用的比较稳定

的教学方法的程序及策略体系，它由若干个有固定程序的教学方法组成。每种教学模式都有自己的指导思想，具有独特的功能。它们对教学方法的运用、对教学实践的发展有很大影响。现代教学中最有代表性的教学模式是“传授—接受”模式和“问题—发现”模式。

综上所述，教学方法是教学方法论的一个层面，是为了实现教学目标，根据教学内容、教学对象、教学环境、教学条件等因素，组织指导学生进行学习活动所采取的有计划的教与学的活动方式的总称。

体育与健康教学方法既有与其他学科教学方法的共同点，又有自身的特点。它的最大特点是以身体练习为基础，不仅需要通过视觉、听觉接收信息，而且要在中枢神经系统的指挥下，运用听觉、味觉、触觉等来感知自己身体的动作，特别是通过本体感觉来感知自己身体运动时用力的大小、方向和动作的幅度，以便有效地控制动作。此外，多种感官参加活动，对于发挥认知因素和非认知因素起着积极的促进作用。

二、教学方法的基本特征

教学方法包括教师教的方法（教授法）和学生学的方法（学习方法）两大方面，是教授法与学习方法的统一。

教学方法不同于教学方式，但与教学方式有着密切的联系。教学方式是构成教学方法的细节，是运用各种教学方法的技术。任何一种教学方法都由一系列的教学方式组成，可以分解为多种教学方式。另外，教学方法是一连串有目的的活动，能独立完成某项教学任务；而教学方式只被运用于教学方法中，并为促成教学方法所要完成的教学任务服务，其本身不能完成一项教学任务。

教授法必须与学习法相协调，否则便会因缺乏针对性和可行性而不能有效地达到预期的目的。但由于教师在教学过程中处于主导地位，所以在教法与学法中，教法处于主导地位。

三、教学方法的分类

（一）分类标准

教学方法的分类就是把各种教学方法按照一定的规则或标准，将它们归属于一个有内在联系的体系。

1. 教法与学法平行的分类

它将教学方法分为教授法和学习法。教授法包括讲授、讲读、谈话、演示等；学习法包括练习、实习、作业等。

2. 从学法到教法的分类

教学方法受学习规律的制约，也受学习方法的制约。有人将学习方法归纳为五种，即模仿、抽象概括、问题解决、逻辑推理和总结提高。与学习方法相对应的就有示范教学法、概括教学法、求解教学法、推理教学法和反馈教学法这五种教学方法。

也有人从记忆、理解、探索三个思维水平和知识、技能、态度三种学习内容的两个维度将学习分为记忆、领会、解疑、模仿、操作、试误、效仿、体验、反思九种，与此对应地将教学方法分为陈述教学法、论证教学法、设疑教学法、示范教学法、导练教学法、陪练教学法、约束教学法、陶冶教学法、剖析教学法等九种。

3. 依据认识论的分类

苏联教育家斯卡特金将教学过程看成是学生认知发展的过程，把教学方法分为五类，即图例讲解法、复现法、问题叙述法、局部探求法和研究法。

4. 依据教学方法形态的分类

按照教学方法的外部形态及学生认知活动的特点，教学方法可以分为四大类，即语言传递方法、直接感知方法、实际训练方法和引导探究方法。

5. 依据教学过程的分类

按照教学过程的不同环节将教学方法分为三大类，每一类包括几个小类。第一类是组织认知活动的方法；第二类是刺激和形成学习动机的方法，包括刺激学习兴趣的方法和刺激学习责任的方法；第三类是检查和自我检查的方法，包括口述检查法、书面检查法和实际操作检查法。

6. 依据心理学的分类

这种分类根据心理学把人的学习活动分为认知和情意两方面，把教学方法分为两大类：一类是与有意识的习得性学习活动有关的教学方法，包括与学习知识信息有关的教学方法、与习得动作技能有关的方法、与习得智力技能及认知策略有关的方法和与习得态度有关的方法；另一类是与调节情意有关的教学方法。

（二）分类模式

教学方法的分类模式依据不同地域、时空的实际，被划分为国外和国内两方面。

1. 国外关于教学方法的分类

（1）巴班斯基关于教学方法的分类

巴班斯基认为教学方法的分类，应以马克思关于活动过程的描述为依据。马克思把活动分为引起、调整和控制三阶段。教学方法可以分为三大类：组织和进行学习认识活动的方法、激发和形成学习认识活动动机的方法、检查和自我检查学习认识活动效果的方法。这三大类方法的每一类都还可以继续分出若干小类，每一小类又包含若干具体的方法。（见表 9-1）

表 9-1　巴班斯基教学方法分类

第一类	第一小类	按传递和感知知识信息的来源分	方法	1. 口述法（讲述、谈话、演讲）； 2. 直观法（图解演示）； 3. 实践法（实验练习）； 4. 教学生产劳动
	第二小类	按传递和感知知识信息的逻辑分		归纳法、演绎法
	第三小类	按学生掌握知识时思维的独立程度分		复现法、问题探索法
	第四小类	按对教学活动的控制程度分		1. 在教师指导下学习； 2. 学生独立学习（阅读书籍、书面作业、实践作业、执行劳动任务）
第二类	第一小类	激发学习兴趣的方法	方法	1. 认识性游戏、学习辩论； 2. 创造情绪情境
	第二小类	激发学习义务感和责任心的方法		说明学习的意义、提出要求、履行要求的练习、表扬和批评
第三类	第一小类	口头的检查和自我检查法	方法	个别提问、全班提问、口头考查、口头考试、程序类型的提问、口头自我检查
	第二小类	书面的检查和自我检查法		考查性书面作业、书面考查、书面考试、程序类型的提问、口头自我检查
	第三小类	实验实践的检查和自我检查法		考查性实验作业、机器考查、实验实践自我检查

（2）拉斯卡的教学方法分类

分类的依据是新行为主义的学习理论，即“刺激—反应联结”理论（教学方法—学习刺激—预期的学习结果）。依据在实现预期学习结果中的作用，学习刺激可分为A、B、C、D四种，据此相应地将其归类为四种基本的或普通的教学方法。

第一种方法：呈现方法。

第二种方法：实践方法。

第三种方法：发现方法。

第四种方法：强化方法。

（3）威斯顿和格兰顿的教学方法分类

依据教师与学生交流的媒介和手段，把教学方法分为四大类：

教师中心的方法，主要包括讲授、提问、论证等方法。

相互作用的方法，包括全班讨论、小组讨论、同伴教学、小组设计等方法。

个体化的方法，如程序教学、单元教学、独立设计、计算机教学等。

实践的方法，包括现场和临床教学、实验室学习、角色扮演、模拟和游戏、练习等方法。

2. 国内关于教学方法的分类

（1）李秉德教授主编《教学论》中的教学方法分类

按照教学方法的外部形态，以及相对应的这种形态下学生认识活动的特点，把中国的中小学教学活动中常用的教学方法分为五类。（见表9–2）

表9–2　中小学教学活动常用教学方法分类

类别	特点	具体方法
第一类方法	以语言传递信息为主的方法	包括讲授法、谈话法、讨论法、读书指导法等
第二类方法	以直接感知为主的方法	包括演示法、参观法等
第三类方法	以实际训练为主的方法	包括练习法、实验法、实习作业法
第四类方法	以欣赏活动为主的教学方法	例如陶冶法等
第五类方法	以引导探究为主的方法	如发现法、探究法等

（2）黄甫全教授提出的层次构成分类模式

黄甫全教授认为，从具体到抽象排序，教学方法是由原理性教学方法、技术性教学方法、操作性教学方法三个层次构成的。（见表9–3）

表 9-3　教学方法层次构成

层次	类别	用法	列举
第一层次	原理性教学方法	解决教学规律、教学思想、新教学理论观念与学校教学实践直接的联系问题，是教学意识在教学实践中方法化的结果	启发式、发现式、设计教学法、注入式方法等
第二层次	技术性教学方法	向上可以接受原理性教学方法的指导，向下可以与不同学科的教学内容相结合构成操作性教学方法，在教学方法体系中发挥着中介性作用	讲授法、谈话法、演示法、参观法、实验法、练习法、讨论法、读书指导法、实习作业法等
第三层次	操作性教学方法	指学校不同学科教学中具有特殊性的具体的方法	语文课的分散识字法、外语课的听说法、美术课的写生法、音乐课的视唱法、劳动技术课的工序法等

四、教学方法的选择与运用

科学、合理地选择和有效地运用教学方法，要求教师能够在现代教学理论的指导下，熟练地把握各类教学方法的特性，能够综合地考虑各种教学方法的各种要素，合理地选择适宜的教学方法并能进行优化组合。

（一）教学方法选择的基本依据

1. 依据教学目标选择教学方法

不同领域或不同层次的教学目标的有效达成，要借助于相应的教学方法和技术。教师可依据具体的可操作性目标来选择和确定具体的教学方法。

2. 依据教学内容特点选择教学方法

不同学科的知识内容与学习要求不同，不同阶段、不同单元、不同课时的内容与要求也不一致，这些都要求教学方法的选择具有多样性和灵活性的特点。

3. 根据学生实际特点选择教学方法

学生的实际特点直接制约着教师对教学方法的选择，这就要求教师能够科学而准确地研究分析学生的特点，有针对性地选择和运用相应的教学方法。

4. 依据教师的自身素质选择教学方法

任何一种教学方法，只有与教师的自身素养相适应，并能为教师充分理解和把握，才有可能在实际教学活动中有效地发挥其功能和作用。因此，教师在选择教学方法时，还应当根据自己的实际优势，扬长避短，选择与自己最相适应的教学方法。

5. 依据教学环境条件选择教学方法

教师在选择教学方法时，要在时间条件允许的情况下，最大限度地运用和发挥教学环境条件的功能与作用。

（二）教学方法选择的原则

选择运用教学方法，应遵循以下六项标准：

1. 必须符合教学原则

教学原则是教学必须遵循的基本要求，是根据教学目的和教学过程的规律提出的，是教学实践经验的总结。贯彻教学原则，是提高教学质量的重要保证。因此选择和运用教学方法也必须符合教学原则。

2. 符合教学目的和任务

在选择教学方法时，必须考虑课堂教学的某一阶段所要实现的教养、教育及学生发展等基本任务；必须比较各种教学方法在解决这些任务时的效用，并从中选出解决这些任务最有效的方法予以结合使用。

3. 符合所授课程的内容

选择教学方法时，必须考虑教材内容的特点。

4. 符合学生的学习可能性

要符合学生的学习可能性、年龄的（生理的、心理的）可能性、知识水平（教养、教育和发展水平）、班级集体的特点等。

5. 符合现有条件和所规定的教学时间

这是教学最优化的标准和教学规律所决定的。

6. 符合教师本身的可能性

这种可能性取决于教师以往的经验、理论修养和实际修养的水平及个人的品质等。

依据以上教学原则，巴班斯基设计了一个合理、有效地选择使用教学方法的参考表。（见表 9–4）

表 9-4 巴班斯基教学方法选择使用参考表

教学方法	解决何种任务时使用这种方法特别有效	哪种教材内容使用这种方法特别合理	学生具有何种特点时使用这种方法合理	要使用这种方法教师必须具备什么样的可能性
口述法	形成理论知识和实际知识	教材主要是理论性或资料性的	学生已习惯于用相应的口述法掌握信息	教师很好地掌握这种口述
直观法	发展观察力，提高对所学问题的注意	教材内容可能用直观形式来传授	直观教具是该班学生所能接受的	教师拥有必要的直观教具，或者可以独立制作这些教具
实践法	发展实践的技能和技巧	专题的内容包含实际练习，进行实验和从事劳动	学生已习惯于做实际作业	教师拥有教学物质用品和教学参考材料，可供组织实际练习
复现法	形成知识、技能和技巧	内容太复杂或者很简单	学生还不习惯于采用研究问题的方法	教师没有时间用研究问题的方法研究该问题
探索法	发展思维的独立性、研究能力和对事业的创造性	教材内容具有中等难度	学生已经接受过训练，可以用研究问题的方法学习该专题	教师有时间用研究问题的方法研究该专题，并且很好地掌握探索教学法
归纳法	发展概括能力和归纳推理从个别到一般的能力	专题的内容在教科书里是用归纳方式论述的，或者这样论述比较合理	学生已经受过训练，能够进行归纳推理，或者演绎推理尚有困难	教师已掌握归纳教学法（一般地说，教师都能掌握这种方法）
演绎法	发展演绎推理（从一般到个别）能力和发展分析现象的能力	专题的内容在教科书里是用演绎方式论述的，或者用这种方式论述特别合理	学生已经受过训练，能够进行演绎推理	教师已掌握演绎教材法，具有相当的教学技巧

（续表）

教学方法	解决何种任务时使用这种方法特别有效	哪种教材内容使用这种方法特别合理	学生具有何种特点时使用这种方法合理	要使用这种方法教师必须具备什么样的可能性
独立学习的方法	发展学习活动的独立性，形成学习技巧	教材可用来独立学习	学生已有准备，可以独立学习该专题	有教学参考材料可供学生独立学习，教师也有足够的时间在课堂上组织独立学习

（三）教学方法选择的标准

每一种具体的教学方法都有它自己独特的性能、适用范围和条件，离开了这些条件，教学效果就会受到一定的影响。从来没有一种或几种教学方法适用于一切范围和条件。现在着眼的是一种教学方法体系或多种教学方法的合理组合。选择教学方法要全面、具体、综合地考虑各种有关因素：

1. 要根据教学任务来选择

比如，教学任务主要是给学生传授知识技能，那么选择讲授法就比较合适；若主要是培养学生的意志，选择训练法就比较恰当；若要培养学生的自学能力、自我教育与自我管理的能力，最好是选择以学生自主活动为主的方法，如自学辅导法、读书指导法、发现法等。当然在教学中，有些任务需要几种方法同时应用才能实现，这就要求综合选用几种方法。

2. 要根据教学内容的特点来选择

不同的教学内容要求采用不同的教学方法。比如，叙述事实的内容，一般采用讲述法或读书指导法；理论性强的内容一般选择讲解法；科普性内容一般选择演示法、实验法、参观法等；艺术性强的内容则多用欣赏法。

3. 要根据教学过程中的不同阶段来选择

比如一堂课的开始可以选择谈话法，新授阶段可选择讲授法，巩固新知识阶段可选择练习法、回答法等。

4. 要根据不同阶段学生的心理特点以及同一年龄阶段学生的不同接受能力来选择

年龄小的学生，以形象思维为主，注意力保持时间较短，宜采用生动形象的讲述法和直观演示法及问答法；年龄较大的学生已有一定的逻辑思维能力，就可以采用严密的讲解法和讨论法。

5. 要根据教师自身的素养条件来选择

有的方法虽好，但教师缺乏必要的素养，自己驾驭不了，仍不能在教学中取得好的效果。如为了说明一个理论问题，形象思维水平高的教师可以把事实和现象描绘得生动具体，然后由浅入深地讲清道理，这样的教师可以用讲述法教学；有的教师不善于用生动具体的语言描述，但善于运用直观教具，在演示配合下很快讲清理论，这样的教师可采取直观演示法进行教学。总之，应扬长避短，发挥个人优势。

6. 教学的时间、地点因素，对选择何种教学方法都有一定影响

例如问题探索法、归纳法等较之讲授法需要更多的教学时间，当受到教学时间限制时，教师就不能不放弃某些教学方法。

7. 教学方法的选择，也取决于教学设备的状况如何

在技术设备较好的条件下，教师就有可能使用较多样的方法，使学生更快地获取知识，更牢固地掌握知识。如果没有现代化的设备和条件，教师则只能更多地选择以语言讲解为主的方法了。

"教学有法，但无定法，贵在得法"，教学方法的运用不能机械地去硬套，而要根据实际情况，加以创造性的发挥。任何好的教学方法都是相对的，并且是在不断发展的。教师在选择教学方法时，既要遵循一定的原则和标准，又要灵活地、创造性地去实践，教学之所以被称为一门艺术，原因也正在于此。

（四）教学方法选择的程序

教学方法优化选择的程序，包括以下步骤：

（1）明确选择的标准。标准要具体，最重要的是当时具体化了的教学任务和教学内容以及当时当地教师使用某种方法的实际可能性，如教学设备等。

（2）尽可能广泛地提供有关的教学方法的具体方式和运用条件等细节。教师了解到的教学方法愈多、愈详细，就愈有利于教师进行最优的选择。

（3）对各种供选择的教学方法进行多方面比较，例如通过列表比较各方法的功能、适用范围和条件。

（4）在既定的教学任务、教学内容、师生特点、教学时间和条件等框架里，对各种方法进行筛选，作出最后决定。

（五）教学方法的运用

教师选择教学方法的目的，是要在实际教学活动中有效地运用这种方法。

首先，教师应当根据具体教学的实际，对所选择的教学方法进行优化组合和综合运用。

其次，无论选择或采用哪种教学方法，要以启发式教学思想作为运用各种教学方法的指导思想。

另外，教师在运用各种教学方法的过程中，还必须充分关注学生的参与性。

五、教学方法评价的标准

教师在选择和运用一定的教学方法之后，要对教学方法的选择和运用作出科学的评价。对教师所用的教学方法作出科学评价会有力地促进教师们的教学方法向最优化方向发展。否则，优劣不清、是非不明，是不利于教师研究和改进教学方法的。教学方法的选择和运用是否恰当，其评价标准是：

（一）看这种教学方法是否有效地促进了教学工作，实现了教学目的

如是否使学生正确地领会和系统地掌握了教材，而不会使其形成混乱和歪曲的印象；是否使学生掌握了相应的技能技巧；是否激发了学生的学习欲望，使他们积极主动地学习，培养了他们的创造精神。在具体评价教学效果时，切忌脱离具体条件，孤立地评价教师运用某一教学方法的好坏，还要看教师当时所具备的种种具体条件，例如学生原有的知识水平、原有的班纪班风等，不能用一个统一的分数来简单地衡量教师运用某种教学方法的效果，应全面考虑各种情况。

（二）看这种教学方法的效率如何

看教学目的和效果是一个重要方面，但不能仅限于此，还要研究教学效率。有的教学方法教学效果虽然不错，但由于它是教师和学生花费了过多的时间和精力以及过高的物质消耗而取得的，从教学效率来看，却不够高明。一种好的教学方法应该是投入较少的人力、物力、时间，取得较多的成果的教学方法。

六、常用教学方法

中小学课堂教学中实用的教学方法多种多样和丰富多彩，这里所阐述的是其中最常用的一些方法。

（一）讲授式的教学方法

讲授式的教学方法是指教师主要运用语言方式，系统地向学生传授科学知识，传播思想观念，发展学生的思维能力，发展学生的智力。它是通过叙述、描绘、解释、推论来传递信息、传授知识、阐明概念、论证定律和公式，引导学生分析和认识问题。

1. 讲授式教学方法的具体实施形式

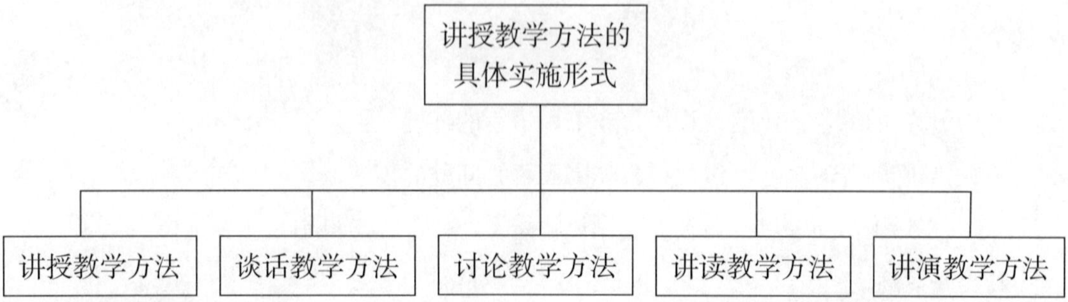

2. 实施案例

9-5　讲授式教学方法在《技巧——前滚翻》教学中的运用

学习任务	学生活动	教师组织	活动意图	教学方法
了解前滚翻的运动步骤、学习重点以及注意事项	①认真听教师讲解技术动作	①运用讲解教学方法，对技术动作进行讲解，并强调保护与帮助的办法，要求注意安全	①让学生对前滚翻的技术动作以及保护与帮助的方法有基本的了解	①讲解法
	②思考存在的疑惑点，向老师求教	②运用谈话教学方法，解答学生的疑惑的同时，结合实际教学实例与学生就动作练习体会进行交谈	②化解部分学生对前滚翻的恐惧心理	②谈话法
	③与小组同伴讨论注意事项，强化保护意识	③按每三人一个小组将学生分组（1人练习，2人保护），要求小组针对保护与帮助的实施进行讨论	③强化安全保护意识，避免受伤	③讨论法

（二）练习法

练习法是学生在教师的指导下巩固知识、运用知识、形成技能技巧的方法。在教学中，练习法被各科教学广泛采用。

1. 练习法的分类

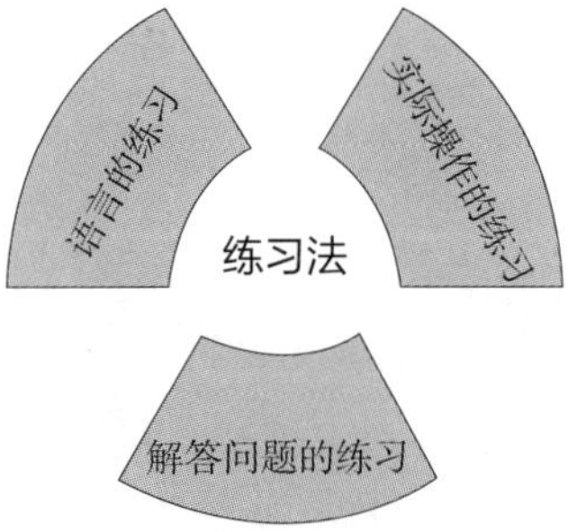

（1）语言的练习，包括口头语言和书面语言的练习。

（2）解答问题的练习，包括口头和书面解答问题的练习。

（3）实际操作的练习，旨在形成操作技能，在技术性学科中占重要地位。

2. 实施案例

表 9-6　练习法在《篮球——高、低运球》教学中的运用

学习任务	学生活动	教师组织	活动意图	教学方法
强化学生高、低运球的技术动作，提升学生的运球能力	①牢记口诀，并在练习过程中复述口诀	①将技术动作与口诀相结合，并告知学生口诀对应哪些技术动作	①利用口头语言，强化学生对技术动作重点、难点的掌握	①语言练习法
	②积极回答老师提问	②结合技术动作的重点、难点，对学生进行提问	②通过解答问题的练习，加深学生对技术动作重点、难点的印象	②解答问题练习法
	③根据老师的任务安排，认真参与练习	③根据学生掌握情况，进行分组分层练习	③通过分层分组练习，保障不同小组学生的运球能力都能有相应层次的提升	③实操练习法

（三）示范教学法

示范教学法是教师在教学过程中通过示范操作和讲解使学生获得知识、技能的教学方法。在示范教学中，教师对实践操作内容进行现场演示，一边操作，一边讲解，强调关键步骤和注意事项，使学生边做边学，理论与技能并重，较好地实现师生互动，提高学生的学习兴趣和学习效率。

1. 示范教学法的基本示范面

（1）镜面示范；

（2）背面示范；

（3）侧面示范；

（4）正面示范。

2. 实施案例

表 9-7 示范教学法在《武术——五步拳》教学中的运用

<table>
<tr><th>学习任务</th><th>学生活动</th><th>教师组织</th><th>活动意图</th><th>教学方法</th></tr>
<tr><td rowspan="5">基本清晰五步拳的技术动作，学习和提高武术实操技能</td><td rowspan="5">认真观看教师示范，特别注意上下肢如何配合、动作路线如何行进、进退步的起始脚等</td><td>①背面示范：抱拳摆头—马步推掌</td><td rowspan="5">不同的动作需要不同的示范面，通过示范，将动作的路线、手脚摆放的位置等清晰展现给学生，让学生能更好地了解技术动作</td><td>①背面示范</td></tr>
<tr><td>②侧面示范：弓步冲拳—弹腿冲拳—马步架打—撤步盖掌—歇步冲拳</td><td>②侧面示范</td></tr>
<tr><td>③镜面示范：提膝插掌—扑步穿掌</td><td>③镜面示范</td></tr>
<tr><td>④侧面示范：虚步挑掌</td><td>④侧面示范</td></tr>
<tr><td>⑤背面示范：并步抱拳</td><td>⑤背面示范</td></tr>
</table>

第十章　教学评价的规范

体育与健康教学评价是教学评价的一个组成部分，是一般评价活动在体育与健康教学领域的具体表现。它是以既定体育与健康教学目标为依据，运用有效的评价技术、手段和方法，对体育与健康教学活动的过程和结果进行测量、分析、比较和评估，并给予价值判断的过程。体育与健康教学是教师和学生共同参与的一种双边活动过程。因此，体育与健康教学评价的内容不仅包括学生学的评价，也包括教师教的评价，既要评价学生体育与健康学习的过程与质量，又要评价体育与健康教师的教学过程与质量。在对学生体育与健康学习结果进行评价时，既要评价学生对掌握体育与健康基础知识、技能、方法等认知方面的情况，又要评价学生在体育与健康学习中品德、兴趣、意志、态度、习惯及个性发展等情感领域的状况。

一、概述

（一）研究背景

新课标对体育与健康课程评价体系作出了比较大的改革。以评价主体、方法、内容三方面为基础，突出重视综合性教学评价。体育与健康课程具有鲜明的综合性特征，教学评价作为对学生接受体育与健康课程教学的过程与结果所作的价值判断，对课程设计与实施具有非常重要的反馈作用。本次体育与健康课程改革与过去相比，力度之大，前所未有。其重要程度从习近平总书记在全国教育大会上的重要讲话中就可见一斑，这也是对连续多年来我国青少年体质健康水平下降这一问题的担忧。其重要性突出表现在：在强调教学理念变化的同时，还要求建立新的评价体系，因而有必要规范体育与健康课堂教学评价。当前，随着体育与健康课程改革的深入， 体育与健康课堂教学的评价标准也得到了不断发展和完善。课堂教学是中小学教育的基本组织形式，是实施新课程的基本途径，课堂教学改革的质量如何，不仅关系到课程改革的成败，而且直接影响学生的发展。因此，什么样的课是一堂好课、如何评价课程改革背景下的课堂教学，已经成为摆在我们面前的一个重要问题。以新课标的教学观和评价观为指导，重建课堂教学评价标准，已经成为深化基础教育课程改革实验工作的一个紧迫任务。

（二）教学评价的概念界定

1. 教学评价

《中国中学教学百科全书·教育卷》对教学评价作出的解释是“在对教学活动中教与学双方活动的效能进行综合评判”。教学评价的依据是教学目标和教学原则，利用各种测试手段和评价技术对教与学的质量给予评定，以便为教学改进或被评对象（教师或学生）提供改进信息。教学评价，不但要重视教学工作的总结性评价，更要重视教学的形成性评价，以便促进教学发展；既包括校外机构对教学工作进行的系统的检查评价，也包括学校、教师和学生的自我评价。

侯光文主编的《教育评价概论》一书中指出：“教学评价是对教育效果进行的价值判断。”这一判断就是通过对各种测量体系的运用，采集数据，建立分析系统，对教学过程中学生行为的变化予以归类而总结出来的。教学评价的目标对象是学生的学习过程以及学习结果，而评价则需要有教师的参与。

田慧生所著的《教学论》认为，所谓教学评价，主要指依据一定的客观标准，通过各种测量和相关资料的收集，对教学活动及其效果进行客观衡量和科学判定的系统过程。

通过对相关文献的参考可以分析得出教学评价的一些特征包括：

（1）教学评价是教学活动价值的判断过程，而价值判断是教学评价的本质属性，是使教学评价区别于教学测量的因素。价值判断的主要内容是教学预期目标以及评价标准。由此可见，教学目标永远是教学评价的一个核心考量因素。

（2）对学生的定量和定性分析是教学评价的另外一个核心组成部分。基于定量分析的指导以及数据参考，给了教学评价一个可观的分析依据，再有效地结合定性分析，使评价结果更加准确客观。但在实际评价过程中，可以选择性地使用测量的手段。

（3）教学评价的最终目的是为日后的教学决策以及教学质量的改进服务，这也是价值判断的最终归宿。

所以，教学评价是教学过程的一个重要组成部分，教学评价是教育评价的重要内容。如何理解教学评价以及如何针对性地实施教学评价对于教师及时调整教学内容、提高教学质量具有重要的意义。

2. 体育与健康教学评价

在毛振明主编的《体育教学论》一书中体育与健康教学评价的概念包含以下三个基本含义：

（1）体育与健康教学评价是依据体育与健康教学目标和体育教学原则来进行的：体

育与健康教学目标是对体育教学是否获得了预先设定的成果、是否完成任务的评判依据；而体育与健康教学原则是对教学“是否做得合理”、是否合乎体育与健康教学基本要求的判断依据。两个评价依据都具有客观性和规范性，也都具有教育评价的效度和信度。

（2）体育与健康教学评价的对象是体育的“教”与“学”的过程和结果，体育与健康教学评价的重点对象是作为受教育者的学生的“学习”，包括学生的学习水平和品德行为。体育与健康教学评价也对教师的“教授”进行评价，包括教师的教学水平和师德行为。

（3）体育与健康教学评价的工作内容是“价值判断和量评工作”：“价值判断”是定性评价，主要是评价教学方向的正误、教学方法的恰当与否等；“量评工作”是定量性的评价，主要是评价可以量化的学习效果，如身体素质的增长和技能掌握的数量等。

陶西平在其著作《教育评价辞典》中提出看法：“体育与健康教学评价是对体育与健康教学计划、体育教学活动和体育教学考核的科学性、合理性和适宜性进行的价值判断。”他的观点分布层次相对较多。

李建军在《新课程的学校体育评价》一文中写道：“从一个实际工作者的角度看，评价是从特定的目的出发，根据一定的标准，通过特定的程序对已经完成的或正在从事的工作（或学习）进行检测，找出反映工作进程的质量或成果水平的资料或者数据，从而对工作的质量或成果的水平作出合理的判断。还可以借评价所收集的资料和数据分析工作或学习中存在的问题。”作者观点独到，概念描述也非常吻合现代化教育的发展。

由此可见，体育与健康教学评价一般包括对教学过程中教师、学生、教学内容、教学管理、教学手段、教学方法、教学环境、教学效果等因素的评价，其中最主要是对学生学习效果的评价和教师教学工作过程的评价。体育与健康教学评价的主要目的是：一是了解教学情况，改进体育与健康教学内容，提高教学质量；二是为了反馈学生学习效果，查漏补缺，帮助建立体育运动信心，进一步提高体育学习成绩。

二、教学评价的功能

新时代我国的体育与健康课堂和教学模式发生了巨大的改革，建立了科学、与时俱进的体育与健康教学评价体系，发挥了体育与健康教学的激励、导向和反馈功能，促进了学生全面发展。引进先进的高科技产品，促进体育与健康教学方法和手段的科学化和多样化、注重对学生自学能力和终身体育兴趣的培养等已成为必然趋势。这些改革亟须建立与之相适应的体育与健康教学评价体系，解决理论与实践之间的矛盾，以保证和促进我国体育与健康教学改革的正确发展。教学评价是构成教学活动的一个环节，起着极其重要的节点作用，调控整个教学过程，把控着教学活动的方向，保障实现教学的终极目标。教学评价的功能主要体现在以下几点：

（一）教学评价的诊断功能

教学评价是分析教学结果及其成因的过程，进而可以更为详细地了解和掌握教学活动各部分的状况，从而可以判断教学活动的成效、缺陷，为进一步完善教学活动提供一定的现实依据。全面的教学评价工作一方面能通过评价学生的学习成果，达到实现教学目标的目的，另一方面可以发现学生学习成果的成因，这些因素涉及社会环境、学校、家庭及个人等。从学生个体而言，据此可以分析结果主要源于智力因素还是非智力因素，抑或智力因素和非智力因素共同的作用。教学评价是对教学活动的发展现状进行的科学而合理的诊断，从而可以为教学的决策提供有效的服务。

（二）教学评价的激励功能

教学评价在对教学过程起着监督和控制作用的同时，也对教师和学生起着促进和激励的作用。教学评价不仅能够反映出教师的教学状况，而且能够反映学生的学习情况。实践经验及研究结果显示，在一定限度内，常常记录成绩的测验可以显著地激发学生的学习动机。原因在于，较好的评价效果，在一定程度上会为教师和学生带来满足感和成就感，这是一种精神上的鼓励，进而激发教师和学生的积极性。如果评价的效果较低，要求上进的教师和学生们，也会被激起上进的动力，进而起到推动和督促作用。

（三）教学评价的调控功能

教学评价的结果实际上是对教学活动及其成果的一种反馈信息。这种反馈信息，可以帮助教师准确及时地掌握其教学状况，也可以帮助学生了解自身学习状况并获得对结果的感受和体验，为教师和学生调整自身的教学及学习的行为提供有利而客观的依据。依据该评价结果，教师可以更为精准地调整教学计划并改进教学方法。学生可以根据该评价结果，进行自省，反思学习的方法和策略，进而增强自身学习的自觉性。

（四）教学评价的教学功能

教学评价实际上是教学过程中必不可少的环节，是教学活动的重要组成部分。对教学进行评价，可以检测教学的方向、方法、目标、内容等是否合适恰当，并根据教学评价结果的反馈进行改进，让学生和教师不断探索、领悟，获得新的学习和教学经验或达到更高的学习目标和教学目标。因此，它可以促进教学的有效进行，促进教师教学水平的提升和学生学习的进步。可以说，教学评价具有教学功能。

三、教学评价的分类

体育与健康教学评价是在经历了一系列体育教育发展及改革的基础上产生的，是现代体育教育的产物。教学评价目的不同，其评价的方式也不同，具体分类如下：

（一）综合评价模式和单项评价模式

根据内容来看，体育与健康教学评价可分为单项评价和综合评价两种模式。综合评价就是指系统而完整地评价体育与健康教学活动的整个过程，如学校实施体育与健康教学质量的评定、开展学生学习成绩或效果的评定。单项评价模式就是对体育与健康教学活动的某一环节或某一部分展开的评价，如评价学生的体能测试、学生体育知识成绩等。体育与健康教学的综合评价和单项评价从系统管理论的角度上看属于整体和局部的关系，体育与健康教学综合评价以局部的单项评价作为组成部分，综合性评价从整体上进行的考量有助于更好地理解和明晰体育与健康教学单项评价结果。因此，体育与健康教学评价中，要根据实际需要合理运用这两种评价模式。

（二）对学生的评价和对教师的评价

以体育与健康教学过程参与主体的构成者为根据，学界将体育与健康教学评价分为对学生和对教师的评价。体育与健康教学活动的重要构成之一是学生，他们的学习行为及成绩最能集中地体现教学的效果和教学的水平。体育与健康教师作为教学活动顺利开展的教授者，他们的教学行为则最能集中地反映体育与健康教学状态及教学过程。因此，体育与健康教学评价的重点内容就是对学生和教师在教学活动中的行为及表现所进行的评定。

（三）主观评价模式和客观评价模式

从体育与健康教学评价运用方式上看，学界将评价分为了客观和主观两种模式。其中，主观评价就是通过评价者的听课及谈话等主观体验的形式而作出的一种评价。客观性评价就是通过收集资料而进行的客观的测量及测验的评价。从体育与健康教学评价所能得到的结果上看，学界可将评价方式分为定量和定性两种评价方式。体育与健康教学评价虽然分为不同的模式，但在实际应用中，往往是将几种不同的评价方式结合起来使用，使得评价效果更佳。因此，要将主观评价和客观评价、定性评价和定量评价结合起来使用。

（四）相对评价模式和绝对评价模式

从评价标准上看，学界将教学评价分为绝对和相对两种评价模式。相对评价模式是指基于评价群体现在的状况及确定的标准，将群体中的个体与确定的标准进行比较。绝对评价模式是指在不考虑评价群体现状的条件下，将个体与标准进行比较，让个体明白与目标之间的差异。这两种评价的标准在本质上是存在很大差别的。相对评价模式要表明的是一种心理测定性上的差异，体现的是个体之间的差异，是一种稳定性的分布状态。绝对评价模式要表明的是一种教育测定性上的差异，体现的是测定被评价群体的教学活动实践对达到所设定目标的实现程度。

四、教学评价的特征

教学评价理论在体育与健康教学领域中的实践应用就是体育与健康教学评价。体育与健康教学评价就是对体育与健康教学活动动态的全过程进行的评价，它是整个体育与健康教学活动中的必要环节、构成有效整体的有机部分。体育与健康教学评价具有判断和调控功能，通过对信息的判定和反馈对体育与健康教学活动各环节进行及时有效的调控，保证教学活动实现体育与健康教学目标的功能。体育与健康教学评价是指根据本学科教育目标，运用教学评价理论及评价方法，科学系统地对体育与健康教学相关信息进行搜集和处理，对教学活动过程及教学成果等进行客观描述及价值判断的过程。科学全面的体育与健康教学评价会激发教师和学生的能动性，促进教师教学水平和质量的提高，促进学生体育与健康学习的进步，推进学校体育与健康教学的发展，进而实现体育与健康教学价值的增值目的。体育与健康教学评价不仅对体育与健康教学管理和决策具有重要的作用，而且对体育教育事业的发展和改革也起着至关重要的作用，其特征如下：

（一）体育与健康教学评价具有决策性

体育与健康教学评价作为教学评价在具体学科中的应用，同样具有教学评价所呈现的功能，也就是导向功能、协调功能、激励功能以及控制功能等。总结起来，体育与健康教学评价的决策性主要体现在基于各种信息搜集的基础上、对教学现状与教学目标完成程度进行的综合评判的基础上，对教学活动进行的决策。如体育与健康教师可以根据教学评价反馈的信息，作出对教学形式、方法进行调整及改进的较为准确的决策，确保体育与健康教学实现预期目标，达到最佳效果，促进教师提高教学水平，增强体育与健康意识。学生能够根据教学评价的反馈信息，作出对自己的学习方法、体育与健康成绩及教学方式方法的感受等方面更为合理有效的决策，从而增强学生的身心素质。

（二）体育与健康教学评价具有客观性

体育与健康教学评价的终极目的在于展现体育与健康教育的真正价值，增强教师和学生的体育精神。因此，体育与健康教学评价指标一定要遵循客观性的准则，才能达到有效的评价结果。因此，在该指标体系的构建过程中，要遵循全面性原则、预测性原则及具体性原则。体育与健康教学评价指标既要全面地反映体育与健康教学活动的状态及其效果，还要具体而明确地反映某一环节的运行状况。同时，也要保障体育与健康教学评价过程的客观性，通过实施测量或其他较客观的评价方法确保评价中各环节的精确化，从而客观地进行评价。

（三）体育与健康教学评价具有有序性

体育与健康教学评价过程不是随意展开的，而是按照一定的程序施展的，也就是具有有序性，即依次经过评价的计划、评价的实施、评价的检查以及评价的总结四个阶段。体育与健康教学评价的计划阶段就是要制订好评价方案，系统合理的评价方案是评价工作的依据，能够有效地反映评价工作的决策。体育与健康教学评价的实施阶段就是要开展具体的组织活动，对教学评价的相关信息进行搜集和整理。体育与健康教学评价的检查阶段就是对方案执行状况进行监测，及时调整评价目标的行为，促进评价工作顺利开展。体育与健康教学评价的总结阶段就是要根据对评价信息的衡量和反映，提出体育与健康教学评价的结论。

（四）体育与健康教学评价具有即时性

体育与健康教学评价在实施过程中，呈现出即时性的特征，体现为在体育与健康教学的整个过程中，能够实时地关注并评判体育与健康教学和学生的状态及他们的行为。体育与健康教学的教学行为通过外显性影响着学生的体育与健康学习行为及状态；而学生的体育与健康学习行为通过其自身的外显性和即时性，将学生的状况及时地反馈给体育与健康教学。即时性有利于教师和学生及时地了解对方的情况，有利于教师和学生获得良性评价，从而促进体育与健康教学评价发挥其激励的作用。

五、教学评价的内容

（一）课程的评价

课程的评价是在一个学段内，学校对所开设项目课程的教学情况的评价。反映课程的项目开设与实际教学情况的课程目标达成度，受学情因素和客观环境的影响，存在一定的波动现象。课程的评价主要针对学习目标和教学内容进行。

（二）学生的运动能力评价

1. 运动能力发展性评价

基于学生的运动能力（体能素质和项目基础）基础水平，结合学生生长发育特点和项目的特点，对学生学习后运动能力发展的情况进行。体能素质评价可采用《国家学生体质健康标准》测试结果进行评价。技战术能力评价，首先确定体验的内容，并依项目原理设置年级达标线和封顶线，对学生学前、学后状况进行评价。

2. 等级评价

基于运动项目的基本运动原理，按水平设置运动情境，从各水平学生学习内容中选择若干个技战术能力和体能素质的动作及内容组合，对学生的运动能力进行考查，考查结果分优秀、良好、合格、待合格四个等级。

（三）学生体育核心素养进阶评价

基于学生运动技能形成的规律，结合学生的生长发育特征和学习后的表现，对不同水平段学生的体育核心素养进阶进行评价，包括对运动能力、健康行为、体育品德三个方面的表现评价。

表 10-1　学生体育与健康核心素养进阶评价

水平一　具体表现	
运动能力	1. 认识体能对于个人学习和生活的重要性； 2. 在教师的指导下制订体能锻炼计划并练习； 3. 掌握所学运动项目的基本技术，并能进行展示或参与比赛； 4. 了解所学运动项目的原理和规则，通过运动体验加深对运动的理解； 5. 能够掌握和运用安全运动的相关知识，安全进行体育学习与锻炼
健康行为	1. 认识体育锻炼对健康的重要性，参与体育与健康学习和课外体育活动； 2. 了解和初步运用营养、卫生保健、心理健康、环境、疾病预防、安全避险等方面的健康知识； 3. 在体育运动中能保持一定的情绪稳定； 4. 在体育运动中与同伴交流合作，并适应自然环境的变化
体育品德	1. 在体育运动中能够面对困难，表现出不怕困难的精神品质； 2. 能够按照比赛规则与要求参与体育学习和比赛； 3. 在运动中能够关注同伴与对手，认识到自己所担当的运动角色
水平二　具体表现	
运动能力	1. 解释体能对于个人学习与生活的重要性； 2. 制订、实施体能练习和体重控制计划，并对练习效果作出评价； 3. 运用所掌握的运动技战术参加班级内的展示与比赛； 4. 关心和观赏所学运动项目的国内外重要体育赛事； 5. 掌握选学运动项目裁判和比赛的基本知识，发现、分析和解决所学运动项目学习和比赛中的问题

（续表）

健康行为	1. 认识体育锻炼对健康的重要性，积极参与体育与健康学习和课外体育锻炼； 2. 理解营养、卫生保健、心理健康、环境、疾病预防、安全避险的方面的健康知识，并将所学的健康知识运用于生活中； 3. 在运动、学习和生活中保持较好的情绪稳定性； 4. 较好地处理人际关系，积极与人交流合作； 5. 对自然环境变化有较强的适应能力
体育品德	1. 在体育运动中敢于面对困难，不怕困难，具有坚持到底的意志品质； 2. 能够按照运动规范和比赛规则参与体育学习和比赛，诚实守信； 3. 在体育运动中能够尊重同伴、尊重裁判、尊重对手，了解运动角色的职责，并体验不同的运动角色
水平三　具体表现	
运动能力	1. 表现出对体能重要性的正确认知并积极参与练习，学生体质健康测试成绩合格； 2. 积极参加或组织班级以上的运动技能展示或体育比赛，并将所学的运动技能运用于日常锻炼中； 3. 运用所掌握的知识欣赏与分析体育比赛； 4. 主动积极组织与参与体育展示和比赛； 5. 运用所学的运动知识，分析和解决体育学习和比赛中的问题
健康行为	1. 比较自觉、主动进行科学的体育锻炼，形成锻炼习惯； 2. 能够注意养成健康生活方式； 3. 在运动、学习和生活中面对困难和挫折，能调控自己的情绪状态，保持良好心态； 4. 具有一定的合作能力和团队精神，对自然环境变化有较强的适应能力
体育品德	1. 在体育运动中积极克服内在和外在的困难，表现出较好的勇敢顽强、积极进取的精神品质； 2. 理解与运用所学运动项目的运动规则，形成规则意识，具有公平竞争的意识和行为； 3. 在体育运动中能够正确对待比赛的胜负结果； 4. 胜任运动角色，表现出负责任的行为
水平四　具体表现	
运动能力	1. 运用科学锻炼原理设计和实施个人体能发展计划，调控自己的体重，学生体质健康测试成绩良好； 2. 熟练运用所学的基本技战术、规则参与校内外的比赛，能够担任比赛的裁判； 3. 主动积极观赏所学运动项目的国内外重要体育赛事，并给予较为全面的评论； 4. 运用相关学科的知识来说明所学运动项目学习和比赛中的问题
健康行为	1. 积极、主动地参与校内外体育活动，并能根据锻炼效果调整自己的体育锻炼方案； 2. 心胸开阔，乐观开朗，充满活力，积极向上； 3. 具有良好的合作能力、团队精神及较强的生活生存能力； 4. 将所学的健康知识综合运用到生活中，基本形成健康的生活方式

（续表）

体育品德	1. 在体育运动中具有迎难而上、挑战自我的精神，胜不骄、败不馁； 2. 在体育运动中自觉遵守规则，积极处理比赛中的问题； 3. 在体育运动中表现出负责任、敢担当的社会行为
水平五 具体表现	
运动能力	1. 根据个人特点设计和实施个性化的体能发展计划，体重适宜、体格强健、体态优美、体力充沛； 2. 选学的运动项目接近或达到三级运动员水平，较好地组织所学运动项目的比赛，达到三级裁判员水平，比较专业地观赏与评价所学运动项目的国内外重要体育赛事； 3. 熟练运用所学知识和技能对所选运动项目的相关原理进行科学阐释，并解决运动实践中的复杂问题
健康行为	1. 自觉坚持有规律的体育锻炼，并能有效组织与指导同伴和家人进行体育锻炼； 2. 对于自然环境具备很强的适应能力，表现出积极向上、乐观开朗的人生态度； 3. 自觉表现出卓越的领导能力、组织能力和合作能力； 4. 热爱生活、珍惜生命、身心健康、体魄强健
体育品德	1. 在体育运动中表现出主动迎接挑战、战胜困难、坚韧不拔、追求卓越的精神； 2. 在体育运动中自律自制，遵规守纪，有效应对和正确化解运动中的冲突； 3. 将在体育运动中形成的良好品德迁移到日常生活中

（四）课堂教学评价

课堂教学评价专指对在课堂教学实施过程中出现的客体对象所进行的评价活动，其评价范围包括教与学两个方面，其价值在于评判课堂教学质量。课堂教学评价是促进学生成长、教师专业发展和提高课堂教学质量的重要手段。

表 10-2 中小学体育与健康课堂教学质量评价表

评价要素	主要内容	分值	得分
学习目标（10 分）	1. 符合课程标准的基本理念和要求，有利于学生体育核心素养的养成	5	
	2. 目标预设精确度高，针对性强，不同层次的学生通过努力可达到相应的目标	5	
教学内容（10 分）	3. 主教材与学习目标匹配程度高，符合学生身心发展规律，能与该项目单元的其他技术关联	4	
	4. 体能素质内容与主教材融合，以专项体能练习为主	3	
	5. 内容的选择符合体能素质与运动技术相长的教学主张	3	

（续表）

<table>
<tr><th>评价要素</th><th colspan="2">主要内容</th><th>分值</th><th>得分</th></tr>
<tr><td rowspan="3">教学过程设计
（20 分）</td><td colspan="2">6. 各教学环节的教学情境紧密衔接，呈现出联动态势</td><td>7</td><td></td></tr>
<tr><td colspan="2">7. 各环节设计科学化程度高，能依据体育教学的相关规律选择合理有效的教学方法和手段，循序渐进开展教学</td><td>7</td><td></td></tr>
<tr><td colspan="2">8. 能依据学情明确不同层次学生的学习重点和难点，且措施得当</td><td>6</td><td></td></tr>
<tr><td rowspan="6">教师的教学行为
（20 分）</td><td colspan="2">9. 能精准地把控课堂教学的发展过程，对预设外生成的目标能做出及时准确的应对</td><td>4</td><td></td></tr>
<tr><td colspan="2">10. 关注个体差异，分层教学落到实处</td><td>4</td><td></td></tr>
<tr><td colspan="2">11. 授导行为具体、科学、有效，能针对不同教学对象的学练状态进行精准指导和评价，能释放学习的空间</td><td>3</td><td></td></tr>
<tr><td colspan="2">12. 讲解简练，示范明了</td><td>3</td><td></td></tr>
<tr><td colspan="2">13. 教学组织形式简单、易行，能面向全体学生</td><td>3</td><td></td></tr>
<tr><td colspan="2">14. 教会学生用技能的手段应对和解决可能出现的安全隐患</td><td>3</td><td></td></tr>
<tr><td rowspan="2">学生的学练行为
（15 分）</td><td colspan="2">15. 表现出强烈的学习欲望；乐意接受教师的指导，善于动脑，敢于提出不同看法，勇于探究，勤于实践</td><td>8</td><td></td></tr>
<tr><td colspan="2">16. 主动完成小组学习中所担任角色的任务，善于和同伴交流、合作，责任感强</td><td>7</td><td></td></tr>
<tr><td rowspan="5">教学效果
（20 分）</td><td rowspan="3">运动能力</td><td>17. 针对不同的学生群体，在保证有效运动密度达到 60% 以上的前提下，能灵活设置不同层次学生的运动强度（强度参数：小学生 130±5%、中学女生 135±5%、中学男生 140±10%）</td><td>4</td><td></td></tr>
<tr><td>18. 不同层次学生进行中等或高强度运动持续的时间不低于 10 分钟</td><td>4</td><td></td></tr>
<tr><td>19. 不同层次的学生能在特定的教学情境中合理运用所学的技（战）术，体能得到增进，心理素质得到增强</td><td>4</td><td></td></tr>
<tr><td>健康行为</td><td>20. 学生的身心健康得到增进，积极适应外部环境的能力得到发展</td><td>4</td><td></td></tr>
<tr><td>体育品德</td><td>21. 学生能够自尊自强，主动克服内外困难，表现出负责任的行为，具有公平竞争的意识和行为</td><td>4</td><td></td></tr>
</table>

（续表）

评价要素	主要内容	分值	得分
教学创新（5分）	22. 能对原有教材进行改造，创新教学方式和方法，有助于促进学生人格的健全	5	
合计得分			
建议			

六、体育与健康教学评价的方法

评价方法是整个评价体系的关键环节，每一项具体的评价内容，都要通过适当可行的评价方法来实施。可见，体育与健康教学评价方法是制约体育与健康教学改革和发展的一个关键。传统的体育教学评价方法主要以定量的评价、终结性评价、绝对评价作为主要评价法，没有考虑学生的实际情况，没有根据教学的目标进行评价。这些评价方法相对来说比较单一、不全面，不能很好地促进学生的发展，也不能满足现代体育教学的发展需要。

（一）对学生体育参与程度的评价手段要多元化

努力增进学生的身心健康是体育与健康课程的重要目标之一，提高学生的体育运动参与程度是促进学生身心健康的重要手段，当前提高学生体育运动参与程度的评价手段主要是体育与健康课堂的考勤制度，这完全无法达到新时代对学生体育运动参与程度的监测要求。所以，应建立更为多元化的评价体系，对学生的体育运动参与程度进行评价，例如对学生课外体育参与情况及其社会性体育活动的参与程度进行评价。同时学校应该开设更多的体育运动项目和场地来促进学生体育运动参与程度，达到提高学生身心健康水平的目的。

（二）充分利用与分析评价结果

评价的意义在于对评价结果的分析与反馈，使其不断改进和完善，提高教与学的质量。由于当前体育与健康课程的评价是一个复杂的过程，很多评价者过多地注重评价体系的建立和评价方法的使用，从而忽略了对评价信息与结果的分析与反馈。所以，要建立一个完整的学校体育与健康教学评价体系，注重评价信息的反馈和评价结果的利用来更好地指导学校体育教学的开展，不断改进和完善体育教学体系。

（三）定量与定性评价相结合，突出定性评价

体育与健康教学评价不只是对学生是否达标或考核是否通过进行判断，还包括对学生参与体育运动的积极性进行监测，而当前多数老师和学生更多的是注重体育与健康课的成绩从而忽视这一问题。而定性评价则是积极鼓励学生参与到体育运动中的重要评价方法，它符合当前体育与健康课程评价的功能。因此，在定量评价与定性评价相结合的过程中，应更加注重定性评价。

（四）加强过程性教学评价的使用

终结性评价在体育与健康教学过程中的使用较为频繁和过于主观，导致一些评价者在对评价对象评价时经常忽略过程性评价，这样会使评价结果的真实度大大降低，无法及时反馈当前评价对象的问题。过程性教学评价能够及时地发现教学过程以及学生学习中的问题，是体育与健康教学评价的重要方法，因此，要重视过程性教学评价对体育与健康教学的作用，将终结性评价和过程性评价有机结合，将其真正运用于体育与健康教学过程中。

（五）重相对评价，轻绝对评价

根据相关学者对绝对评价和相对评价的研究，教师更重视绝对评价，忽视相对评价。绝对评价采用较多，相对评价采用的较少，这是目前教学评价普遍存在的问题。目前教学评价还有以下问题：①片面强调绝对性评价标准；②过多强调共性和一般趋势，忽略了学生的个性和个体间的差异；③评价关注重心过分集中在结果，忽视被评价者在过程上的进步状况和努力程度，不能很好地发挥评价促进发展的功能。教学评价应该重视学生的个体差异，尊重学生的主体地位。

第十一章　课外作业的规范

体育与健康课外作业是学校体育与健康教学的继续、延伸与有效补充，通过身体练习的手段和方法培养学生的学科核心素养，促进学生健康，实现学生全面发展。它在狭义上是指教师为了实现教学目标而设置的、要求学生在课外所完成的学习任务。它能够巩固课堂教学中学生已掌握的体育知识、技术与技能，或为学生进一步学习新的知识、技战术做必要准备，是体育教学反馈的主要手段。它在广义上是指在课程改革背景下，依照新的思想、认识，体育与健康学科教师根据学生的兴趣爱好、体育基础与能力水平而对学生进行的有目的、有计划地在课外进行体育锻炼的内容。其作用除了检查和评价学生的学习效果之外，还在于督促学生在课后对所学内容进行复习与练习，以弥补体育与健康课时间的不足，帮助学生更好地掌握运动技术与技能。它更注重的是鼓励学生自学自练，提高技能，激发兴趣，增强信心。

一、政策背景

以习近平新时代中国特色社会主义思想为指导，全面贯彻落实新时代党的教育路线方针政策，认真落实教育部和地方各级教育行政主管部门的工作部署，坚持以育人为中心，落实“立德树人”根本任务，牢固树立“安全第一”“健康第一”的教育理念，加强家校联动，引导学生“走下网络、走出宿舍、走向操场”，帮助学生在锻炼中“享受乐趣、增强体质、健全人格、锤炼意志”，成长为具有坚定共产主义理想信念的、合格的社会主义建设者和接班人。

为了减轻中小学生学业负担，从 2020 年开始，党中央、国务院先后出台了《关于全面加强和改进新时代学校体育工作的意见》《教育部办公厅关于加强义务教育学校作业管理的通知》（教基厅函〔2021〕13 号）和《关于进一步减轻义务教育阶段学生作业负担和校外培训负担的意见》（中办发〔2021〕40 号）；广东省人民政府出台了《健康广东行动（2019—2030 年）》和《广东省人民政府办公厅关于强化学校体育促进学生身心健康全面发展的实施意见》（粤府办〔2016〕119 号）；其中《关于进一步减轻义务教育阶段学生作业负担和校外培训负担的意见》（中办发〔2021〕40号）明确指出要减少学生作业负担与校外培训负担，为学生“科学利用课余时间”“开展适宜的体育锻炼”提供了制度保障。

二、功能定位

体育与健康课外作业是体育教学活动的必然伴生物，学生通过课外作业巩固体育知识、技能并学会运用体育知识、技能。体育与健康课外作业是学校体育教学的继续、延伸与有效补充，是联系学生学校生活、家庭生活、社会生活的纽带。

（一）“教会、勤练、常赛”理念落实的“路径”

教师要围绕学生核心素养，聚焦“教会、勤练、常赛”理念，使学生在体育中“享受乐趣、增强体质、健全人格、锤炼意志”，在体育与健康课上“教会学生健康知识、基本运动技能、专项运动技能”。然而要使学生达到在日常生活或比赛场景中能够灵活自如地运用运动技能的目标，根据运动技能形成规律，从泛化阶段到分化阶段，最后到自动化阶段这三个阶段，还需要通过课外作业的“勤练”进行补充，从而使学生熟练掌握运动技能，培养学生运动能力。体育与健康课外作业作为体育教学工作的一个基本环节，可以巩固课堂所学知识与技能，打破体育与健康课学习的时间与空间限制，提高学习效果。目前我国很多学校体育场地器材无法满足学生的体育学习需求，课堂练习时间就更加难以得到保障，而体育运动技能的掌握需要大量的反复练习、充足的练习时间。显然，目前一周课堂练习时间难以满足掌握基本运动技能与专项运动技能的要求，难以实现学校体育“享受乐趣、增强体质、健全人格、锤炼意志”四位一体的目标。相反，课外体育作业可以不受课堂时间与空间的限制，与体育与健康课堂进行联动，起到巩固课堂所学知识与技能的作用，实现在日常生活或比赛场景中灵活自如地运用课堂所学知识与技能。只有通过体育与健康课外作业与课外的“勤练”，学生才能熟练掌握运动技能，才能高质量地进行“常赛”。体育与健康课外作业的开展是对学生“勤练”的积极干预与指导，是进一步强化学校体育与健康教学工作、促进学生身心健康、实现学生全面发展的重要举措。

（二）一体化体育与健康课程推进的“窗口”

2016年发布的《国务院办公厅关于强化学校体育促进学生身心健康全面发展的意见》明确提出：“以培养学生兴趣、养成锻炼习惯、掌握运动技能、增强学生体质为主线，完善国家体育与健康课程标准，建立大中小学体育与健康课程衔接体系。”建设以“纵向衔接、横向一致、内在统一、形式联合”为基本内涵的一体化体育与健康课程体系，会使体育与健康课堂教学更加科学与规范，会使大课间活动内容与形式的创新更加被人重视，会使课外体育锻炼规定更易落实，会使课余训练与竞赛活动更加充实，从而促进学校体育的全面发展。规范体育与健康课外作业对于一体化体育与健康课程“纵向衔接、横向一致、内在统一、形式联合”均有推进作用。无论哪个专项运动，目标上的内在统一都要集中在围绕“知、能、行、健”4个维度展开的体育教学和对学生的全面促进上。体育与健康课外作业对于学生在某专项运动的知识（体育知识、健康知识等）、能力（基本运动能力、专项运动能力、运动观赏能力等）、行为（健康行为、品行）及健康（健康状态）4个目标的达成均有益处，并有助于一体化体育与健康课程的“形式联合”。一体化体育与健康课程贯彻的是大课程观，它对于育人的空间、时间及修学类型都是不作限制的。体育与健康课外作业完成的空间是不限的，在体育与健康课堂外的时间，学生可以在校内完成体育作业，也可以在校外（家庭、社区、俱乐部等）完成体育作业。课外作业有必做作业，也有选做作业。课外作业作为一体化体育与健康课程“形式联合”的一个“窗口”，可以使体育与健康课程一体化更有成效。

（三）深化教育改革的“帮手”

2021年发布的第八次全国学生体质与健康调研数据显示：中小学生体质健康优良率上升，身体形态指标向好，肺活量好转，但存在视力不良和近视率偏高、超重肥胖率上升、握力水平有所下降、学生身体素质水平下滑等一些亟待解决的问题。目前国家相关部门已研究并出台促进学生全面发展、健康成长的对策措施。这些措施对严格规范教育教学行为，切实降低学生学习压力及促进学生全面发展、健康成长有一定的积极意义。同时政府在努力引领全社会树立正确的教育观、人才观、质量观，在新的教育评价体系中正着力克服“唯分数、唯升学”倾向，促进形成良好教育生态，引导学校与家长不以牺牲学生身体健康为代价来换取分数和升学率的提高。

（四）全面育人的“桥梁”

学校体育目标是实现全面育人，“以体育人、以体育智、以体育心”成为当下体育工作者关注的重点。学校体育在过去长期实践过程中并未充分开展“全面育人”工作，工作重心主要在“增强体质、增进健康”上，对如何通过学校体育健全人格不够重视，投入较少。体育与健康对人的“身、心、社、德”全面健康发展具有深远影响与重要价值，其他任何学科的课程都难以像体育与健康那样起到健全人格、促进人的全面发展的作用。体育与健康不仅仅是身体教育，更是生命教育，可以使生存更有保障、生活更有质量、生命更有意义。学校体育培养的是幸福快乐的人、体魄强健的人、人格健全的人、意志坚强的人。

课外体育作业作为学校体育全面育人的“桥梁”，有助于学校体育全面育人目标的实现。科学合理的课外体育作业有助于学生体育锻炼习惯的养成。科学研究表明，有体育锻炼习惯的人更容易成为幸福快乐的人。科学合理的课外体育作业对于培养体魄强健的功效是毋庸置疑的。难度适宜的课外体育作业加上激励性的作业评价对于培养顽强拼搏、永不言败、意志坚强等精神品质具有不可忽视的功效。总之，课外体育作业有“育身”“育心”“育智”的全面综合的育人价值，是全面育人的“桥梁”。

（五）家、校、社区协同育体的“抓手”

家庭和学校的教育与引导对提高学生健康素养起着至关重要的作用，得到家长支持的孩子体质健康达标优良率更高一些。体育与健康课外作业是在课外时间完成的学习任务，主要在家庭或者社区等社会体育场所完成，这就将学校、家庭、社会有机联系起来，使课外作业成为家、校、社协同育体的有力抓手。目前，中国家长对子女教育越来越重视，作为教育的组成部分，随着中考体育分值增加及体育纳入高考这一说法的提出，体育与健康也越来越受家长重视，因此“重智育、轻体育”的观念正逐步得到扭转。课外体育作业不同于其他作业，对场地器材的依赖较大，需要社区及社会体育机构的支持。目前国家已出台相关政策，强调社区要为学生体育活动创造便利条件与支持场地设施向青少年免费或低收费开放等。因此体育与健康课外作业是家、校、社区协同育体的“桥梁”。体育与健康课外作业与家、校、社协同是相互关联的，它是使家、校、社联合得以有“抓手”的活动，而家、校、社区协同又为作业的高质量完成提供条件保障。同时体育与健康课外作业的开展也有利于家庭体育与社会体育的发展，学生完成体育与健康课外作业会对身边家人产生潜移默化的影响，有助于家庭体育的开展。作为社会的一分子，每个被影响到的人参与体育活动的可能性便增加了，这也有助于社会体育的发展。

三、布置课外体育作业的原则

（一）实效性原则

在强化在校期间课堂教学和课外锻炼的基础上，根据假期时间或者能够参与课外体育锻炼时间的长短，对作业量进行统筹管理，加强体育与健康教育、德育、智育、美育、劳动教育的融合，使学生的身体形态、机能、身体素质和心理品质等都得到全面协调的发展。

（二）持续性原则

依据“用进废退”原理，帮助学生充分认识体育锻炼的价值与意义，克服惰性思想和行为，积极主动参与体育与健康课外锻炼，形成经常性锻炼的习惯，有效提高学生的身体素质。

（三）科学性原则

在确保作业内容适宜家庭体育锻炼、家长可以督促参与、具有可操作性的基础上，依据青少年学生身心发展规律、运动人体科学、运动技能形成规律、动作技术运动原理，运用科学的思维方法布置各种练习，力争让每个学生都获得愉快的体育锻炼体验。同时要求布置的作业要不影响学生的学习生活，要符合学生的年龄、性别、个性等特点，运动量、负荷要适量。

（四）简单易行原则

布置的作业尽量做到简单易行，完成难度不能太大。特别是一些亲子运动，我们更加要充分考虑家长的能力水平，如果动作难度太大，那么这样的作业的完成情况就会大打折扣。同时还要充分利用社区和家庭的场地、器材，而又不能完全依赖场地、器材。

（五）多样化、趣味化原则

初中学生很容易“喜新厌旧”，所以布置作业时要考虑多样化、趣味化的内容，学生感兴趣了，他们才会自觉地去完成。同时教师在布置作业时可根据不同学生的能力水平设置不同的挑战级别，有了挑战的任务与要求，学生学习的积极性与兴趣性会大大提高，学习的效率与质量就可以得到最大程度的保证。

（六）安全性原则

树牢安全第一的教育理念，在确保运动环境、器材安全以及身体状况无异常的基础上，对学生加强运动安全技能的培养，提升学生自我保护的安全防范能力。

（七）循序渐进（退）原则

循序渐进是指，对锻炼内容、锻炼方法和运动负荷等的安排应按由易到难、由简到繁的顺序进行，逐步深化提高，使学生系统地掌握和巩固基础知识、技术、技能和科学的锻炼方法；循序渐退是指，在学生进行高密度、高强度运动后应逐渐降低运动密度和强度。

四、课外作业的特点

体育与健康课外作业是学校体育教学的继续、延伸与有效补充，作为学校体育教学的组织形式之一，有着自身的特点。认识体育与健康课外作业的特点对于学校体育有着重要的意义。体育与健康课外作业的特点如下：

1. 目标一致化

体育与健康课外作业主要是通过身体练习的手段和方法培养学生的学科核心素养，促进学生健康，实现学生的全面发展。体育与健康课外作业的主体是技战术和体能学练，同时辅以健康意识和行为的培养，将体育知识的内容融入到技战术和体能学练中，达到促进学生体育文化素养的效果。体育与健康课外作业与早操、课间 10 分钟、大课间体育活动、课外体育活动、课余体育训练、社团体育活动、学校体育竞赛活动和课后服务的目标是一致的，都是为了促进学生体能、技战术能力、健康教育知识、学练方法的提高，培养学生核心素养，为学生培养终身体育的意识和形成文明的生活方式奠定基础。

2. 完成时间灵活化

体育与健康课外作业和学校其他形式的体育活动有很大的区别。学校其他形式的体育活动是在学校规定的时间内完成的，完成的时间是学校早已经制定好的。而课外体育作业完成的时间一般为课余时间或假期（其中包括周六日、节假日、寒暑假等等）。学生完成的时间没有具体规定，比如在周末的体育与健康课外作业，学生既可以选择在早上完成，也可以选择在下午完成，还可以提前完成作业，甚至可以超额完成作业。

3. 完成空间广泛化

在完成体育与健康课外作业的过程中，学生练习的空间也没有限制：既可以在专业场地内，又可以在小区空地内；既可以在室外，也可以在室内；既可以在公共体育场所，也可以在大自然中。学生可以根据课外体育作业具体运动项目的特点，在确认能够较好地完成课外作业的基础上有针对性、目的性地选择运动空间与场地。例如在新冠疫情期间，老师在布置体育与健康课外作业的时候就应该考虑运动场地的问题，尽可能布置一些室内能够完成的项目，学生就可以选择在室内完成体育与健康课外作业。在没有疫情的情况下，教师就应该多布置室外体育作业，鼓励学生远离电子产品，走出家门进行阳光体育活动。

4. 练习内容多样化

体育与健康课外作业的内容除了老师规定要完成的作业外，还可以是一些个性化的运动项目。除了课堂体育教学、国标测试、比赛与健康知识等规定的作业外，学生还可以选择一些自己更为擅长、更为喜欢的个性化运动项目，并结合老师规定的作业一同进行，这样学生练习的内容就显得更加多样化。

5. 练习形式灵活化

学生完成体育与健康课外作业的形式与校内体育活动相比更加灵活。在完成课外体育作业的时候，学生既可以选择自己独立完成，也可以选择以比赛的形式进行。而比赛的对象可以是自己的伙伴，也可以是小区内其他年级的学生。认为自己能力水平高的学生，甚至可以选择挑战高年级的学生或者是其他厉害的对手。

6. 自主选择练习对象

校内体育活动都是在学校统一指挥下进行的，学生的练习同伴、练习形式、练习内容、练习时间与组织形式等等几乎是固定的。而体育与健康课外作业的形式是没有严格规定的，学生在完成课外作业时既可以选择自己独立完成，也可以选择与家长一起进行，还可以选择和同年级的小伙伴或高年级的学生共同完成，甚至可以选择参加比赛来完成。

五、内容与形式

（一）内容基本结构

1. 以学科核心素养统领体育与健康课外作业的目标、内容、方法和评价，即作业目标、作业内容、学练方法、作业评价等都应紧密围绕学科核心素养来设计和构建。学科核心素养形成的主要途径包括体育教学、课外体育锻炼、体育竞赛活动和体育社团活动等。

2. 健康知识主要包括应知应会的健康行为与生活方式、生长发育与青春期保健、心理健康、传染病预防与公共卫生事件应对、安全应急与避险等五个领域的内容。每个学段的健康教育课外作业，要基于本学段各年级应掌握的健康知识内容来创新设计和实施，为形成良好的健康行为和有效地促进健康打下坚实的基础。

3. 基本运动技能主要指中小学生在行走、奔跑、跳跃、投掷、滚翻、攀爬、钻越、支撑、悬垂、旋转等方面的动作发展内容。基于学生动作发展规律和体能发展规律，按照各类动作的难度和锻炼方式，制定各学段相对固定的基本运动技能锻炼内容。锻炼使学生在不同学段都具有相应的基本运动能力水平。难度呈现螺旋上升趋势的基本运动技能课外作业，可为日常生活和专项运动技能的学习奠定扎实的基础并提供重要的保障。

4. 专项运动技能包括常规体育项目、民族民间传统体育项目、新兴体育项目等专项运动的单个和组合技能，各学校应依据学生需求以及本校实际、师资力量、家庭环境、社会环境等条件，指导学生有选择地在课外作业中开展。教师在布置各专项运动技能的课外作业时，依据专项运动的教学情况、固有的难度和自身的特征，按结构化的方式将每个专项运动划分为多个模块和单元，让学生逐一进行学练。专项运动的各模块和各单元之间要有梯度，学生完成一个模块和单元的学习并经校内教师考核合格后，再进入下一个模块和单元的学习，以此确保学生能够进行更加富有逻辑性、衔接性的专项运动技能学练。

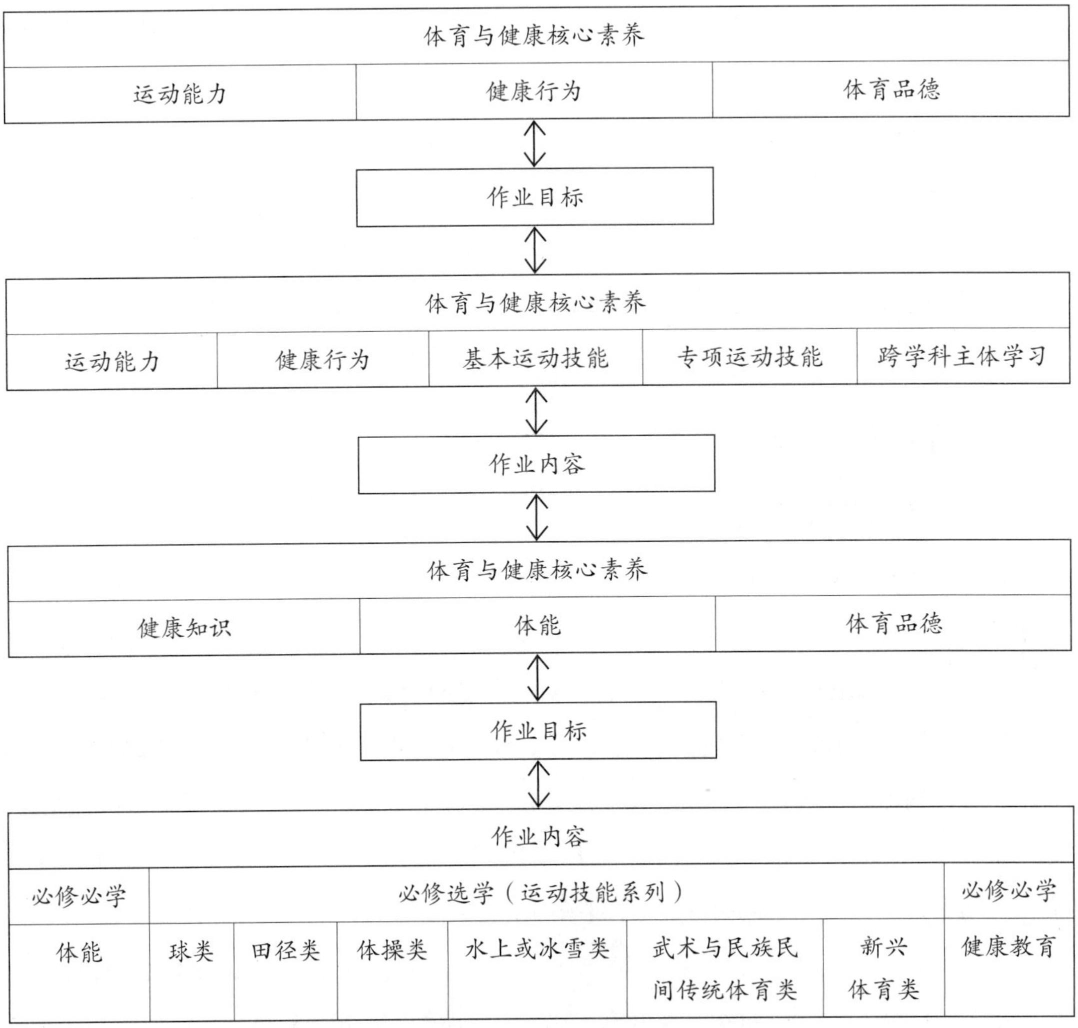

图 11-1　普通高中体育与健康课外作业内容结构

5. 体能学练主要针对改善身体组织和成分（肌肉、脂肪、骨骼、水和矿物质），发展心肺功能、肌肉力量、肌肉耐力、柔韧性、反应能力、位移速度、协调性、灵敏性、爆发力、平衡能力等，为学生增进健康和学练专项运动技能奠定良好基础。

6. 体育与健康课外作业应与其他学科课程相关联，充分发挥育人功能，促进学生的全面发展。体育健康课外作业的跨学科主题学习部分主要立足于体育核心素养培养与其他学科课程相结合的目标体系设置，有助于实现体育与健康教育、德育、智育、美育、劳动教育和国防教育相结合的多学科交叉融合的作业内容。

（二）内容基本要求

1.《国家学生体质健康标准（2014 年修订）》所要求的身体素质类内容。实行“身体素质天天练”，所有身体素质类的内容，学生完成每次作业时必须完成至少一轮。对不具备开展条件的项目，可采用与测试项目内容匹配的项目内容替代。每次的锻炼标准不得低于前一次的水平，要努力确保身体素质类内容稳定在良好等级水平以上。

2. 体育与健康课堂教学内容。体育与健康课外作业是学校体育教学的继续、延伸与有效补充，以学校体育与健康课堂教学内容为主要内容，在巩固提高的基础上，适当拓展锻炼内容，与学生个性化体育锻炼项目灵活交替进行。

3. 学生个性化体育锻炼项目内容。该运动项目应符合个人兴趣取向和发展需要，是一项长期锻炼或终身锻炼项目，与体育与健康课堂教学和课外锻炼内容灵活交替进行。

4. 比赛内容。坚持体育与健康课外作业服务于循序渐进、有阶段性地促进学生体育与健康核心素养的目的，发挥体育比赛对完成体育与健康课外作业的导向作用，适量安排比赛作业和鼓励学生多参加各级各类比赛。学生每学期参加比赛不少于 4 次，应争取多参加比赛。

5. 学练时间安排。（见下表）

表 11–1　学练时间安排（落实每天锻炼 2 小时）

项目内容	日常教学期	周六日、节假日、寒暑假	备注
《国家学生体质健康标准》身体素质类内容	≥ 15 分钟	≥ 30 分钟	
课堂教学内容	≥ 30 分钟	≥ 60 分钟	交替进行
个性化体育锻炼项目	≥ 30 分钟	≥ 60 分钟	
比赛	≥ 30 分钟	≥ 60 分钟	

（三）形式与要求

体育与健康课外作业的形式包括：课外作业与课堂教学结合、课外作业与中考体育结合、课外作业与《国家学生体质健康标准（2014 年修订）》结合、课外作业与运动处方结合、课外作业与家庭亲子活动结合等等。

1. 课外作业与课堂教学结合

课外作业是课堂教学的延伸，应该注意以下几点问题：

①练习内容结构化，串联技术动作。

②因地制宜（充分利用场地，开展阳光体育或社区体育，积极引导学生“走下网络、

走出宿舍、走向操场”）。

③兼顾专项体能项目与一般体能项目。

④用目标控制过程，“学、练、赛”一体化，重点突出“勤练”与“常赛”，比赛对象可以是自己、家长、同伴，比赛的内容可以是技术动作、成绩挑战或游戏等等。

⑤每次锻炼时间≥ 30 分钟。

2. 课外作业与中考体育结合

（1）体能素质：

① 1 分钟仰卧起坐（2 组）；

②动态平板支撑（20 次 / 组 ×2 组）；

③立卧撑（25 次 / 组 ×2 组）。

（2）可以练习必考项目男子 1000 米跑步、女子 800 米跑步，也可以选择练习 1 分钟跳绳或 3 分钟台阶练习：

① 5 分钟跑 1000 米；

② 11 分钟跑 2000 米；

③ 18 分钟跑 3000 米；

④ 进行其他活动 30 分钟以上（出汗）；

⑤ 1 分钟跳绳，间歇 2 分钟，每 3 次 1 组，重复 3 组（共跳 9 个 1 分钟）；

⑥ 3 分钟台阶练习（雨天）。

（3）结合课堂教学对所选项目进行练习。

3. 课外作业与《国家学生体质健康标准》结合

（1）引体向上（可用“俯卧撑 + 立位体前屈 + 立卧撑”替代，隔天一次）。

（2）立定跳远（深蹲或蹲跳 + 高抬腿，隔天一次）。

（3）仰卧起坐（仰卧起坐或仰卧两头起，隔天一次）。

（4）坐位体前屈（坐位体前屈或立位体前屈，每天一次）。

（5）慢跑、折返跑、跳绳（三选一，每周两次）。

要求：每天进行时间≥ 15 分钟。每次的锻炼标准不得低于前一次的水平，要努力稳定在良好等级水平以上。

4. 课外作业与运动处方结合

通过对学生各项身体素质测试成绩的统计，根据不同的性别、年龄、力量、速度、耐力、灵敏、柔韧等内容开出个体化、差异化的运动处方，鼓励布置分层、有弹性和个性化的作业。

以下是两名学生的运动处方。

A 学生（上肢力量差）的运动处方：

（1）力量练习

①快速高抬腿 30 秒 / 组 ×2 组（每组间隔 2 分钟）；

②俯卧撑摸异侧肩 8×8 拍 ×2 组（每组间隔 2 分钟）；

③单脚下蹲 10 次 / 组 ×2 组（每组间隔 2 分钟）；

④快速仰卧两头起 12 次 / 组 ×2 组（每组间隔 2 分钟）；

⑤俯撑蹲伸 8×8 拍 ×2 组（每组间隔 2 分钟）；

⑥单脚支撑俯卧撑 8×8 拍 ×2 组（每组间隔 2 分钟）；

⑦弓步体前屈 8×8 拍 ×2 组（每组间隔 2 分钟）；

⑧动态平板支撑 8×8 拍 ×2 组（每组间隔 2 分钟）；

⑨俯撑跨步 8×8 拍 ×2 组（每组间隔 2 分钟）。

（2）体能练习

1 分钟跳绳（间歇 2 分钟，每 3 次 1 组，重复 3 组，共跳 9 个 1 分钟）。

又例如 B 学生（下肢力量差）的运动处方：

（1）力量练习

①开合跳 8×8 拍 ×2 组（每组间隔 2 分钟）；

②俯卧撑转体 8×8 拍 ×2 组（每组间隔 2 分钟）；

③深蹲 8×8 拍 ×2 组（每组间隔 2 分钟）；

④仰卧举腿 8×8 拍 ×2 组（每组间隔 2 分钟）；

⑤俯撑跨步 8×8 拍 ×2 组（每组间隔 2 分钟）；

⑥俯卧撑摸异侧肩 8×8 拍 ×2 组（每组间隔 2 分钟）；

⑦单脚下蹲 10 次 / 组 ×2 组（每组间隔 2 分钟）；

⑧快速仰卧两头起 12 次 / 组 ×2 组（每组间隔 2 分钟）；

⑨俯撑高抬腿 30 秒 / 组 ×2 组（每组间隔 2 分钟）。

（2）体能练习

5 分钟跑 1000 米（如雨天则改为 3 分钟台阶练习）

5. 课外作业与家庭亲子活动结合

①亲子运动是和谐亲子关系的润滑剂，为保证课外作业顺利开展，家长的支持是必不可少的，家长的参与更是学生持之以恒地完成体育与健康作业的保障。

②亲子运动的难度不能太大，同时还要考虑到场地与器材的可获得性。

③教师还可以将这些亲子运动的视频推送给家长，让家长直观了解运动的方法，方便作业的实施。

六、实施与评价

（一）体育与健康课外作业的实施

1. 作业由学生体育与健康任课教师和班主任协同布置，同时体育与健康教师针对作业内容和学生体质健康状况，为学生提供个性化运动处方及建议。

2. 体育与健康课外作业实施采用“三段式”，包括准备部分、基本部分、结束部分。

3. 学校、教师、家长应为学生创造完成体育与健康课外作业的必备条件，营造崇尚运动、科学用眼、合理膳食、规律起居、卫生清洁的校园、班级、家庭氛围。

4. 实施的时间：日常教学期、假期（周六日，节假日，寒暑假）。在日常教学期间，确保学生每天在校内外体育锻炼各 1 小时，由学校落实寄宿学生每天锻炼 2 小时。寄宿制学生每天出早操。倡导非寄宿制学生每天到校后先进行 20 分钟身体活动，每天上午为其统一安排不少于30分钟(不含课间时间)的大课间体育活动(原则上在户外开展,如遇雾霾、雨天等不良天气，则在室内开展），每节课间应安排学生走出课室适量活动和放松，在没有体育与健康课的当天下午安排不少于 1 小时的课外体育活动。

5. 体育与健康课外作业以户外学练为主要形式，室内学练为辅助形式。每天户外活动 2 小时，其中进行体育与健康课外作业的时间不少于 1 小时。如学生的个人特长体育锻炼项目不适合在户外进行的，在完成作业后要保证户外活动时间大于 30 分钟。

6. 学生在进行体育与健康课外作业时，尽量避免单独锻炼，在校内要与同学、老师一起，在校外与亲人、朋友一起进行，建议每半年参加 1 项社区、社会团体举办的体育活动或竞赛。

7. 要充分发挥体育锻炼的载体作用，创设多元的锻炼情景、情境，将健康知识和安全常识渗透在锻炼的全过程中。

8. 作业的实施要充分发挥家庭的作用。现在的家庭一般都是三口之家，父母很重视孩子的学习和体质健康状况，而学生又有三分之二的时间在家里度过，孩子的父母就是第一任老师，他们拥有带领、督促孩子参加课外体育锻炼的时间和契机。体育家庭作业的完成好坏与学生父母重视度直接有关。家长应主动和学生一起根据学校体育与健康教师布置的作业，制定学习方案，学生在家长的指导、督促下完成作业。所以体育与健康学科教师一定要做好家长的工作，使他们成为推动学校课外体育作业实施的主力军，支持、配合、督促、鼓励学生快乐地完成学校布置的体育家庭作业。如我们可以设计体育家庭作业卡，给学生建设好体质档案，作业卡在每次学生完成作业后由家长签字，学校收回并建档。

9. 家长应帮助学生提高情绪调控能力，在进行锻炼时多鼓励、激励学生。学生在身体不适的情况下避免剧烈运动。

10. 运动负荷要求，如下表。

表 11-2　体育与健康家庭作业运动负荷指标

类别	项目	指标	
个体	练习密度	≥ 60%	
	运动强度（心率）	平均强度	140—160 次 / 分
		中等强度	最大心率 ×（64%—76%）
		大强度	最大心率 ×（77%—95%）
		最大强度	最大心率 ×（96%—100%）

计算公式：靶心率 =[（220 - 年龄）- 静态心率]×（60%—80%）+ 静态心率；最大心率 =220 - 年龄。

中等强度以上运动负荷。每次作业要保持 10—20 分钟中等强度以上运动负荷，其中小学 2—4 分钟持续不间断的负荷，“水平一”要有 1 次，“水平二”要有 2 次及以上，“水平三”要有 3 次及以上；中学 3—6 分钟持续不间断的负荷，初中要有 3 次以上，高中要有 4 次以上。

每次负荷前要有 10—20 秒简单的准备活动，负荷后要有 20—30 秒的放松。禁止静止一段时间后立即进行中等强度以上负荷练习，负荷后立即静止。严控义务教育阶段的学生进行静力性力量训练的时长和次数。

学练后用 5—6 分钟采用慢跑、按摩、牵拉放松等手段使身体机能恢复至接近开始时的状态。在完成作业后，对作业的内容、练习次数、负荷强度进行记录，并进行总结、评价。

（二）课外体育作业的评价

必须要建立健全、多渠道的评价机制以实现对体育与健康家庭作业的有效评价。

1. 档案式评价

专门制作体育与健康家庭作业记录本，记录学生作业的内容、完成情况、个人自评、家长监督性评价、教师检查性评价等内容，系统反馈评价学生完成体育与健康家庭作业的情况。

2. 多元评价

新课标提出，要重视对学生体育学习的综合评价，强调在评价的过程中既要评价学生的运动技能，更要评价学生的学习态度、情意表现和学习能力等的发展，以真正体现“促进学生全面发展”的理念。同样，学生的体育家庭作业的评价也要采用多元化评价的方式，特别是对学生练习中的过程性进行评价，不能只是采用以前那样单一的评价方式进行评价。

3. 信息化评价

利用校园网、家校互联平台、家校交流群等，家长以图片或者视频等形式及时反馈学生体育与健康家庭作业实施情况。采用视频形式，更加能够反映学生作业的实际完成情况。定期制作校园及班级图片、视频展，共同监督评价学生体育与健康家庭作业的实施情况，调动学生完成体育与健康家庭作业的积极性。在信息化评价这一块，大家可以参考“天天跳绳”这个软件。就目前来说，“天天跳绳”是一款具有比较成熟的评价体系的软件。

4. 等级评价

评价本身不仅是一种学习的过程，也是一种教育的过程。设置目标让学生完成等级挑战，不仅能够提高学生参与的积极性与兴趣性，同时也能够保证练习内容的结构化与衔接。

七、具体案例——学生作业记录卡

体育与健康家庭课后作业任务单

尊敬的家长朋友，大家好！

孩子的健康成长，需要校内外共同努力来保驾护航。为提升孩子的体质，学校为孩子们布置了体育与健康课后作业任务单，要求孩子们在家多练习相关的项目，在练习的过程中希望家长协助孩子完成练习。孩子每天需要完成以下项目的练习，并按要求将最好成绩填写在课后作业记录卡上。（注：一、二年级完成前四个项目，三至六年级完成所有五个项目）

学生返校后我们会根据孩子实际情况，对每位学生进行综合评价，并以A、B、C、D（A级：优秀；B级：良好；C级：合格；D级：还需努力）的形式反馈给家长，以寻求家校的共同努力。

表 11-3　任务单

一、跳绳（1 分钟 / 组，共练习 3 组）

等级 水平	A 级	B 级	C 级	D 级
水平一	110 次以上	95 次以上	27 次以上	25 次以下
水平二	130 次以上	115 次以上	49 次以上	45 次以下
水平三	150 次以上	135 次以上	65 次以上	60 次以下

二、波比跳（30 秒 / 组，共练习 3 组）

等级 水平	A 级	B 级	C 级	D 级
水平一	20 次以上	15 次以上	8 次以上	6 次以下
水平二	24 次以上	16 次以上	10 次以上	8 次以下
水平三	26 次以上	18 次以上	12 次以上	10 次以下

三、坐位体前屈（1 分钟 / 组，共练习 3 组）

等级 水平	A 级	B 级	C 级	D 级
水平一	手臂能触碰到脚尖	掌心能触碰到脚尖	指尖触碰到脚尖	手指尖只能触碰踝关节以上部位
水平二	手臂能触碰到脚尖	掌心能触碰到脚尖	指尖触碰到脚尖	手指尖只能触碰踝关节以上部位
水平三	手臂能触碰到脚尖	掌心能触碰到脚尖	指尖触碰到脚尖	手指尖只能触碰踝关节以上部位

四、吹泡泡

准备一碗水和一根吸管，深吸一口气后，将吸管插入水里进行吹气，计算持续吹水泡的时间，练习 5 次。

等级 水平	A 级	B 级	C 级	D 级
水平一	28 秒以上	23 秒以上	8 秒以上	6 秒以下
水平二	30 秒以上	25 秒以上	10 秒以上	8 秒以下
水平三	35 秒以上	28 秒以上	12 秒以上	10 秒以下

五、仰卧起坐（1 分钟 / 组，共练习 3 组）

水平 \ 等级	A 级	B 级	C 级	D 级
水平二	42 次以上	26 次以上	17 次以上	15 次以下
水平三	44 次以上	38 次以上	19 次以上	17 次以下

表 11-4　体育与健康课外作业记录卡

<table>
<tr><td>学生姓名</td><td></td><td>性别</td><td></td><td>年级</td><td></td></tr>
<tr><td>家长姓名</td><td></td><td>联系电话</td><td colspan="3"></td></tr>
<tr><td>锻炼日期、时间</td><td colspan="5">年　月　日，　点—　点</td></tr>
<tr><td colspan="6">准备活动　≥ 5 分钟</td></tr>
<tr><td>内容</td><td colspan="5">1. 热身操六节（4×8 拍）
2. 原地小步跑一分钟，共 1 组
3. 开合跳 20 次，共 2 组</td></tr>
<tr><td colspan="6">身体素质类项目≥ 15 分钟</td></tr>
<tr><td>项目内容</td><td>最好成绩</td><td>等级</td><td>综合评价</td><td></td><td></td></tr>
<tr><td>一分钟跳绳</td><td></td><td></td><td></td><td></td><td></td></tr>
<tr><td>波比跳</td><td></td><td></td><td></td><td></td><td></td></tr>
<tr><td>坐位体前屈</td><td></td><td></td><td></td><td></td><td></td></tr>
<tr><td>吹泡泡</td><td></td><td></td><td></td><td></td><td></td></tr>
<tr><td>仰卧起坐</td><td></td><td></td><td></td><td></td><td></td></tr>
<tr><td colspan="6">放松运动≥ 10 分钟</td></tr>
<tr><td>内容</td><td colspan="5">放松拉伸操</td></tr>
</table>

第十二章　教师显性教学行为规范

体育与健康课程是以身体练习为主要手段，以学习体育与健康知识、技能和方法为主要内容，以增进学生健康、培养学生终身体育的意识和能力为主要目标的课程。因此，构建一个符合学生认知规律的、有组织的、生动活泼的、积极进取的、和谐的课堂学习氛围尤为重要，这对体育与健康教学教师的专业素质提出了更高的要求，不仅要求教师具备扎实良好的理论知识和较高水平的、专业的运动能力，而且还要求体育与健康教学教师具有较强的实际调控操作技能，这些操作技能被看作是体育与健康教学教师特有的组织、指挥、调动能力。

一、显性教学技能概述

体育与健康教学教师显性教学技能是指教师在教学过程中表现出来的可观察的、可操作的、可测量的、与教学相关的、针对具体教学情景及具体对象作出的一系列外显性的教学行为。这些行为表现的背后，包含了教师对知识的认知和理解、对教学情景的把握、对教学行为的选择等一系列复杂的心理过程。从体育与健康教学教师专业技能的角度分析，教师在教学过程中表现出来的这些外显性技能行为包括语言表达技能、讲解技能、示范技能、口令指挥技能、保护帮助技能、课堂评价技能、应急处理技能等。在日常的教学中，除了注意加强学习以外，体育与健康教学教师应注重个人的这些外显性教学技能的规范与不断提升。如果教师具有了规范和高超的操作技能，就能恰当有效地把相应的知识与运动技术解释给学生，有利于学生理解教师传授的教学内容，帮助学生学习。学生理解和掌握了学习内容，就会对教师更加信服，教师就会更容易地在学生中树立起威信，在教学中才能得心应手。

语言表达是教学中传递信息的重要手段，体育与健康教学教师的语言包括有声语言和无声语言。对有声语言的要求为：讲解流畅、口令准确、吐字清晰、声调有抑扬顿挫，辅以适当的表情、手势、姿势增强感染力。无声语言主要表现为：教学中表达情意的目光、充满爱心的微笑、得体适度的手势和身体姿势、优美规范的动作示范。体育与健康教学教学的有声语言和无声语言的结合，对增强学生学习的信心、激励学生大胆参与各种练习活动具有特殊的作用。

讲解是教师有目的地采用相应的语言表达来达到教学目的的语言手段。老师的讲解使学生对新知识、新的技术有初步的理解，并在复习时帮助学生理解和牢固掌握知识、技术。

示范可以让学生获得最直接的表象。体育与健康课是教师传授一定的身体练习的方法，学生在课堂上以身体锻炼为主的教学。为了使学生理解与掌握复杂动作，单靠讲解无法达到目的，教师需要直接做动作演示给学生看，使学生对动作的形态、特点、结构、性质和动作的变化过程有一个直观的认识。一般情况下，教学示范要与讲解结合在一起，课堂讲解是剖析所要传授的知识的组成要素和结构过程，提示动作的运动规律与内在联系，使学生理解和把握运动的实质与规律。示范是指教师通过直接的演示，让学生直观地获得所需要的信息。准确、规范、优美的示范可以打动学生的内心，激发学生学习的兴趣和积极性。示范和讲解的结合，使复杂的问题变得直观且简单，有助于激发学生的思维活动。

保护与帮助是辅助学生学习、掌握动作技术的重要环节。由于身体能力、心理素质、体质状况的差异，必要的帮助可以让学生更容易掌握动作的技巧，适当正确的保护可以使学生克服恐惧心理、树立自信心，避免伤害事故的发生。

课堂教学中，教师应该不断用语言、动作等行为对学生在学习过程中表现出来的体能水平、学习态度、学习进度、情意表现、合作精神等方面进行评价。由于体育与健康教学是以身体活动为其基本表现形式的，因此，它与其他课程教学不一样，课堂上对学生的评价具有即时性和直接性。这种评价几乎是体育与健康课独有的评价。恰当的评价会让学生感到高兴，认为自己的展示获得了认可或是得到了帮助；不恰当的评价会让学生感到当众出丑，会让这些学生对体育与健康课或体育与健康老师产生讨厌或惧怕的情感，久而久之，学生就会对体育与健康课甚至是体育活动减少兴趣。因此，正确有效运用“即时评价”，有利于学生的心理锻炼，有利于激励学生练习的积极性、增强学生的自信心，让学生在不断体验的过程中享受成功带来的喜悦和满足感，对体育锻炼的兴趣越来越深厚，从而帮助学生认识自我、建立自信，也有助于他们克服那种只顾自己而不顾他人感受的不良行为。

二、语言表达技能规范

（一）语言表达技能的含义

本章讨论的语言表达技能是指体育与健康教师在体育与健康课堂上的课堂语言表达，也就是指教师在体育与健康课堂上说的与教学相关的所有的话。语言表达是教师必须要掌握的最基本的教学技能，教师的教学语言表达是实现体育与健康教育的最基本途径。教师的课堂教学语言在课堂教学中起着举足轻重的作用，每一位老师都希望自己的讲课或讲话能起到最大效果。教师说的话是要给学生听的，所以必须要十分注意教学语言的组织与表达。如果学生喜欢和老师说话、喜欢听老师讲话，那么，老师的教育就有了基础。

（二）语言表达技能的作用

1. 教师语言的启蒙作用

体育与健康课堂教学中，教师要传授给学生许多新的健康知识、体育知识、动作技术。这些知识和动作，只有通过老师详细的讲解，学生才能理解和掌握。

2. 教师语言的激励作用

缺少激情的课堂，没有了运动的活力，学生缺乏兴趣，课堂实效不高。教师通过饱含激情的教学语言感染学生，点燃学生心底的激情，唤醒学生对运动的渴求，鼓舞学生感受体育的魅力，让学生在锻炼中享受到运动带来的快乐与幸福。

3. 教师语言的引导作用

教师通过正确、简单、清楚的引导语言，启发学生思考，打开学生新的认知领域，提供新的认知空间，帮助学生在原有的知识技能体系上，结合新学的知识，向更高的认知水平发展。

4. 教师语言的赞美作用

如果一个学生从来没有被体育与健康老师表扬过，他可能会因此感到自己是被体育与健康老师遗忘的人，那他在体育与健康课堂上的热情肯定是不高的，对自己的体育学习是失去信心的。课堂中教师恰到好处地用诸如“你这个动作比上一次有进步”“你这个动作做得真标准”等语言，对学生的练习进行赞美，可以让学生有特别强的存在感，有效地激发学生的练习热情。

5. 教师语言的督促作用

在教师表扬优秀学生的时候，一些学习后进的学生往往会产生一种心理压力。对优秀学生的表扬，可以使受表扬者不断进取。对后进学生的鼓励、支持，往往可以给他们信心。

（三）语言表达技能的构成

语言表达内容包括吐字、语气、语音、语速及口头语。

1. 吐字要清晰

说话是给别人听的，“听明白”是语言表达的第一要务。如果老师吐字不清、说话不利索，学生听后要经过思考才明白老师说话，那老师的语言表达效果就大打折扣。因此，教师的语言表达，首先是要让学生听懂老师讲什么，吐字清晰是让别人听懂的前提和基础。虽然不是每位教师都能像播音员那么字正腔圆、声音清脆，但必须要做到吐字清晰。把话讲清楚了，客观上可以抵消部分地方口音或普通话不标准的不利影响。

教师一是要了解自己在发音吐字方面有哪些字词是发音不准、吐字不清的；二是要掌握必要的语言常识；三要养成查字典的习惯，对生、僻、难、疑的字词的发音要以字典拼音为准，要知道“有边读边，无边读中间”的读音法则不是绝对的；四是要常练，通过学习电视和广播主持人的发音吐字、大声读书等有意识地矫正自己在发音吐字方面的问题。

2. 语气要变化

语气可以简单地理解为声音的气息，语气体现的是说话人的口气和态度，语气包括声调的高低、强弱、快慢、虚实等。教师应掌握好语气的轻重和声调起伏的运用。如在起跑发令时所说的“预备——跑”，“预备”用轻音，“跑”就要用重音。有时，为了突出重点，就要适当提高声调，放慢语速。

3. 语音要积极

声音在句尾声调上扬，会显得充满底气、能量和活力。除此之外，体育与健康教师的声音还应该是响亮的、具有穿透力的，能在讲解时让最远处的学生也能听到，这样才能调动所有学生的注意力。

4. 语速要适当

教师的语言表达在注意语气的同时，还要配合语速的变化，当快时快，当慢时要慢。通过语速的变化，可以造成一种声势，影响学生的心理变化。如讲解需要学生理解的内容时，语速就应该放慢，让学生有时间消化。

5. 避免口头禅

老师常有的口头禅，最多的是在句尾时加个“啊”。一些老师还会有个人的习惯语，如在语言表达前，先说一个“哦”，在语言中间加“这个”“那个”等等。频繁出现口头禅不但会削弱教师讲解的分量，分散学生注意力，还会影响教师的形象，严重时甚至会让学生对讲解产生厌恶感。

（四）语言表达技能规范一览表

表 12-1　语言表达技能规范一览表

元素	规范要求
发音	咬字准、吐字清晰
语音	积极、响亮、自信、有底气
语速	快慢适当，造成声势
语气	轻重结合，声调高低、强弱结合
口头禅	消除

三、讲解技能规范

讲解是知识和语言高度融合的艺术，是体育与健康课堂教学中最主要、最直接的教学方法，是教师向学生传授知识、技术、技能的重要手段。精彩的讲解，可使学生快速明确学习目的、任务，了解动作名称、动作要领和练习方法、顺序、要求。从生理学角度分析，讲解法可以调动学生听觉中枢和运动中枢的神经建立联系，建立起快速的思维活动。

（一）讲解技能在教学中的作用

1. 帮助学生对知识的认知

教师通过讲解，快速地向学生传递系统的知识，促进学生对知识的认知。比如在教授某个动作技术时，教师借助对技术动作的结构、过程、步骤的清楚正确讲解（有时需要配合动作示范），帮助学生对技术动作有初步认识，在大脑中形成对动作技术的过程、要领的初步记忆，启发学生的思考，促进学生对新知识的初步掌握和复习内容的牢固掌握。

2. 提高学习效率

教师讲解的内容是经过精心准备、去粗存精的，是教师自己深刻思考后得出的内容。在讲解时，教师如果能把自己思考过的结果有序地用语言表达出来，引导着学生的思维跟着教师的讲解逐步深入，就能在短时间内高密度地向学生传授知识，使学生能迅速地获得间接的知识和间接的经验，从而让讲解体现了高速、高效的优点。

（二）讲解的要素

讲解的元素包括讲解结构、专业的语言表述、知识的串联及讲解重点。

1. 完整的讲解结构

教师必须要针对讲解的内容进行科学精心的设计、对讲解内容顺序进行编排，确定讲解重点，使讲解的内容层次分明、条理清晰、重点突出，并能引起学生的兴趣和思考。

2. 标准的词语表述

教师在讲解时除了需要有富有表现力的语言外，因为讲解的内容都是确定的，对一些词语的表述必须做到准确清晰。比如，不能用一些模糊的、不确定的词，如“可能”“大概”“好像”；要准确使用专业的术语，如“上臂”不能说成“大臂”、“跑步——走”不能说成“齐步——跑”等。

3. 知识的前后串联

在讲解内容的编排中，应把新讲解的内容与以后所学的知识、问题、动作联系起来，也可以和学生的生活经验相关联，帮助学生深刻理解老师讲解的知识，形成完整的知识链。

4. 重难点的强调

教师在讲解中，除了要制定对完成技术动作的要求和标准，更要提醒学生注意动作技术的环节，动作的重点、难点和易犯的错误。比如，学生练习篮球原地单手肩上投篮时，老师就应反复、大声地强调“蹬、伸、扣、拨”的技术重点，让学生在大脑中加深对动作重点的印象。

（三）讲解的应用

教师讲解的目的是让学生接受、理解所学知识和技能。学生对老师讲解的接受程度，除了受学生的知识宽度、知识水平、理解能力和思维能力制约外，还受教师讲解的方法、语言的组织与表现的影响。依据课堂结构的不同，教师讲解的方式、方法和内容也应随之发生变化。

1. 开始部分的讲解

在开始部分，由于时间限制，教师的讲解语言必须精练，要有针对性和激励性，一般采用以下三种讲解方法：

直接讲解法：课一开始，教师的讲解就直奔主题，宣布本节课学习的内容、学习目标和课堂练习的要求，让学生立即进入学习状态。这是教授高年级学生常用的方法，特点是高速、高效，缺点是单调、缺乏激情。

故事讲解法：抓住低年级学生喜欢听故事、好奇心强的特点，选用适当的故事，以故事导入讲解。比如短跑课的导入讲解：同学们，2021 年 8 月 1 日，在奥运会男子 100 米短跑半决赛中，中国百米飞人苏炳添以 9 秒 83 小组第一名的成绩晋级男子 100 米决赛，不仅实现了赛前“站上奥运会百米决赛场”的目标，更成为奥运会男子百米决赛跑道上首位中国选手以及进入电子计时时代后的首位亚洲选手。同时，他还以这个惊人的成绩创造了新的亚洲纪录。其实，我们每个人都有短跑的天赋，只是我们还没有把自己的天赋潜能激发出来。今天，机会来了，这节课，我们就来激发自己的短跑潜能，一起体验“苏炳添的速度”……

提问讲解法：提问是体育教学中常用的方法，提问讲解是逐步设疑、引入主题的讲解。有时，有些动作是老师难以用语言讲解来讲清楚的，这时就可以根据学生已掌握的体育知识、运动能力，结合教材内容向学生提出相关问题进行讲解。比如对篮球“行进间投篮”的“一大二小三高跳”的理解，“一大二小”好理解，对“高跳”学生往往掌握不好。这时，老师就可以设疑：“为什么第三步投篮之后人会向前冲？”“人坐在高速行驶的汽车里，急刹车时，人会怎样？”，通过联系这样的问题，启发学生明白“制动性跳起可将向前跑步的力量转化为向上跳起的力量”的原理，从而明白“高跳”的原理，使学生较快掌握行进间投篮第三步“高跳”的动作要领。

2. 准备部分的讲解

准备部分的讲解主要是围绕为基本部分服务的准备活动及相关练习的讲解，主要是慢跑、徒手操、游戏以及相关练习的讲解。

慢跑的讲解：讲解的顺序是组织形式—跑步形式—跑步要求，并在学生跑步的过程中用语言提醒学生注意事项。如：男女生分别以 ×× 同学为第一位，各成一路纵队，绕田径场慢跑 5 分钟，要求一人跟着一人，注意安全，保持前后距离，跑步过程中不能讲话……学生跑步时，老师提示：注意小腿向后收起，摆臂的幅度再大点……

徒手操的讲解：徒手操一般是学生都会做的动作，所以，讲解要精练，只作指令式的讲解就可。如果是新的徒手操动作，还应该由教师先示范一遍。讲解的顺序应该是：动作名称—节拍—动作要求或动作重点。在学生练习过程中，教师应提醒学生注意事项，如：并腿站立体前屈，4 个 8 拍，要求手指要碰到脚尖。

游戏的讲解：体育源于游戏，游戏在体育教学中占据着重要的地位。游戏的讲解主要围绕游戏的名称、游戏的方法、游戏的规则和游戏的要求展开。

相关练习的讲解：主要围绕为基本部分准备的各种诱导性练习进行讲解，有徒手的练习和带器械的练习活动。这些活动的讲解顺序是，名称—方法—要求。讲解时语言要精练，讲解动作要准确、清晰，一般是老师先做示范，边演示边讲解，并结合口令一起进行。学生练习时，老师提示动作要求。

3. 基本部分的讲解

基本部分是体育与健康课的主体部分，是体育与健康教学的核心部分，学生学习知识、形成运动技能、提升运动能力主要是在这个部分完成。这个过程中，教师提出的具体的学习目标、组织形式的调动、教学方法的实施等，都需要由教师的不同的讲解来贯穿落实。在基本部分的讲解中，教师应注意针对不同的形式采用不同的讲解类型。

解释性讲解：对相关概念、专业词语、教学目的、任务、规则等相关的内容进行必要的解释、说明、强调，让学生清楚地学习内容要求和学习方法，也就是让学生明白“我要学习什么知识”和“我知道怎样进行学习”。比如，对“有氧耐力”可以这样解释：有氧耐力指进行有氧运动持续时间长短的能力。有氧运动中，负荷强度为人体最大负荷强度的 75%—85%，心率一般在 120—150 次 / 分。耐力是长时间进行工作的能力，最少 5 分钟，一般在 15 分钟以上。耐力运动最大的特点是持续时间长，运动强度较小，单位时间内身体能量消耗不多，总消耗量大。

介绍性讲解：在教学过程中，经常会涉及一些介绍性的运动项目或健康和运动知识，这就要用到介绍性讲解。比如对“马拉松跑”的介绍性讲解可以这样进行：马拉松跑全程42.195千米。公元前490年，在古希腊与波斯帝国的战争（史称希波战争）中，波斯帝国国王大流士一世渡海西侵，进击希腊的城邦阿蒂卡，在雅典城东北的马拉松海湾登陆。波斯人打到了雅典城外的马拉松。雅典军奋勇应战，最后在马拉松平原打败了波斯，获得胜利。为了把胜利的消息迅速告诉雅典人，将军派遣长跑能手斐迪庇第斯回去传达胜利的消息，负伤的斐迪庇第斯一口气跑了42.193千米，将胜利的消息告诉了雅典同胞后力竭而死。后来，为了纪念他，1896年举行的现代第一届奥林匹克运动会设立了马拉松这个项目，并把全程调整为42.195千米。

动作要领的讲解：对于动作要领，应根据动作的基本要领和用力特点，用简短、精练、准确的语言进行讲解，必要时要强调用力方法。如排球垫球的动作及用力顺序：插、夹、蹬、提、送。教学实践中，教师应善于在复杂的动作过程中，提炼出相应的关键字或词，作为动作要领，在学生练习时反复提醒。

动作示范的讲解：可以是先示范后讲解，可以是边示范边讲解，也可以是先讲解后示范，无论什么形式，其基本要求是语言精练、简单明了，对动作的重点、难点描述到位。建议教师多采用边示范边讲解，把讲解与示范相结合，既可以节省时间，又可以让学生直观理解动作结构。对于示范时不便讲解的动作，教师可以采用把动作放慢、分解的讲解方式。如在讲解前滚翻动作时，前面的准备动作可以边示范边讲解，到滚翻时，可以先讲解后示范或示范完后再讲解。

纠正错误的讲解：纠错讲解出现在学生练习、教师指导的过程。当学生出现普遍性错误时，一般可以停止练习，教师根据出现错误的情况，提出纠正错误的方法。对于个别学生的错误动作，教师可以结合正确的示范动作进行讲解，也可抓住学生出现错误的原因，给予提示性讲解。提示性的语言讲解，容易引起学生的注意，是课堂教学中普遍采用的方法。

4. 结束部分的讲解

结束部分的讲解是教师根据本课目标完成的情况、学生学习的行为表现、情意表现作出总结性评价。讲解的顺序是：对本课的总结—提出希望—课外作业要求—收拾器材安排。讲解时应运用简短、概括的语言，公平、公正、准确地对学生在课中的各种表现进行总结评价，指出课中出现的突出错误，提出改正的要求，布置课后作业，让学生利用课余时间或课外时间，在延伸体育与健康课的活动中进行体能锻炼，以达到掌握运动方法、强化运动技能、提高运动能力的目的。

（四）讲解技能规范一览表

表 12-2 讲解技能规范一览表

讲解元素	规范要求
讲解内容	精炼、有针对性
讲解结构	层次分明、逻辑性强
讲解形式	事实讲解、解释讲解、归纳讲解、对比讲解、推理讲解
讲解表现	抑扬顿挫、语句连贯、字词准确
讲解时机	前期讲解、引导性讲解、总结讲解

四、示范技能规范

示范技能是体育与健康教学中最重要的一种直观教学技能，是教师给学生演示正确的动作过程，让学生通过直接观察了解动作的形象、结构、要领、方法以及时空关系，使学生对技术动作获得感性认知并形成一个清晰的动作表象的一种教学行为方式。

（一）示范技能的作用

1. 激发学习欲望

教师轻松自如、舒展、优美的示范，在外观形象上给学生一种优美的感觉。这种感觉对学生有极大的吸引力，让学生产生跃跃欲试的心理，为学生的学习打下前期心理准备。

2. 建立正确的动作表象

学生通过观察教师的示范，在大脑中形成与技术动作的结构、方法有关的记忆，对动作概念建立起正确的技术动作表象，动作表象的建立有助于技术动作的学习。

3. 获得正确的动作感知

教师运用错误的动作对比示范，指出错误动作产生的原因，进行纠正，加深学生对正确技术动作的感知和理解，促进大脑皮层兴奋抑制过程的分化，从而形成正确的动作技能感知。

（二）示范的要素

1. 示范速度

为了帮助学生建立清晰正确的动作表象，一般情况下用常规的速度进行示范。当为了要突出显示动作结构的某个环节时，宜放慢示范速度。

2. 示范距离和角度

教师的示范有正面示范、镜面示范、侧面示范、背面示范、立体动作示范，应注意学生以横队形式观看老师示范时，越靠近两端的同学，距离越远，视角越小。示范的距离以每个学生都能清楚看到老师示范的动作和听到老师讲解的声音为准，根据动作的幅度和安全需要适当确定示范距离。

3. 视线

示范时应避免前排学生遮挡后排学生的观看。在室外阳光下，应注意避免学生面对阳光观看示范，还要注意避免学生迎风观看。

4. 多媒体演示

对于幅度大、结构复杂、难度高，或教师不能做或做不好的技术动作，可采用多媒体演示的方法，运用多媒体技术对动作进行分解解析，可无限重复播放观看，帮助学生更好地理解动作。

（三）示范的应用

1. 示范时机

合理的示范时机，关系到动作示范的效果。学生学习新动作前，宜进行完整的动作示范和分解示范；当技术动作某个环节出现错误时，及时进行重点或分解示范。示范时机是灵活的，并非机械固定、一成不变的，只要是符合教学目的、能产生良好效果的示范，就是时机恰当的示范。

2. 示范位置

示范的目的是让学生清楚看到动作的结构和细节，帮助学生形成清晰正确的动作表象，掌握正确的动作要领，因此，示范的位置应根据老师要求学生观看教师示范面的原则而设定，确保每个学生都能看清楚老师动作的示范面。

3. 示范方向

根据动作结构和动作重点，让学生看清动作全貌，须进行多次不同方向的示范，比较多用的有正面、镜面、侧面、背面示范。

（四）示范技能规范一览表

表 12-3　示范技能规范一览表

示范元素	规范要求
示范动作	稳定、正确、熟练、优美
示范数量	最大限度满足学生要求

（续表）

示范元素	规范要求
示范形式	完整示范、分解示范、重点示范、错误示范
示范速度	完整：正常速度；分解：慢速度
示范面	根据需要分正面、侧面、背面、镜面
示范时机	前期示范、指导示范、总结示范
示范类型	集体示范、小组示范、个体示范、教师示范、学生示范、多媒体示范

五、口令指挥技能规范

口令的目的是指挥、调动学生。用口令指挥，是体育与健康教师必须掌握的基本教学技能。口令是体育教学特有的教学语言，口令内容明确，语言简洁精炼，体育与健康课堂中教师使用口令的频率非常高。口令指挥水平反映出教师基本功的扎实程度，它与教学讲解、提示等教学语言配合使用，可以有效组织、调动、指挥学生的行为。能否正确掌握口令的特点和运用技巧，不仅关系到课的质量和效果，也是衡量体育与健康教师教学组织能力和驾驭课堂能力高低的标尺。

（一）口令技能的作用

课堂上教师准确、清楚、洪亮的口令，能迅速集中学生的注意力，使学生根据教师的口令做出规定的动作，并使自己的行动和集体协调一致，对培养学生的组织性、纪律性、集体主义的精神，增强教学环节的衔接、规范性，提高教学质量均有重要意义。

（二）口令的要素

体育与健康教师要了解口令的种类、结构、特点，要掌握口令的节奏、音调、发音的方法以及发口令的注意事项。不同的口令在教学中的作用是不同的。教学中，口令可以运用在整个课堂中。

1. 队列口令

队列口令是列队时教师下达的口头命令。根据下达方法的不同，可以分为以下四种：

（1）短促口令。其特点是：只有动令，不论几个字，中间不拖音、不停顿，通常按照音节（字数）平均分配时间，有时最后一个字稍长，发音短促有力。如：“停”“报数”“坐下”“蹲下”等。

（2）断续口令。其特点是预令和动令之间有停顿（微歇）。如：“第 × 名，出列”等。

（3）连续口令。其特点是预令的拖音与动令相连，有时预令与动令之间有微歇。预令拖音稍长，动令短促有力。如：“立——定”“向右——转”等。

（4）复合口令。兼有断续口令和连续口令的特点。如：“以 ××× 为准，向中看——齐”“右后转弯，齐步——走”等。

在下达队列口令时，要注意几点基本要求：

（1）发音部位要正确。用胸音或者腹音下达口令。胸音（即胸膈膜音）多用于下达短促口令；腹音（即由小腹向上提气的丹田音）多用于下达带拖音的口令。

（2）掌握好音节。下达口令要有节拍，预令、动令和微歇有明显的节奏，使所有人都能够听得清晰。

（3）注意音色，音量不要平均分配。下达口令一般起音要低，由低向高拔音。如：“向右看——齐”，“齐”字发音要高。

（4）突出主音。下达口令时，把重点字的音量加大。如：“向后——转”要突出“后”字，“向前 × 步——走”要突出数字。

2. 数字口令

数字口令是教师以数字方式向学生下达有节奏和节拍性质的语言，一般数字口令运用的数字是 1—8。在队列口令中，数字口令的呼吁节奏是 2/4 拍，一般运用如：|12|1–|12|1–|；|1–|2–|3–|4–|；|12|3–|4–|––|；|12|––|34|––|；|1–|2–|34|––|。

在体操、健美操、舞蹈等教学中，教师应根据动作的幅度及用力大小来适当调节呼号节拍音调和音色。拉伸类口令要平稳缓和声音，适当拉长；跳跃类口令则要短促有力度；急促类口令要刚强有力，并在强音后加一定的长音。

在数字口令中，巧妙地加入一些提示性语言，可以用于教学的组织与指挥。如在做肩绕环动作时，用“1、2、3、4、5、6、向后，2、2、3、4、5、6、向前”等提示方向的口令。运用提示性语言时一定要注意语言精炼、符合节奏，把握住提示的时机，及时果断、语气肯定。

3. 术语口令

术语运用是指教师在课堂教学中把动作的名称、做法、要领用简洁的字词以节拍的形式喊出来，指挥学生去完成动作。依据动作技术特点，教师用有节奏的术语口令来指导教学，不仅能促进学生学习技术、掌握技能，而且还能活跃课堂气氛，激发学生练习的积极性和主动性。教师反复的术语口令可提醒学生建立正确的动作意识，了解动作结构，掌握动作技能。如：在练习“前滚翻”动作时进行口令提示“蹬、撑、低头、团身、抱膝”；

练习“跳箱”时进行口令提示“远撑、顶肩、推手、展体”等。

4. 信号口令

信号口令不是教师用口头语言表达下的命令，而是借助吹哨子、打手势、打旗语或用音乐等其他方式来替代口令。哨声因其音频高、传声远的特点容易引起学生的注意。不同的哨声组合代表着不同的口令意义，如：一声中长音的哨声，代表的是一个教学环节的开始；短促的哨声代表提醒、动作开始；连贯的短促哨声代表紧急、警示、警告、制止的口令；一声长音或一短一长表示教学片段结束。运用哨子辅助教学，减轻了教师使用口头语言表达下命令的负担。但对哨子的使用一定不能过于频繁，不然学生会对哨声失去敏感度，减轻了哨声的口令作用。在课堂中，哨子还经常与掌声、手势等其他信号结合使用。如：在学生列队前，教师先吹哨子引起学生注意，然后站立，左手握拳屈臂侧举，右手掌心向下侧平举，表示学生要面向教师列队，最高的学生站在教师的最左侧，从高到矮排成横队；教师左手握拳屈臂前举，右手掌心向下前平举，表示学生高个在前、矮个在后，面向教师站成纵队。

用音乐指挥集体活动，是一个很好的方法。如，在中小学校大课间体育活动中，各校选择不同节奏、明快活泼的音乐来替代口令作全程指挥，学生听着不同节奏的音乐，做集合、准备活动、体能练习、放松和收队等一系列整齐划一的动作。在广东省中小学体育与健康教师基本功大赛中，不少教师也采用无口令的纯音乐版本进行体育比赛，很多教师在个人能力特长或教学展示中也采用了音乐代替口令的方式。体育与健康课堂中，用音乐代替单调的语言口令，已成为一种时尚。巧妙地利用音乐指挥教学，不仅会丰富课堂的教学内容，而且会活跃课堂教学气氛，提高教学效果。不过体育与健康教师不应该盲目使用音乐，音乐只能作为辅助，不能过分依赖。必须要强调的是，音乐的运用必须与教学规律保持一致。如果音乐与教学规律脱节，音乐就变成了噪音，不但起不到作用，还会影响教学效果。教师选择的音乐作品，无论是轻快活泼或是铿锵有力，还是柔美舒缓，其风格、节奏等都应与课堂教学内容保持高度一致。

（三）口令的技能规范

对口令的基本要求是准确、清楚、洪亮。

表 12-4　口令的技能规范

口令元素	规范要求
姿态	自然站立，目视对象，表情平和
发音	及时果断

（续表）

口令元素	规范要求
音节	下达口令要有节拍，能够听得清晰
语气	坚决、肯定
结构	突出主音，语言精练，把重点字的音量加大
节奏	发令及时，要有节奏，与动作相适应，不急不拖

六、保护帮助技能规范

保护是体育与健康课堂教学中，为防止练习者发生意外事故、减轻练习者心理压力采取的安全措施。保护分为他人保护、自我保护。帮助是教师助力练习学生，降低动作难度，使学生更快地建立正确的动作概念、更好地掌握动作技术的教学措施。保护和帮助是体操教学中运用最广泛的教学技能，本节讨论主要针对的是体操教学中教师对学生的保护和帮助技能。

（一）保护帮助的作用

保护和帮助是体育与健康教学中特有的教学手段。正确地运用保护和帮助技能，能减轻学生的身心负担，使其消除顾虑，增强学习信心，有效防止和减少伤害事故，加快其技术动作的掌握进程。

1. 防止伤害事故的发生

由于一些动作技术复杂、有一定的难度，教学中可能会出现各种伤害事故。因此，教师在学生练习时要给予必要的保护，并应教会学生相互保护和自我保护。如在学生练习一些器械体操时，应该有一位保护者在器械旁进行保护。

2. 加快动作技术的掌握

学生因身体素质无法完成技术动作，教师帮助学生降低完成动作的难度，帮助他们完成技术动作，让他们体会到完成动作的感觉，在大脑中形成完整的动作要领，有助于学生快速掌握技术。

3. 纠正错误，提高动作质量

当学生在练习中出现各种各样的动作错误时，老师可以通过口头讲解、正确示范和助力帮助进行纠正。如在练习“前滚翻”动作时，学生不会主动低头，无法翻滚过去，教师就可以通过一手托其大腿、一手压学生的后脑的方式，帮助学生“低头、头向后钻”，完成滚翻。

4. 有利于增进师生感情

可以说，学生的每个运动技术动作都是在教师的保护和帮助以及学生的不断反复练习下掌握的，是师生密切配合、共同合作完成的。通过这种合作，师生感情得以增进。

（二）保护帮助的要素

保护和帮助虽然是两种不同的概念，但体育与健康教学中，两者的关系非常紧密，有时保护即帮助，保护中有帮助的成分。在保护过程中降低了学生完成动作的难度，达到了帮助的目的；有时帮助即保护，帮助中也有保护的成分，帮助学生正确地完成技术动作，就达到了保护的目的。因此说保护和帮助是一对孪生兄弟，多数情况下它们是并存的，它们的要素也是相互交融的，都需要施加保护和帮助者站位得当、部位准确、手法正确、助力适度、时机恰当、重点明确、移动灵活。常用的保护帮助手法有托、接、顶、拔、挡、推、送、扶、拉、抱；保护帮助的重点依次是：头颈、腰、上肢、膝、踝。课堂教学中，在单杠、双杠、跳箱等项目中要特别注意防止学生掉下；练习鱼跃前滚翻时，要注意提醒学生必须先双手支撑缓冲，避免手不支撑，直接用头着垫。

（三）保护帮助的运用

教师首先必须要熟悉动作技术，知道该动作容易出现什么危险、在动作过程中的哪个环节容易出现危险、危险出现会造成对身体的哪个部位的伤害，以此为依据选择站位、手法和出手时机，确保危险出现时能以最快的速度接近学生，帮助学生摆脱危险。

1. 根据动作特点选择合适站位

根据动作的形式选择站在学生的侧方、侧前方、侧后方、前方等。

2. 根据动作过程选择合适手法

根据项目特点和动作结构，保护帮助的手法一般作用在练习者重心附近或运动轴两侧身体重心附近，手法要准确。

3. 根据动作形式选择上手时机与用力

上手时机是保护帮助是否起作用的关键，过早或过晚都会影响保护帮助的作用，甚至会影响学生动作的完成，打乱学生的动作结构。用力大小应该根据动作技术特点和学生练习情况决定。是顺势助力还是抑制动作过度，要根据学生练习的具体情况灵活选择。教师保护时应根据动作的路线灵活移动脚步，时刻让学生处在教师保护能及的距离内。

（四）保护和帮助的技能规范

对保护和帮助的基本要求是站位得当、部位准确、手法正确、助力适度、时机恰当、重点明确、移动灵活。

表 12-5 保护和帮助的技能规范

保护帮助元素	规范要求
意识	强化保护帮助和安全意识，具备预见和预防安全事故能力
知识	学会并积累各种技术的保护和帮助的知识、方法和策略
方法	不但教师自己会，学生之间的相互保护和帮助非常重要
原则	直接帮助：合理的站位、正确的手法、出手的时机、准确的部位、用力的大小、脚步的移动。间接帮助：利用器械、信号、标志物、限制物

七、课堂评价技能规范

体育与健康教学是教与学的过程，是教师与学生为了完成共同的教学目标的合作过程，是教师教与学生学的和谐统一。这一过程是师生交往、积极互动、共同发展的过程，这一过程交融着师生的互动、合作、创新与进步。课堂评价是促进学生达成课堂学习目标的重要手段，要以多元的内容、多样的方法、多元的评价标准构成科学的课堂学习评价体系。课堂评价是以教师的语言、手势、眼神等即时行为对学生的学习表现和运动能力进行的评价。积极的课堂评价，可有效地激发学生的学习动力，调动学生学习的积极性。在课堂评价中应该尊重学生的个体差异，以促进全体学生的健康发展为目标，把课堂评价的重点放在纵向评价上，强调将个体学生在学习以后取得的进步与学习前的状况作比较，尽量不要在课堂评价上作横向评价。

（一）课堂评价的作用

1. 及时向学生反馈评价信息，帮助学生培养自我认识、自我教育、自我发展的能力。

2. 帮助学生了解自己的学习情况，判断自己在学习过程中存在的不足及其原因，改进学习方法，提高学习能力。

3. 为学生提供展示自己能力、水平和个性的机会，鼓励和促进学生的进步与发展。

（二）课堂评价的要素

1. 对表现出来的运动能力进行评价

在教学的实际情况中，当发现某生表现出超强的运动能力，应及时适当给予赞赏。

2. 对掌握知识与技能的评价

主要根据课程标准要求的学习目标与要求以及教学的实际情况，选择相应的体育与健康知识、技能评价指标，评价学生掌握体育与健康知识和技能的程度，以及对所学知识和技能的应用能力等。

3. 对态度与参与的评价

主要对学生体育与健康课的出勤率、课堂表现、学习兴趣、探究问题的积极性以及课外运用所学知识和技能参与体育与健康活动的行为表现等进行评价。

4. 对情意与合作表现的评价

主要对学生在体育与健康学习和锻炼中的情感表现、意志品质、人际交往与合作行为等进行评价。

（三）课堂评价的运用

1. 以正面激励为主

对学生的课堂表现、学习态度的评价等以鼓励表扬等积极性评价为主，教师应尽量从正面引导，对学生的不足也要及时给予正面反馈，这样有利于学生及时获得对自己行为的反馈，及时发扬优点，改正缺点。爱听表扬和夸赞是人的天性，根据这一特点，教师在教学中不管发现学生哪一方面的优点，都应适时适度地给予表扬，对做得不到位的学生不一定非要正面批评或否定。点名表扬做得好的学生，其实也是一种无形的批评。特别是对不遵守纪律的、任性的学生，在评价上要掌握一些方法。学生的逆反心理很强的时候，教师就不应该说一些过激的话，否则可能会使学生感觉自己受到人格伤害，产生更强的抵触心理。如，在做前滚翻练习时，老师说一句很简单的“做得不错”会使学生心里美滋滋的，还想下次做得更好，能再得到老师这样的表扬。

2. 评价要针对课堂表现

很多学生都有自己的特长和爱好，都渴望成为某些专业人才或明星，教师可充分利用这一特点点评学生的表现。比如，老师可以这样评价学生:“你的这个动作可以跟科比媲美，真是教科书一般。”这样的评价既尊重了学生的个性特点，又会使学生有一种成就感。评价应该是对学生行为的评价，而不是对学生本身的评价。如，用“你真努力”比“你真聪明”表扬学生更好。被用“你真聪明”表扬的学生往往会固步自封，不再努力。所以，表扬学生时要照顾到学生的个体差异，需要根据他们的身心特点，采取适合他们的方式方法。

3. 公开表扬，私下批评

学生不可能不犯错误，当学生违反纪律或者上课不认真时，老师的严厉批评是一种行之有效的方法，但是有时老师说句保护学生自尊的悄悄话，往往比批评更有效。包含爱心的话语可以架起师生之间的沟通桥梁，使师生之间加强情感交流，而更重要的是让学生懂得自尊、自爱、自律，从而使他们在成长的旅途中变得快乐而自信。

（四）课堂评价的规范

表 12-6　课堂评价的规范

评价元素	规范要求
内容	学生表现出来的参与程度、拼搏精神和学习效果
方法	表扬、批评、抑制、激发
手段	语言、口令、手势、眼神等

第三篇 保障篇

第十三章　主体地位的保障

教育必须以学生为主体，这是亘古不变的客观规律。学生的主体地位是进行学科课程教学的出发点、依据和最终归宿。真正实现学生的主体地位，就是要使学生成为具有主体性的人。有主体性的人，应该是自信、自立、自强的人。学生的主体地位不能依靠外部强制去实现，而是通过想办法去激发学生自身的欲望、需求、意志来实现。只有调动学生的学习动力，激发学生的学习兴趣和学习的积极性、主动性，“非常之志”与“非常之功”水乳交融，才能成就“非常之才”。教师要善于不断地创造一种具有激励性的教学情境，去诱导学生的主体意识。所以，实现学生主体地位的关键就是促使其独立思考。

一、学生主体地位的概念

新课标是我国教育行政主管部门制定的、关于学生在体育与健康素养方面应达到的基本要求的指导性文件。它体现了我国对于不同学龄段的学生在体育与健康知识、运动技能、身体健康、心理健康、社会适应能力等方面的基本要求。其所规定内容有着高度的时代性和发展性。其中关于体育与健康教育的学生观方面，它所强调的“以学生发展为中心，重视学生的主体地位”是对中小学体育与健康教师开展体育教育的重要指导思想，指出了要从传统教学过程中重视教师的教向重视学生的学的转变，这是体育与健康教育教学思想的一个具有明确的指向性的转变。

传统的中小学体育与健康教学过程中，教师讲解、示范并要求学生进行练习是体育与健康教学的基本手段和方法。其主要体现的方式和做法都是以教师的教为主，即学生失去了行动的主动性，在整个过程中都是被动地被教师牵着走的，呈现出一种时时处处围着教师转的境况。整个学习过程是学生适应教师的过程，学生始终处于一种被动的接受状态。

而新课标所强调的“以学生为中心，重视学生主体地位”的要求，则是要求突破传统的教学方法，转变学生的学习境况，让学生主动学习，突出学生的主体地位。

（一）人本主义教育思想对学生主体地位的影响

人本主义的提出，对当代的教育学、心理学都有着非常重要的影响，其中对人的行为心理研究更加突出了对人本身的强化与重视。不同于行为主义心理学和精神分析心理学，人本主义心理学将健康、完整的人作为研究基础，以此进行人的行为的心理学研究，以自我实现作为最终的追求目标，因而形成了一个观点相近的广泛联盟，包含了结构主义教学理论和以马斯洛、罗杰斯等人为代表的人本主义教育思想理论。而人本主义教育的核心思想是“以人为本”，强调人学习的最佳状态，认为人在学习的最佳状态下，会获得最终的满足感和成就感，进而培养出创造能力，实现自我价值。

“以人为本”教育思想的确立，带动了人本主义教育观的形成与发展。区别于行为心理学和认知心理学的教育观，人本主义的代表人物马斯洛，对忽视人的主观能动发展的教育政策思想和将知识的掌握寄托于以记忆为主、忽视理解运用的方式持坚决的反对态度。而人本主义的另一位代表人物罗杰斯的教育思想则更加重视知识在学生生活中的运用与实践，强调知识应当是在已有知识的基础上生长出来的。与此同时，罗杰斯还强调了教师在其中所起到的作用。教师在教学过程中的促进作用，是通过采用灵活多样的教学方法促进学生展开具有明确目的的学习过程来实现的。

以人为本的教育心理学思想的建立，为针对作为学习活动的主体学生的教育思想与指导策略提供了一定的理论基础，高度肯定了学生在学习过程中的自主性以及知识构建过程中的能动性，诠释了学生主体地位教育思想的建立基础与导向。

（二）学生的主体地位

我国自基础教育改革开展以来，对于教师与学生之间的关系以及在教学过程中如何实现教与学的有效互动，一直进行着各种尝试与探索。结合国外研究成果与人本主义教育思想，在马克思主义人才培养的基本原理指导下，广大教育研究人员积极寻求学生主体地位的确立，从而满足社会发展与社会主义人才培养的实际需要。

基于人本主义教学理论，促进学生积极主动学习，积极发挥教师在课堂教学当中的指导、引领作用，将学生的主动性和积极性有效激发出来，进而确立学生的主体地位，课堂教学的内容要实现满足学生需要、服务于学生的生活的目标。所谓学生的主体地位，即建立以学生作为课堂学习的主要参与体，提供满足学生发展需要的教学内容，发挥教师的指导引领作用，服务学生学习能力与成长所需，构建符合学生成长与发展所需的环境，展开以学生知识构建和发展其自主探究能力为主要目的的教育过程，从而促进学生知识的习得与能力的发展，满足学生个性化、差异化发展需求的新时代学生观。

突出与体现学生主体地位，就是要改变过去以教师示范、学生学练作为常态的教育模式，在体育与健康课堂上寻求与学生的实际生活具有高度联系性和契合性的结合点，从而培养出学生学习探索的兴趣，为发挥学生的积极性、主动性和创造性提供必要的条件。

（三）学生主体地位的体现

正确认知学生主体地位，需要从教师的教与学生的学两个方面来看。教师主导作用与学生主体地位就是一个问题的两个方面。教师的主导作用是指教师对学生学习过程的有效指导，体现在教师指导的质量与强度。而学生的主体地位则体现为学生对于学习目标的理解的清晰度以及学习过程中自身学习动力的强弱。教师的主导与学生的主体二者相互依托，在教师的有效指导下，学生的主体地位才得以完全展现，缺少了教师的主导与及时修正，学生将走向放纵与懒散。

在进行教学的过程中，尤其是体育与健康教学的开展，发挥教师的主导作用就是要开展正确的课堂教学行为指导，通过教师的正确引导，来克服学生自主行为的盲目和散漫，使教学活动脱离无序兴奋的状态，同时，也杜绝课堂走向消沉放任。然而仅仅注重教师的主导作用，忽视学生的主观能动性，无法有效激发学生学习的主动性，即主导作用并没有真正发挥出来。只有真正将教师的主导作用发挥到正确的方向与尺度，才能有效激发学生的主动性，在课堂教学的过程中体现出学生的主体地位。

教师的主导作用与学生的主体地位二者关系密切。教师的主导作用发挥越大，学生的主体地位就会随之变得更加明显和突出。如果教师的主导作用发挥得不理想，则很难突出学生的主体地位。

二、研究背景

（一）政策背景

1.《关于进一步减轻义务教育阶段学生作业负担和校外培训负担的意见》

2021 年 7 月 24 日，中共中央办公厅、国务院办公厅印发《关于进一步减轻义务教育阶段学生作业负担和校外培训负担的意见》（以下简称《意见》）。《意见》明确指出，要坚持政府主导、多方联动，强化政府统筹，落实部门职责，发挥学校主体作用，健全保障政策，明确家校社协同责任。依据《意见》的指导要求，中小学进行了积极深入的学生作业负担减轻的研究与探索。同时对校外培训的各项政策陆续出台，大量与义务教育课程学科相关的课外培训机构关停。

在此政策影响下，学生教学质量与学习效率的提高成为必然选项。而如何实现学生学习质量与学习效率的提高，则需要广大中小学教育工作者从课堂教学和作业设计的角度进行深度的自我反省与分析，找出在教育开展过程中存在的不足。以体育与健康教育开展为例，发挥体育与健康课程的培养学生身体运动能力与提升学生身体运动素质的重要作用，培养学生终身的体育运动和锻炼的习惯，使学生的身体健康得到充分的保障，得到足够的锻炼，从而拥有一个健康的体魄来投入到各种知识的学习与探索当中。

体育与健康教育的实施是对当前以学生综合素质培养为目标的教育政策的有效落实，是对以应试教育、高强度作业与课外补习等手段进行"填鸭式"教育的巨大突破。充分发挥学生的主体地位，就是要在体育的课堂教学当中寻求更加科学、有效的教学设计与学生作业安排方式，使学生在课堂环境下得到充分的锻炼和实践，从而激发学生自主学习的兴趣，形成持续的以自我兴趣为主要驱动的学习习惯和探索意识，进而促进学生综合能力的全面提高，实现学生创造性思维的发展与成长。

以"双减"工作的推进落实为契机，学校在学生教育当中的主体地位同样不可或缺。中小学校通过积极探索，提升教学质量，提高学生作业管理水平和课后服务水平，使学生的学习更好地回归校园。

2.《关于进一步加强中小学生体质健康管理工作的通知》

为贯彻落实《健康中国行动（2019—2030 年）》《关于全面加强和改进新时代学校体育工作的意见》等文件精神，2021 年 4 月，教育部下发《关于进一步加强中小学生体质健康管理工作的通知》(以下简称《通知》)，确保 2030 年《国家学生体质健康标准(2014 年修订)》达到规定要求。

《通知》从五个方面提出了具体要求，分别是：

（1）加强对学生体质健康重要性的宣传引导的工作力度。

比如，根据《通知》的相关要求，中小学要利用体育与健康课程、大课间、课外体育锻炼、体育竞赛、班团队活动以及家校协同联动等方式加强教育引导。

（2）对体育与健康课程的建设方面，要求开齐开足。

《通知》还强调要严格落实国家规定的体育与健康课程刚性要求，即：小学一至二年级每周 4 课时，小学三至六年级和初中每周 3 课时，高中每周 2 课时，有条件的学校每天开设 1 节体育与健康课，确保不以任何理由挤占体育与健康课程和学生校园体育活动。

（3）对体育活动时间的保障要求。

根据《通知》要求，中小学要着力保障学生每天校内、校外各 1 小时体育活动时间。除此之外，还要求大力推广家庭体育锻炼活动，有锻炼内容、锻炼强度和时长等具体要求，不提倡安排大强度练习。并且明确指出学校要对体育家庭作业加强指导，提供优质的锻炼资源，并及时和家长保持沟通。

（4）对体育教学质量的提高和体质健康管理评价考核体系的完善。

《通知》还提出了聚焦“教会、勤练、常赛”，逐步完善“健康知识 + 基本运动技能 + 专项运动技能”学校体育与健康教学模式，创建青少年体育俱乐部，把体质健康管理工作纳入地方教育行政部门和学校的评价考核体系等具体措施要求。

（5）做好体质健康监测。

《通知》指出，要全面贯彻落实《国家学生体质健康标准（2014 年修订）》《学生体质健康监测评价办法》等系列文件要求，对体质健康管理内容定期进行全面监测，建立完善以体质健康水平为重点的“监测—评估—反馈—干预—保障”闭环体系。

这一系列具体明确的政策要求，事事围绕着中小学生体育与健康教育落实展开，将学生体质健康的教育和管理工作安排到各项具体细节，高度凸显了学生的主体地位。

（二）研究背景

1. 关于人本主义教育的国外研究情况

20 世纪以来，国外的教育领域即提出“以人为本”的教育理念，1998 年联合国教科文组织提出了“以学生为中心”的理念来指导基础教育发展。经过多年的推进，“以人为本”教育理念得到广泛传播，并对世界范围内的基础教育工作开展起到了积极的推动作用。

苏联教育家苏霍姆林斯基从教育发展的角度提出了个性的全面发展、和谐发展的教育理论。他的观点将人的自我教育在接受教育的过程中起到的作用放在了非常关键的位置。

1969 年，美国学者卡尔·罗杰斯的《学习的自由》一书中系统全面地阐述了其“非指导性”和“以学生为中心”的教育思想。罗杰斯反对进行单纯的知识灌输，主张发挥人的内在学习动力。同时，罗杰斯还主张教育要促进学生的自我实现，关注其心理和精神的健康状况。

1974 年，英国的托马斯·高尔顿从“儿童天生具有理性潜能，这一理性潜能要在温暖、接纳、支持的环境中才能发展，对于问题可以通过语言沟通达到合理解决的目的”角度提出了“不迷失策略”。他主张师生之间应当进行友善交流，只有教师表现出对学生的关心与呵护，学生才会真正地尊重教师。

从国外教育研究与实施的现实情况来看，国外对于体育教学的开展，使用了非传统的教学模式，把学生也就是受教育者放在了首位，充分地尊重受教育者的主体地位，讲究“以人为本”的教育理念。

2. 以人本主义为基础的国内研究情况

与国外研究开展的路径略有不同，我国的“人本主义”教育开展，是结合了西方“人本主义”思想和中国教育实践的要求的，其开展实施已近40年。而具有典型标志意义的是1982年吴增芥的《谈人本主义心理学和教学思想》一文，文中肯定了对外国教育“人本主义”思想的吸收与借鉴，并结合众多专家学者的教育思想进行了研究与论述。

1993年的《中国教育改革和发展纲要》、1999年的《关于深化教育改革全面推进素质教育的决定》、2001年的《基础教育课程改革纲要（试行）》、2010年《国家中长期教育改革和发展规划纲要（2010—2020年）》以及2011年《义务教育体育与健康课程标准（2011年版）》中都曾经明确提出以人为本，将学生作为教育主体，进而培养具有创新精神的发展性人才。与以人为本和将学生作为教学主体的思想一脉相承的“生本教育”研究，同样是开展学生主体地位研究的重要尝试，郭思乐教授在“生本教育”理念研究方面取得了较为突出的成效。在郭思乐“生本教育”理念的引导下，广大教师通过教育实践证明“生本教育”的开展具有很高的成效。郭思乐在2001年6月出版的《教育走向生本》一书中首次对“生本教育”理念进行了阐述，之后又在2007年出版的《教育激扬生命：再论教育走向生本》中再次对“生本教育”进行进一步的阐述，通过大量教学实践证明其是符合人的发展规律、符合现代教育要求的一种帮助学生取得良好学习效果的教育手段。

在郭思乐教授研究的基础上，周玉娥的《春意来，草自青：生本教育的理念与操作》一书进一步从实践角度说明以学生为本的教育手段在诱发学习能力和尊重学生个体差异上的巨大成功。而其后关于体育教育中进行以学生为本的教育的相关研究中，李晓芸在《生本理念在体育教学中的渗透》一文中以单手肩上投篮的案例为基础对相关理念进行了渗透性分析，同期李碧梅也在《生本教育理念融入小学体育教学》一文中通过教学理念转变、教学方法转变和教学模式转变的角度对以学生为本的体育教育理念进行了分析。张磊在《以生为本的小学体育教学策略》一文中从体育教学的层次改变与教师示范的注意事项等视角展开了对生本体育教学的描述。这些研究都是以学生为本的教育思想的体现，同时也是对学生在教学中主体地位的有益探索，为将学生主体地位体现出来进行了不同程度的分析与研究，具有非常丰富和广泛的参考学习价值。

以学生为教学主体的思想对当前国内体育与健康教学研究有了一定的渗透与影响。但同时也应该看到，在进行具体研究的过程中，出现了以学生为主体研究的具现与异化，即从更加符合教师观察习惯与探讨习惯的角度进行分析研究，更加贴合中国语言与文化思考习惯。比如对“以人为本”“生本教育”的概括和探讨，都是对学生主体地位的具体研究思考。

三、体现学生主体地位的重要性和必要性

（一）体育与健康教学中体现学生主体地位的重要性

根据新课标的要求，“以学生发展为中心，重视学生的主体地位”，是我国进行基础教育改革、推进课程标准不断更新、促进对青少年综合素质的培养、塑造社会主义事业接班人的重要教育决策和思想，对体育与健康教育的教育改革深化以及新时期全民身体素质和健康水平提高有着重要的保障作用。

在义务教育阶段，开展体育与健康课程的教育教学，是对我国人民身体素质提高的基础性保障手段。而以学生为中心，高度尊重学生成长与发展的自然规律，尊重学生的个性化情感与成长需要，就是为培养具有自主学习与发展探索能力的新时代人才而构建的基础性的教育观念和教育环境。这将有利于构建促进学生自主学习、强化积极探索精神、提高学习兴趣有益教学氛围，对学生形成终身健康锻炼精神和体育运动精神有着不可忽视的重要作用。

从青少年成长发展的不同阶段特性来看，每一个阶段的教育措施与教学方法的变化，对青少年的健康成长都有着重要的决定作用，一个积极健康、拥有向上无限发展可能的教育环境，能够促进不同阶段学生的健康发展，帮助学生在不同的年龄培养积极向上的学习动机，培养出符合学生不同年龄阶段特点的学习兴趣与创新思维。学生主体地位，由教师对于教育内容和教学形式的选择与安排来体现，顺应客观发展规律和遵循科学指导。

学生主体地位的体现与教师的主导作用密切相关，不体现学生的主体地位，就无以体现教师主导作用与价值的实现。在教学过程中，教师需要具备明确的教学目标，在此基础上进行对学生学习动机、兴趣和学习步骤的深入思考与安排，实现对教学计划的有效编订。失去学生主体地位的体现，教师的主导作用就会走向偏激与片面，从而回归到“填鸭式”教育的阶段，彻底葬送教育改革取得的进步与成果。

（二）体育与健康教学中体现学生主体地位的必要性

1. 体现学生主体地位是构建高效课堂的重要基础

中小学生处于不同的身心发展阶段，随着年龄的增长和学龄的增高，中小学生的身心

都会发生一定的变化，从幼稚走向成熟。这一过程注定了教学方式方法也需要跟随学生的变化而变化。教师要重视通过不同的教学方式和方法来适应学生的变化，从而起到对学生学习兴趣、合作默契、师生关系等不同层面的需求和要求的满足作用，从而使体育与健康课堂教学的效能达到更高的地步。一方面发挥教师的主导作用，另一方面就是要凸显学生的主体地位，形成以学生为中心的教学模式，尊重和适应学生的情感与发展需要，充分促进和激发学生的学习兴趣与学习的积极性，培养学生的创造和探究精神，变体育与健康课堂教学为知识与能力的发现与探索之旅，通过有效的课堂情境融合与学生合作，实现学生之间理想的交流合作，通过教师与学生之间的高效互动，实现课堂效率的稳步提高。

2. 体现学生主体地位是发展学生自主学习与创新能力的必要条件

无论是中学阶段还是小学阶段的体育与健康教育，都是基于学生自主学习的意愿建立体育活动与锻炼的教学安排，任何扭曲了学生意愿的教学安排在教学效果上都无法达到预期的目的。这是由学生学习的主观能动性决定的。符合学生兴趣与意愿的教学安排，更容易被学生所接受，也更容易培养学生的学习兴趣，也更容易让学生进入愉悦的学习与活动体验情境，从而熟练地掌握运动技能与技巧，进而在继续运动与锻炼和进行技术技能的提高方面产生巨大的自主自觉意愿。这种基于学生自主意愿的学习动能具有极大的创新能力激发作用，能够为学生提供更加宽松与愉悦的学习情境，让学生的主观思维产生高度兴奋与发散，从而激发出创新思维的潜在意愿与惯性，使学生的思维活动迸发出更加活跃的火花，从而实现学生创新思维能力的发展。因此，以学生为体育与健康教育教学开展的主体，凸显学生的主体地位，就变成了在学习活动中让学生自主自愿学习并产生探索创新意识的必要条件。

3. 凸显学生的主体地位是培养学生独立探究能力的核心依托

在新课标所提出的教学要求当中，体育与健康教学的开展，与其他众多学科一样，也离不开对学生独立探究能力的培养。而在体育与健康教学的设计与安排中，发挥学生自主能力，进行独立探究能力的培养与发挥，让学生养成独立探究的习惯并具备相应能力，离不开对学生主体地位的强调与体现：改变过去教师完全主导课堂的情况，让教师起主要引导作用，而让学生占据主体地位，进行学习活动的实践与主动独立探究，发挥学生的成长性特点；改变被动接受知识和训练要求的课堂教学模式，让学生具备一定的独立判断能力和独立行为能力，在教师主导的课堂教育教学环境中，充分展现其作为课堂主体的地位，进行独立探究能力的发展。缺乏对学生主体地位的认识与凸显，就不会有以学生独立探究行为作为教育主要内容和目标的教学安排，因此进行学生独立探究能力的培养，势必要以凸显学生的主体地位作为依托。

四、如何在教学中凸显学生主体地位

（一）以满足学生发展的需要作为凸显学生主体地位的根本基础

在体育与健康教学中凸显学生的主体地位，就是要对处于不同年龄段的学生的发展需要进行清晰的引导与认知，包括学生身体成长的需要、学生身心健康的需要、学生情感情绪的需要、学生兴趣爱好的需要、学生认知智能的需要、学生社会交往的需要、学生感官刺激与身心调节的需要、学生发展满足的需要等。马斯洛的需求理论，将人的需求分为与不同阶段相对应的身心发展需求，中小学生在体育与健康学习过程中也呈现出不同阶段的需要。无论是小学生还是中学生，每一名学生作为独立的个体，即使在同一个年龄阶段或者发育时期，都会表现出与众不同的需要，而这些不同的需要又触发了不同的学习动机，以学习动机为基础，产生不同的学习成效。

因此，在教学过程中，体育与健康教师从学生需要出发，与学生进行深入的交流，对学生进行充分的教学观察和接触，帮助没有明确需要的学生发现其潜在的需要，从而确立个体的学习目标，通过创建不同的教学情境来帮助他们激发学习需求。然而，发现了需求，激发了兴趣，并不等于个体学习动机启发这一教学过程的结束，要在发现需求、激发动机的基础上，帮助学生形成长效的动机机制，使体育与健康的学习需求得到不断的发展和升华。

（二）鼓励学生独立思考创造互相交流展示的空间

凸显学生主体地位，不仅仅要从教学思想与理念上进行改变，还要在具体的教学设计与安排上进行深入的发展与变化。以学生作为教学活动的主体，就要鼓励学生在教学活动中尤其是体育与健康教学的过程中进行独立思考，并结合课堂教学的实际情况更多地创造学生相互交流和自我能力与思想的展示空间。

在体育与健康教学的实施过程中，对于学生主体地位的凸显，就是要帮助学生建立一个能够自由成长与发挥的空间。这个自由，不是纯粹字面意义上的绝对的自由，而是相对的自由，一种在教学过程中在教师的引导和教导下进行自主思考与自由发挥的自由，是一种在学习过程中学习主体所拥有的自主权。学生享有这种自由，同时也要承担一定的学习责任，也就是具体的学习任务，带着具体的任务和目标来发挥自己的自主性和自由。这种自由是时间上的自由支配，是在教师引导下的有限时间的自由发挥，或用于思考、或用于与同学交流，是提高学习效率和质量的一种必然手段。同时，这种让学生独立思考和相互交流的自由展示空间，是在教师的教学设计范围之内的，是经过具体的问题设想与构建的，要通过教师在方向上的把握与引领才能实施开展的。这样的思考交流，则是通过对任务难度或者问题难度的分层设计来实现的，给予学生充分的“爬格子”的可能，激发每一位学生通过自己的努力实现自我的提高与发展。

（三）构建和谐民主的师生关系促进教学相长

凸显学生主体地位，就是要构建和谐民主的师生关系，促进教师的教与学生的学得到相互促进与成长。所谓和谐民主的师生关系，就是一种有助于建立良好沟通交流关系的师生相处模式与教学环境。在和谐民主的师生关系当中，教师与学生的交流会走向和谐与正向，基于教师对自身权威地位的内敛，传统教育中教师的强势将转化为内敛的权威和交流的主观意愿；而学生获得交流权利后也将变得更加活跃与自由，能在教师的引导下，进行更加积极主动的交流，加快对教师教授意图的理解，实现师生之间有效配合，提高教学过程中的效率与效能。

在中小学的体育与健康教学中，体育与健康教师在进行教学的过程中要做好自身的教学情绪管理，将知识与课堂权利的权威性转化为内敛的和内在的权威，而不是表现于外在，以具有崇高教师涵养与德行的形象出现在教学过程当中；而对于教学内容与体育技能和知识的教学过程，则要转变过去的知识所赋予的思维方式，进入一种对教育资源的有效分享和交流的状态。通过教师发自内心的教授与鼓励，学生可以得到积极有益的发展。简而言之，在体育与健康教学过程中凸显学生的主体地位，就要将教师与学生地位进行平等地对待，转变交流与相处的方式，这样才能实现教师与学生之间的相互促进与有益成长。

（四）丰富教学方法鼓励质疑提问

凸显学生的主体地位，就是要对课堂教学的方法和内容进行有效的调整与转变，鼓励学生在教学过程中及时反馈，从而有利于教师进行及时引导和补充，实现教师主导和学生主体的双重价值。任课教师要积极地探索对教学内容的优化，避免因过于繁琐而失去了教学重点，造成学生学习的盲目无措。教师要根据学生的实际情况进行有效的教学内容组织，及时地对教材内容作出有效的选择与优化，提供新颖多样的、科学的课堂教学方法。要善于利用身边的资源与便利，进行符合学生特点和生活条件的教学情境构建，实现学生兴趣的快速建立和技能的有效捕捉。同时，教师在课堂教学过程中也要鼓励学生的质疑与提问，一方面减轻学生在课堂提问方面的顾虑，另一方面做好提问方向与内容的引导，让学生将真正的疑问与困惑提出来，解决学习中遇到的真问题。

五、具体案例

围绕中小学体育与健康教学的开展，将不同教学内容的组织开展进行充分的生活化和游戏化设计，使学生在轻松愉悦的学习过程中，得到身心的放松和需求的满足，同时得到足够的锻炼与成长。比如将生活化的资源转化到课堂教学的过程当中，为学生建立一个可以有效延展到自己生活情境中的教学环境和契机。以足球教学为例，关于运球控球和脚内侧踢球技术的训练内容，如果仅仅依托每人一颗足球的方式进行现场教学，会变得非常枯燥。为避免这种情况，可以选择以下两种方式进行有效的延展。

其一，为了训练学生的运球控球技术，将学生进行分组，每 4 名同学一组，1 名同学按照控球运球的技术要求进行过关，另外 3 名同学间隔 2 米站成一列，摆出拦截姿势。这样将足球运球与控球的技术要求与模拟实战结合起来，要求学生逐个过关，极大地发挥了学生对于技术实战的想象，同时调动了学生对于足球训练模块的参与性。

其二，为了强化学生脚内侧踢球技术，将矿泉水瓶在操场排成 1 列，以此作为标靶，每位同学有 5 次机会，看谁击中打倒的矿泉水瓶子多。这样的游戏方式，高度调动了学生的参与积极性，原本枯燥的击球训练，变成了一次充满竞技意味的集体游戏，极大地提高了学生的参与积极性，同时提高了课堂学习的效率，在强化技巧的同时，激发了学生的足球运动兴趣。

上述做法，正是以学生为主体、凸显其主体地位、以兴趣为引导、设计灵活的教学方式方法，从而实现教学质量的提高和学习兴趣的建立，充分发挥了学生的学习主观能动性，促进了学生身心健康的发展。

第十四章　运动负荷的保障

体育与健康是学校教育课程中一门比较复杂的学科。教学中科学、合理地安排运动负荷是实现体育教学目标的重要因素，对增强体质、掌握与提高运动技术和技能、防止伤害事故的发生具有重要的意义，也是体育与健康学科教学本质性因素与课堂教学规范特点所在。体育与健康教师在体育教学中必须保证科学合理的运动负荷。课前，在了解学生与钻研教材、教法的基础上，认真设计课的练习密度和练习强度，能够有效调动学生的身体器官和注意指向，有利于唤醒学生身体机能。课中，对学生承受运动负荷的情况，应随时作出正确的判断，并根据教学的实际情况，及时加以调整，以促进体育教学从“以知识与技能为本”向“以学生发展为本”转变，激发学生学习兴趣，在保证教学的顺利进行和学生身体安全情况下，为学生身心协调发展夯实基础。

一、概念

（一）运动负荷的概念

“负荷”一词在《辞海》里是指“动力设备、机械设备、生理组织等在一定的时间内承受的工作量”。在体育学中，我们使用“负荷”一词来反映有机体在一定时间内进行各类身体运动时完成一定工作内容的量度，因而田麦久认为“没有负荷就没有运动量”。关于运动负荷一词，哈雷博士（Hally，1969）认为，如果一种刺激能够产生训练效果，也就是说，能够发展、巩固或保持训练状态，那么这种刺激就叫做训练负荷。我国学者过家兴、徐本力等都进行过阐述，他们认为“外部负荷”就是“训练负荷”或“运动负荷”，“生理负荷”和“心理负荷”是外部负荷作用的结果在生理、心理上的反应。关于运动负荷概念的界定，总的来说大致有三种流派：刺激说、刺激应答说、工作量说。

运动负荷是体育与健康课的心脏。而体育与健康课的本质是“进行运动技术学习和相应身体素质锻炼的过程”。因此，课堂教学必须伴随着一定负荷的体育锻炼，每节课必须有一定量的练习密度和运动负荷。教师是课堂的组织者、实施者，承担着课堂教学基本技战术和体能的传授，每一位教师要科学、合理地设计体育与健康课的练习密度和运动负荷，结合课堂实际情况把握和调整，让学生安全地进行学习和锻炼。

运动负荷又称生理负荷，是指人的机体在训练中所承受的负荷，也是称运动刺激、训练负荷。它包括运动量和运动强度两个方面。此词是我国在50年代初期从苏联训练理论中引进的，过去由于翻译中的出入曾译为“运动量”。随着体育与健康课程改革的不断深入，国家呼吁体育与健康教学要达到较大的运动密度、适宜的运动强度。

（二）体育与健康课运动负荷的含义

体育与健康课的运动负荷是指一次课中，学生做练习时所承受的生理负荷量。负荷量（其大小指标一般为次数、时间、距离、重量等）和强度（其大小常常通过练习的速度、远度、高度、单位练习的负重量或练习的难度予以衡量）是评价体育教学和体育活动锻炼效果的一项重要指标，它们彼此依存、相互影响。影响体育与健康课运动负荷的主要因素有:

（1）运动强度，是指单位时间内完成练习所用的力量大小和机体的紧张程度，影响运动强度的主要因素是练习时的速度和负重量。

（2）运动时间，是指一次体育与健康课练习的总时间或每个练习的间歇时间，在保证一定的合理强度和密度的同时，练习时间持续的长短直接关系着运动负荷的大小。

（3）练习密度，是指单位时间内重复练习的次数，它在运动负荷中反映时间和数量的关系。

（4）教师的教学内容、教法和组织措施。教师安排体育教学内容的难易程度是否合适，教学方法是否恰当，组织措施是否得当，讲解示范是否正确形象、生动规范等都会较大程度地影响运动负荷。

（5）学生的个体差异。学生的个体差异是指学生的身体机能水平的差异，在体育与健康课上，往往相同的练习对不同的学生会产生不同的影响。

（三）运动负荷的保证

“保证”一词原意是担保。运动负荷是一种外部刺激，导致机体发生应变性的变化，人体每一个系统与器官都无法避免。但是这样的刺激使人们有意识、有目的地按照计划实施锻炼，随着时间的推移，人体内部系统机能适应了外部刺激，运动负荷也随之增大，这样就保证了长期刺激、适应水平。

在体育与健康课中，学生在掌握运动技能、形成运动能力的过程中，必须遵循运动技能形成规律，即泛化阶段、分化阶段、巩固提高的过程，最终达到动作的自动化阶段。因此学生必须通过大量的练习才能保证技能的掌握。同时，人在运动时必须使身体活动能力逐渐上升，逐步达到并保持一段时间的最高水平，使身体在原来的基础上承受运动负荷，使身体机能产生超量恢复。所以体育与健康课程中，学生的练习必须达到一定强度，身体机能才能得到发展，体质才能逐步提高。前者要求体育与健康课要有较长的练习时间，即练习密度；后者要求学生在体育教学中必须承受一定的负荷量，即运动强度。因此体育与健康教学运动的效果有赖于体育与健康教师对合理运动负荷的监测及把控。

二、运动负荷的研究背景

（一）为什么要进行对体育与健康课运动负荷的研究

在体育与健康课堂教学中，运动负荷的安排是提高教学质量应该重点关注的问题，同时也是体育与健康教师把握课堂的基本能力之一。

1. 保证运动技术教学的前提条件

要教好运动技术，就必须要有足够的“条件刺激”，才能形成“条件反射”。要有足够的“条件刺激”（练习）就必然伴随有必要的运动负荷。我们不能设想一堂学生连汗都没有出、脉搏也没有什么变化的体育与健康课能有什么效果。如此，学生能学会什么运动技术?

2. 发展学生身体素质的重要途径

运动技术学习需要发展学生的身体素质，增进身体健康也需要发展学生的身体素质，要发展学生的身体素质，当然也离不开基本的运动负荷。我们同样不能设想，一堂缺乏基本运动负荷的课堂，如下棋、摆多米诺骨牌、等，能有效地让学生的身体素质得到提高。

3. 体验运动乐趣

学生参加体育的一个重要目的是，“要在运动实践中，通过竞争和表现展示自己的体育能力并享受成功的乐趣”。而“充分的运动”“技能的提高”“明白道理”以及“与友伴的和睦相处”是学生体验运动乐趣的四个主要因素。要想发挥这些因素的作用，前提条件就是要有基本的运动负荷。我们同样也不能设想，学生在一堂毫无运动感的体育与健康课中能体验到运动的真正乐趣。

（二）国外关于体育与健康课运动负荷的研究

运动带来健康的前提是要了解和把握本人的适宜强度，国外对此有所研究。例如，日本神户女子大学补园一仁教授，把心率作为衡量运动负荷的一种方法。他认为当练习者的平均心率达到自己最高心率的 60%—80% 这一“健身区”时，心率越高，对身体的影响就越大，运动效果越明显；若高于80%则为“强化训练区”，这表明不但运动强度大，而且影响身体更剧烈；若低于60%为“消遣区”，只能起到一般性活动的作用。

生理学家麦卡德尔提出不同年龄的人进行有氧锻炼，以发展最大吸氧能力时可行的强度范围，20岁以下心率范围为140次/分—180次/分。

芬兰的卡沃宁提出了一个发展最大吸氧锻炼强度值的计算方法：有氧训练强度=安静心率+[（220-年龄）-安静心率]×60%。

国外生理学家的实验证明，一般人的运动健身应以有氧代谢为主，以中等强度为宜，一般人达到最佳健身效果的心率应保持在120—140次/分，占每次运动时间的2/3左右为最佳。研究证明，若心率在110次/分以下，机体的血压、血液成分、尿蛋白、心电图都没有明显的变化，所以效果不明；若心率在130次/分，脉搏输出量达到一般人的最佳状态，健身效果明显；再如心率在150次/分，脉搏输出量开始缓慢下降；心率增加到160—170次/分之间，虽然没有不良的反应，但不能呈现出更好的健身效果。所以，生理学家把110—150次/分的心率区间定为运动负荷的有效价值阈，把120—140次/分的心率区间确定为运动负荷的最佳价值阈。

（三）国内关于体育与健康课运动负荷的研究

国家卫生部《中小学生体育锻炼运动负荷卫生标准》（WS/T101-1998）关于国家中小学生体育锻炼运动负荷的卫生标准：

（1）健康中小学生体育与健康课和课外体育活动的基本部分的靶心率不应低于120次/分，也不得超过200次/分。

（2）健康中小学生体育与健康课和课外体育活动时间每天不得少于1小时。

（3）健康中小学生体育与健康课和课外体育活动每周不得少于5次。每次锻炼基本部分的运动时间应为20—30分钟。

曾任教育部体卫艺司司长的杨贵仁明确指出：体育与健康课绝不能上成休闲体育与健康课，要有运动负荷，单纯的快乐、“糖衣”的方法不是体育与健康课的目的。

国内专家研究表明，有效心率范围是宏观控制生理负荷的高有效值和低有效值之间的区域，又可称有效价值阈。实验证明，运动者的心率每分钟在120次到180次之间时，心输出量为最大，这个心率区为最理想心率范围。无训练基础的青年学生，如果运动负荷过大，心率过快，超过180次/分就会出现心动周期缩短，造成心室充血不足，脉搏输出量减少，影响正常代谢机能；如果心率过低，在120次/分以下，对身体机能影响过小，而锻炼价值过低。

（四）现代化的体育教育需要保证合理的运动负荷

近年来，国家青少年体质健康检查结果并不乐观，近视低龄化越来越严重、肥胖率连年增加、征兵体检合格率连年下降等一系列健康问题接踵而来，引起了全社会对青少年健康问题的关注。2016 年印发的《国务院办公厅关于强化学校体育促进学生身心健康全面发展的意见》（国办发〔2016〕27 号）强调：“提高教学水平。体育教学要加强健康知识教育，注重运动技能学习，科学安排运动负荷，重视实践练习。”政府用国家文件把科学安排运动负荷提升到了一个新高度。青少年是祖国的未来，他们的身体处于发育的关键期，教师要具备一定的教学水平，根据他们的身体锻炼需要逐步提高他们的体育与健康水平。教师要从教学的实际需要出发，以提高教学质量为目的，合理选择教学内容，科学设计运动负荷，正确运用锻炼方法。如在耐力跑的教学中，通过定时跑、超越跑、领带跑、节奏跑等发展学生身体素质的多样潜能，给学生逐渐增加练习的强度、增强耐力跑的时间和距离，以促进学生的生长发育，减少肥胖率。只有这样才能保证体育与健康教学的教学目的实现，才能体现体育与健康教学的基本规律，才能保证体育教学的效益和质量。

三、运动负荷测量的积极意义

进行体育与健康课运动负荷测量，保证一节课在安全、有序的环境下有效地开展，它的意义在于：

（一）有利于学生安全地进行学习和锻炼

在体育与健康教学中让学生学好运动技术和不断发展学生的身体，是以最大限度地保证学生的运动安全为前提的，因此体育与健康课的运动负荷安排，要以课程标准“健康第一”的教育理念为准。安排运动负荷时要考虑学生身体的内在安全和外在安全两个方面。内在安全是指运动负荷要符合学生的生理机能水平，不能因负荷过大而造成中暑、昏厥、休克甚至更严重的伤害。外在安全是指不要因为局部运动负荷过重造成皮肤擦伤、肌肉拉伤、扭伤甚至骨折等伤害。

（二）有利于学生学习与掌握运动技能

体育与健康课程的一个重要目标就是让学生掌握基本知识和基本运动技能。教师在安排运动负荷时，一定要使学生的负荷量与掌握运动技术、技能的需要相适应。在教学的不同阶段，对运动负荷的安排要有所不同。在初学阶段，不能安排较大的负荷量，而在复习、巩固、提高阶段，就可以安排较大的运动负荷。战术学习的过程中，运动负荷的安排应较小，而在战术运用于教学比赛时，运动负荷的安排就应相应地增大。为促进学生身体素质的提高，教师要在体育与健康教学中对练习时间、练习次数、练习重量、练习间隔等方面作出科学合理的安排，使运动负荷符合各种不同的身体素质的发展要求。

（三）有利于提高学生的身体素质

无论是为了学习和掌握运动技能，还是为了增强学生的体质、增进学生的健康，在体育教学中，都应有目的地发展学生的身体素质。要想有效地发展学生的身体素质，就必须对练习时间、练习次数、练习重量、练习间隔等作出科学的安排，使运动负荷符合发展各种不同的身体素质的要求。

（四）有利于学生体验运动乐趣

要使学生在体育与健康的学习中体验到运动的乐趣，没有一定的运动负荷是不可能实现的。运动中的精神焕发，需要有一定的运动负荷来诱发。如果运动负荷过小，体育运动的特点无法体现，体育与健康课就上得平淡、消沉。如果运动负荷过大，会使学生感到疲惫不堪，也难以体验到运动的乐趣。

（五）有利于发挥体育场地器材的效益

由于体育教学受时间、人数和场地器材等条件的限制，很难像课余训练那样可以任意设计最佳的运动负荷，因此体育与健康教师必须在保证安全与教学实际需要的前提下，合理安排和组织教学，充分发挥场地器材的效益，最大限度地使运动负荷达到最接近理想的状态。

（六）有利于学生进入下节课的学习

由于学生在体育与健康学习中，身心都要承担一定的运动负荷，要消耗一定的能量，因而其血糖会相应地下降，并产生一定的疲劳感，对学生下一节课的学习可能会造成一些不良的影响。这是一个非常值得体育与健康教师关注的问题。为此，体育与健康教师必须合理安排与调控课堂教学过程中的运动负荷，在课的结束阶段要重视做好整理活动，使学生的身心得到较快的恢复，使他们能顺利地进入下一节文化课的学习。

四、运动负荷测量的方法及评定

一堂体育与健康课运动负荷的安排是否合适，要通过实践来检验和评定。通常采用观察法、自我感觉法、生理测定法以及通过测量课的密度来测定与评价运动负荷。

（一）观察法

观察法是测量评定运动负荷时常用的一种方法，主要从学生完成动作的质量、动作的准确性、控制身体的能力以及学生的呼吸、汗量、脸色、面部表情、声音、做练习的积极性等方面来判断运动负荷（如表 14–1）。

表 14–1　显示疲劳程度若干因素对照参考表

观察内容	浅度疲劳	中度疲劳	深度疲劳
面色	稍红	相对红	十分红或苍白、紫蓝色
汗量	不多	较多（特别是肩颈部分）	大量出汗（特别是躯干部分）
呼吸	中速稍快	显著加快	急促、表浅、节奏紊乱
运动质量（完成情况）	动作标准和步态稳定	动作摇摆不定	动作失调、步态不稳定、用力颤抖、反应迟钝
表情	情绪愉快	略有疲倦	精神疲乏、站立姿势不端正、组织纪律性和自控能力显著下降

（二）自我感觉法

以学生自述主观感觉来判断生理负荷的大小，如自我感觉对练习的兴趣、课后饮食、睡眠等。

（三）生理测定法

心率测定法是通过一次课中多次测定学生的心率，了解和掌握一次课的心率变化情况，据此分析生理负荷安排是否合理。其具体的测定步骤如下。

准备工作：

研究课的教案，了解每节课的目标、内容、组织方法。

确定测试手段（手测或遥测）和测试者之间的分工（一般一人测试，一人记录）。

选择测定对象，一般选择中等水平的学生；如果是男、女生合班，则男、女生各一人为宜。

准备好必要的工具，如计时表、登记表。

实际测定：

以手测脉搏为例。课前五分钟测定受测者相对安静时的脉搏情况，并对其说明情况，消除顾虑和紧张，以保证测试结果的准确可靠。课中 0 分开始，每隔 5 分钟进行测试，每次测试以 10 秒计，课后再换算为 1 分钟脉搏次数。课后 5 分钟再测定受测者心率，以了解恢复情况。测试过程尽量不要影响正常的教学活动，将受测者排在队尾，以便测试。每次测定后，应及时将测定的数据记录在表格中。

表 14-2　体育与健康课运动心率测定登记表

学校：　　年级：　　班级：　　受测者：　　性别：　　年龄：

测定时间：　　气候：　　任课教师：　　测定者：

测定时间	课前 5′	0′	5′	10′	15′	20′	25′	30′	35′	40′	45′	课后 5′
脉搏次数（次 / 分）												

统计与绘图：在坐标纸上以时间为横轴、脉搏每分钟次数为纵轴建立坐标系，以相应时间所测得的脉搏次数为坐标，在所建立坐标系中描出对应的点，然后用线段连接各点，所连成的折线，就是脉搏变化曲线（如图 14-1）。它能反映学生的脉搏变化状况，以分析课的运动负荷。

表 14-3　体育与健康课学生脉搏数据测试表

年级			
时段	测量时间	男生	女生
课前	课前 5'		
课中	0'		
	5'		
	10'		
	15'		
	20'		
	25'		
	30'		
	35'		
	40'		
	45'		
课后	课后 5'		
本次课时间 / 分			
学生练习时间 / 分			
靶心率范围		126.6 次 / 分—168.8 次 / 分	126.6 次 / 分—168.8 次 / 分

（续表）

课中平均心率（次／分）			
练习密度			
运动负荷			

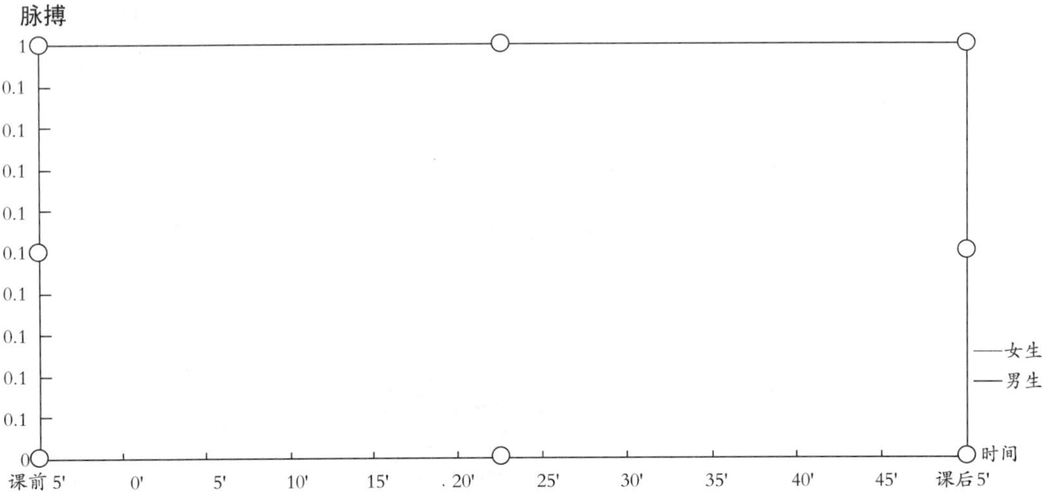

图 14–1　学生心率曲线图

（四）体育与健康课的密度

课的密度分为综合密度和专项密度。综合密度（也称一般密度）是指一节课中各项活动合理运动的时间与实际上课的总时间的比例。一节课各项活动如表 14–4 所示，这些活动中某些活动合理运用的时间与课的总时间的比例，称为课的专项密度。

表 14–4　课的各项活动内容表

课的各项活动	各项活动内容
教师指导	讲解、示范、演示教具、提问、纠正错误、个别辅导、培养干部、帮助、保护
学生练习	准备性练习、专项性练习、新内容学习、旧内容复习、辅助练习、诱导练习、整理练习、游戏、比赛
组织措施	整队、队伍调动、交换地点、场地器材布置与回收
帮助与保护	有难度和有危险性的动作、弱生、差生
观察与休息	学生互相观察、练习后的休息

运动密度（又称练习密度）指是一节课中学生练习时间与实际上课总时间的比例。因

为练习密度的测定方法简单易行，又能反映体育与健康课的特点，对课堂的质量影响较大，所以，目前大多用练习密度来评定和检查体育与健康课的教学质量。具体测试步骤如下：

1. 准备工作

（1）研究教案，了解每节课的目标、内容和组织方法。

（2）明确测定者之间的分工，一般 3 人一组，1 人计时，1 人记录，1 人分析。

（3）准备好测定密度的登记表、计时表及必要用具。

（4）选择好测定对象（一般选择班级中等水平的学生）。

2. 练习密度的测量与计算方法

用秒表记录从上课开始到下课为止学生实际练习的时间，如果中间有指导、分析与帮助保护、组织措施、休息时间及不合理时间则停止秒表，当遇到练习时间再开秒表，记录整节课的练习时间。而练习时间指的是在课中有目的地用于学习、巩固和提高技术技能，发展身体和增强体质的时间。计算方法应该根据不同项目的特点具体把握。

（1）基本体操：包括徒手操、棍棒（绳）操、武术操、一般性发展练习等。若教师先讲解、示范，学生后练习，学生做动作的时间算练习时间。跳绳、攀登、爬越、负重搬运和角力，从动作开始到结束的全部时间都可算练习时间，终端等待的时间不能计算在内。

（2）技巧、支撑跳跃、单杠和双杠：从开始姿势起到动作结束，所用的时间都可算练习时间，如用跑步、正步出入队列等所用时间也算练习时间。

（3）跑：从预备姿势（各种起跑姿势）开始，到终点缓冲过程结束，所用时间都算练习时间；由终点回队，如要求跑回，或走跑交替，其所用时间也算练习时间。

（4）跳跃：从开始姿势到离开沙坑全部过程所用时间都算练习时间，归队的算法同“跑”；如在平地上跳（无沙坑），应酌情计算。

（5）投掷：从开始姿势到投出器材后身体恢复到正常姿势所用时间为练习时间，出入算法同“跑”；拾回投掷器材所需时间，如要求跑步，也算练习时间。

（7）球类、游戏、比赛：单个动作教学，一般只把从动作开始到结束的时间算作练习时间。集体活动、游戏比赛，原则上整个过程所用时间都算练习时间。若发生因犯规而中断比赛，学生不积极、站着不动等情况，应扣除练习时间。进行接力游戏和接力比赛时，等待接力的时间不能算练习时间。

（8）武术：从动作开始到结束所用时间都可算练习时间。

（9）各种静止用力的动作所用时间均算练习时间，如基本体操中的静止用力动作，单、双杠的悬垂支撑动作，武术中的静止用力动作所用时间都应算练习时间。

（10）采用循环练习法时，原则上整个过程所用时间都算练习时间，但如果发生中间停顿或中断等待等情况，应酌情扣除。

3. 指导时间

即教师有目的地运用讲解、示范、纠正错误动作、演示、分析、个别指导等方式，指导学生学习和掌握体育知识、技术、技能的时间。

4. 分析与帮助保护

凡是学生用于相互观察、分析讨论、互相帮助保护的时间，均为这类所用时间。

5. 组织措施

课中调整队伍，交换场地，搬运、安装、分发和回收器材等，一般算作组织措施时间。

6 休息时间

凡是练习后教师有意识地安排学生休息，或做完一次练习后等待下次练习的时间，均为休息时间。

7. 不合理时间

凡是在教学活动中与教学和教辅活动无关的时间，以及在教学活动中浪费的时间，如讲解过多等，都算不合理时间。

（五）评定

分析和评价一节课的生理负荷安排是否合理，主要从课的平均心率和生理负荷变化过程两个方面进行。我们可以参考体育与健康课堂教学运动负荷指标的评价（如表14-5），来评定一节体育与健康课是否合格、优秀。

表14-5　体育与健康课堂教学运动负荷指标（自制，仅供参考）

<table>
<tr><th>类别</th><th colspan="2">项目</th><th>指标</th></tr>
<tr><td>全体</td><td colspan="2">运动密度</td><td>≥ 75%</td></tr>
<tr><td rowspan="6">个体</td><td colspan="2">练习密度</td><td>≥ 50%</td></tr>
<tr><td rowspan="5">运动强度(心率)</td><td colspan="2">小学生：125—135 次 / 分
初中生：130—150 次 / 分
高中生：140—160 次 / 分</td></tr>
<tr><td>平均强度</td><td>最大心率 ×（64%—76%）</td></tr>
<tr><td>中等强度</td><td>最大心率 ×（77%—95%）</td></tr>
<tr><td>大强度</td><td>最大心率 ×（96%—100%）</td></tr>
<tr><td>最大强度</td><td></td></tr>
</table>

计算公式：靶心率 =[（220－年龄）－静态心率]×（60%—80%）+ 静态心率；最大心率 =220－年龄。

五、合理安排运动负荷的策略

（一）为达成合理的运动负荷，需更新理念，培养学生运用知识、解决问题的能力

体育与健康教学要从“传授具体的知识点教学”理念向“形成体育核心素养”理念转变，从传授体育与健康的“基本知识、基本技术、基本技能”的教学向培养学生运动能力转变，重点培养学生运用知识和技术、技能解决问题的能力。许多学校由于场地不足、器材不多，造成教师过度讲解，分组不合理，学生等待练习时间长等问题，导致练习密度低下、强度不足。要改变以往每一堂体育与健康课只教单个运动技术动作的模式，必须通过多种组合动作练习完成学习目标，提高运动负荷，并通过创设多种活动及比赛情景让所有的学生都能够参与体验和比赛。如学习“行进间运球”，传统的教学是教师先讲解示范，然后学生分组进行，一个学生练习，其他学生等待交换练习。学习“行进间运球”主要是让学生能够通过运球寻找突破或上篮的机会，学习的重点应该放在如何提高学生的运球能力上。在实践或比赛中，运球必须完成传接球、运球突破、分球或直接上篮，这个过程就是情景。创设了这个情景之后，每次练习至少要 3 人才能完成，一人传球，一人接球后运球，一人防守。这样一来，学生的运球能力得到加强，练习的密度也提高了三倍。

（二）通过“验—研—练”的教学策略达到大练习密度和适当运动强度

一直以来，学生在课堂上的学习是按“教师示范讲解—模仿练习—分解练习—保护帮助下练习—完整练习”的流程进行的。这一模式是教师主宰课堂，教师在课堂讲授过多，学生处于被动学习状态，不利于学生自主学习能力的养成，学生的学习积极性不能被调动起来，学生的主体作用和主观能动性得不到发挥，个体差异关注缺失，教学实效性大大降低。要彻底地改变这种现象，就必须让学生动起来，可以通过“验—研—练”的教学策略达到大练习密度和适当运动强度。“验”就是在课的基本部分开始时，先让学生体验学习内容，把学生的兴趣调动起来。比如运球，让所有学生把自己的运球技术都展示出来，这样学生的学习兴趣马上得到激发，教师也可以从中了解学生的技能水平，为安排分组练习提供依据。“研”就是提出问题，让学生通过合作、探究得出答案，可以要求学生三人一组，一人运球，一人防守，一人接应，研究如何运好球、掩护球、抢断球。最后，根据水平的不同，将学生分成若干组进行学习，让学生在练中学、在比赛中学。教师可以根据各

种水平进行个别或小组的讲解示范，也可以在各组中发现问题，并及时地进行指导及纠正错误。这样学生的练习密度必将大大提高，对抗的强度也随之增大。

（三）合理搭配运动项目及练习内容，提高运动负荷

教师在制订学习目标及选择学习内容时，要合理搭配不同形式、不同强度、不同密度的学习内容。不同年级、不同项目的体育与健康课，其运动负荷也不同。在制订学习目标及选择学习内容时，应该考虑交替安排运动负荷大和运动负荷小的项目或内容。在义务教育阶段的教学中，可以把两个不同强度的内容进行搭配，如将强度较小的投掷与强度较大的短跑、跳远等内容相结合，或以体操搭配跑或球类练习。高中选项教学则可以对各种动作组合进行合理编排，保证练习达到一个比较高的负荷水平。在不同气候、不同时间的体育与健康课，教师需要对运动负荷进行合理调节。教师要根据学习目标有效把握双峰型、单峰型（前高后低型、前低后高型）等运动负荷类型的特点进行备课并组织教学。不管采取哪种模式，运动负荷总的调节方法应是高低（峰值）结合，大小（强度）交替。通常一节课的心率区间在 130—150 次 / 分之间，而这样的运动强度至少应该保持 20 分钟，以保证学生获得良好的健身效果。

六、合理安排运动负荷的实践案例及分析

案例：自编快乐健美操单元——第四课时小马跳组合（水平四）

结合大众健美操，剪辑了“舞曲大帝国”爵士乐 40 秒的音乐，创编了一套生动活泼、俏皮、富有健身效果的健美操，动作简单实用，音乐节奏适中，适宜中学生学习和锻炼。这是一堂复习与新授内容结合的课，本班学生已经对健美操具有浓厚的兴趣，但是对于新授的三个八拍小马跳内容还未掌握，教师打破传统的教学模式，采用“验—研—学”教学模式，使用各种练习手段和方法，让学生解放自己的身体，大胆尝试，不断创造，跳出属于自己风格的健美操。

（一）课的开始准备部分，负荷慢慢提高，熟悉准备活动内容，为接下来的内容做铺垫

准备部分用时 9 分钟，其中 2 分钟执行课堂常规，由静到动，4 分钟组织进行“手拉手、肩搭肩”游戏，及 3 分钟专项健美操准备活动，如肩部、腰部、腿部柔韧活动等。运动幅度由小变大，强度由小到中，心率逐渐提高，从刚刚上课的 80 次 / 分，提高到 110 次 / 分。培养学生节奏感、团队协助作精神，提升身体舒展性，为后续的内容做准备。

（二）基本部分，运动负荷逐渐加大，巧用“验—研—学”，快速提升技能，学生积极性高

在小组长的领导下，在音乐的伴奏下复习自编快乐健美操“6×8”，动作规范、熟练。用时 3 分钟，运动强度中，心率 110 次 / 分—120 次 / 分。之后，教师提出问题：“同学们，我们想象一下，自己是一匹草原上尽情奔跑的野马。那马是怎么跳的呢？”（引导学生尝试各种形式的马儿跳）围绕本节课的重点，教师强调动作的节奏感及弹性，让学生体验、研究模仿学习（双脚并跳步、单腿跳、小马跳、变化方向的小马跳及手臂练习）。教师抛砖引玉，引导学生改变动作方向、节奏、手臂姿势，随着音乐将“6×8”动作串联起来，培养学生的思维创新能力。这部分所需时间共 5 分钟，运动强度中，心率 120—130 次 / 分。

做健美操除了面部表情要丰富外，还需要动作有力，通过行进间跳来发展上肢、腿部的弹跳力（将“课课练”植入提高体能素质），从而达到体能素质与技能相长的目的。采用大、小方阵的“L 型”的轮换练习组织形式，大大节约了队伍调动时间，从而提高了练习密度。这部分用时 5 分钟，运动强度中上，心率 130 次 / 分—140 次 / 分。

为了进一步巩固所学技术，让学生能够跟着音乐练习，在“学”的环节，教师将学生分成五组，以组为单位进行拓展，结合音乐节奏将动作串联起来，创造属于自己本组特色的快乐组合。在此过程中，教师巡回指导、纠错、鼓励学生。这部分用时 13 分钟，运动强度高，心率 140 次 / 分—150 次 / 分。

为了建立练习的自信心，促进同学之间的互相学习、理解、包容，增强学生运动能力，教师应充分给予每个小组展示的平台，并为同学师生的互评和课后家庭作业的布置做准备，也为下节课内容做铺垫，做到“以学定教”。这部分用时 5 分钟，运动强度中，心率 140 次 / 分—120 次 / 分。

（三）结束部分，休息调整，运动负荷，减小，学生身心愉快

在结束部分，教师带领学生在舒缓的音乐中进行放松，使其运动心率逐渐降低，并回顾学习内容，开展学生互评、教师点评，布置家庭作业，安排器材回收，结束了本次课。这部分用时 5 分钟，运动强度低，心率 80 次 / 分—110 次 / 分。

案例分析：本节课对练习时间、练习内容的把控较科学。学生运动强度从课的开始部分到结束部分有低、中、高、低的过程性变化，心率基本控制在 130 次 / 分—150 次 / 分这一预估的体育与健康课堂教学运动负荷的指标。教师在课堂中采用“验—研—学”教学模式，运用了启发式教学法、讲解示范法、激励评价法、合作练习法等常规教学法。坚持“体能素质与运动技术相长”的教学主张，教师设计了“循环学练”的学习方法，让学生在整个动态的教与学过程中，保持了活跃的思维和敏捷的肢体行动，更好地掌握“小马跳”组合动作和发展体能素质，让孩子们获得运动体验，掌握技术，提高解决问题的能力，体会成功的喜悦。

第十五章　技能习得的保障

体育与健康课程改革不断深化，对学生的培养要求也逐渐提升。从要求掌握一到两项运动技能到形成一定的运动能力，既是要求的提高，也是远大目标定位的树立和实际意义的增强。在培养学生的运动技能方面，不仅需要提高认识，还要转变观念，更要在体育与健康课程实施方面作适当的调整，尤其需要用“一体化”的整体思路与方略打破原有的长期固化的不利于运动技能培养的结构模式，建立新的运动技能培养模式，促进学生运动能力的形成。

一、概念解析

运动技能，指人体在运动中把握和有效完成特定动作的才能。运动技能又称“动作技能”，指人体运动中掌握和有效地完成专门动作的一种能力，包括大脑皮质调节下不同肌肉群间的协调性，即在空间内正确运用肌肉工作的能力。按条件反射学说的观点，它是一种复杂的、一个动作接连一个动作的、肌肉所感觉的运动条件反射。它的形成要经历肌肉感觉不明、分化、巩固稳定和自动化的过程，而这几个过程前后相连，在运动条件反射形成过程中逐渐过渡。运动技能的形成和发展受许多因素的影响，如教学训练的方法、运动员的训练程度、学习目的性和自觉积极性以及身体健康程度。

运动技能的训练学解释：人体在运动中掌握和有效地完成专门动作的能力。训练学将运动技能看做是人体外在的运动表现，比方说，某运动员完成的动作是否足够漂亮、省力、标准等。

运动技能的运动生理学解释：指在准确的时间和空间内大脑准确支配肌肉收缩的能力。运动生理学将运动技能看作人体内在的运动能力，比方说，某运动员在进行专项运动时，所表现出来的人体的内在特征的变化。

这两处的名词解释有异曲同工之妙，都是对运动技能的概念最有效的解答。

二、运动技能的分类

一般而言，我们根据运动时的具体动作将运动技术分为“开放式”和“闭合式”两大类。

（一）开放式运动技能

开放式运动技能捐的是运动员随外界环境的改变而改变自己的动作，多以视觉感受器、听觉感受器为主。简单来说，就是指那些错综复杂、瞬息万变的运动项目，比方说篮球、排球、足球等。这些项目需要运动者对场上的各种形势作出判断，再决定自己下一步的技术动作。开放性运动技能是根据人体外部信息来调节和控制的运动技能。这种运动技能的形成除了要求运动员有一定的身体条件和技术水平外，还要求运动员有敏锐的知觉能力、果断的判断能力、预测能力，以及根据环境变化来调节、控制自身动作系统的随机应变能力。

开放式运动技能的特点有多变性和不可预测性。运动员不能事先做出动作，要求根据外界出其不备的刺激迅速做出相应的反应。主要体现在以下几点：（1）做动作之前不能事先做决定；（2）做动作决定的速度至关重要；（3）强调动作的准确性、合理性，而不强调动作的正确性；（4）运动员在做动作时有多种选择；（5）开放式动作技能分类的多样性；（6）完成动作时，往往随外界环境的改变而改变自己的动作；（7）在运动结构上表现出多样性和非周期性特征；（8）完成动作时，由多种分析器参与工作，并综合总的反馈信息，其中往往以视觉分析器为主导。

在体育界，对抗性项目如篮球、足球、橄榄球、击剑、摔跤等属于开放式运动技能；在军事训练中，擒拿、格斗、刺杀及辅助性体能训练项目中的篮球、足球等亦属于开放式运动技能。一般来说，开放式运动技能比闭合式运动技能的动作复杂，发生损伤的风险更大。

（二）闭合式运动技能

闭合式运动技能指周期性、重复性的动作，多以本体感受器为主。在体育界，多数单人运动项目如田径、游泳和自行车等属于闭合式运动技能；在军事训练中，100 米、3000 米、5000 米跑等项目亦属于闭合式运动技能。闭合式运动项目运动员在做动作前，事先已经知道下一个动作应该怎么做，只要求强调动作技术的规范化、精确性和稳定性，例如：百米赛跑、投掷等项目。

闭合式运动技能的特点：（1）完成动作时，基本上不因外界环境的变化而改变自己的动作；（2）在运动结构上多属于周期性重复动作；（3）完成动作时，反馈信息只来自本体感受器。

这样的运动项目多指跑步、游泳等，不需要对场上局势作出很多判断，凭借自己的技术特点来进行比赛。所以研究者们发现，从事开放式运动项目的运动员往往比从事闭合式运动项目的运动员有着更好的反应能力和更出色的大脑分析能力。

三、运动技能学习的基本原则

（一）渐进性原则

渐进性原则是依据运动技能认知系统的局部寻优和创造积累的演进原理提出的。由于发明创造的积累是逐渐进行的，通过局部优化的积累才能实现大的发明创造，因此教学与训练必须遵循渐进性的原则。

贯彻渐进性教学原则主要是指通过科学合理地安排教学训练的进度，使运动技能认知系统依照所学科目的内在逻辑来运行。在作业练习的安排上也要本着内在逻辑的要求，设计科学合理的练习序列，使运动技能认知过程在合理、高效的前提下进行。

（二）可能性原则

可能性原则是依据运动技能认知系统的软、硬结构原理提出的。认知新的运动技能必须以原有运动技能基础为基本前提，因此学习新运动技能的分量必须科学合理，必须使新内容处于练习者可承受的范围之内。

一次练习应该携带的信息量及练习难度量，必须以练习者已有的运动技能基础为依据，过多、过难会使练习者无法及时地消化，而过少、过低则造成练习资源的浪费。因此，有必要研究不同对象练习时的适宜难度负荷，依据“适宜的难度负荷”原理来设计练习。

（三）重复性原则

重复性原则是依据运动技能认知系统中主动变异和明晰价值选择原理提出的。主动变异表明运动技能作业练习是一个积极主动的过程，重复多次的练习等同于大量的变异，在价值观明晰的选择作用下，淘汰错误技术动作，强化正确的技术动作，使所学运动技术动作的动力定型不断得到完善和优化，同时加深运动技能的记忆。

动作概念是在大量反复练习中形成的，运动技能的认知只能在重复练习中进行。练习的间隔时间对记忆的影响较大，练习中对知识的理解也有赖于体会和记忆的深度，因此设计练习时必须安排好练习的密度、强度等运动负荷因素，使练习发挥最大的效用。

（四）反馈性原则

反馈性原则是依据运动技能认知系统中明晰价值选择原理提出的。运动技能习得过程的进步离不开练习中主动的变异和选择，而选择离不开有效的评价，因此明晰的价值观和价值评价体系是体育教学训练中必不可少的组成部分。评价本身使错误的技术动作得以及时淘汰，使正确的技术动作得到强化，这个过程的基本手段是反馈。

体育与健康教学、训练实践中，任何评价活动都具有反馈的功能。通常采用的纠正错误法、技术评定法、技能达标法等都是非常有效的评价与反馈的手段。然而，要使运动技能认知系统的运行不出现偏差，就必须使运动技能认知主体首先明确运动技术的正确技术规格，否则会出现主体对评价茫然不知所措的状态，这是贯彻反馈性原则时必须注意的问题。

（五）主动性原则

主动性原则是依据运动技能认知系统中主动变异的原理提出的。人类的学习是为了主动适应社会和环境的变化，这是广义进化理论关于变异学说的显著特点。没有主动的变异，运动技能认知过程中的练习就会成为机械的模仿，对于练习内容的科学性、思想性就不能正确地理解，因此练习者参与练习的积极性、自觉性是运动技能习得过程成功的重要条件之一。在运动技能的认知学习中，要使认知主体明确学习的目标，激发练习的积极性和主动性，由“要我练”变为“我要练”，这是运动技能教学、训练组织过程中必须首先解决的问题。

运动技能的习得进程和教学方法之间存在紧密的关系，为使学生顿悟，应优先选择启发式教学法、领会式教学法、探究式教学法、表象训练法、讨论式教学法等需要观察、思考、探索、记忆重现能力的教法，创设适宜的教学环境，利用必要的教学工具，采用合理的教学手段（如录下学生的动作过程，慢放并分析存在的问题），这样会显著提高顿悟的发生几率。

四、运动技能学习的进程

运动技能的形成是由简单到复杂的过程，并有其建立、形成、巩固和发展的阶段性变化和生理规律。一般说来，运动技能的形成和发展可划分为以下三个过程：

（一）泛化过程

在学习任何动作的初期，通过教师的讲解、示范和自己的实践，学生只能对该技能获得一种感性认识，对其内在规律并不完全理解和掌握，往往会出现泛化现象，导致不该兴奋的中枢产生兴奋，不该收缩的肌肉产生收缩，并出现动作不连贯及节奏紊乱等问题。那些刚刚步入某项运动的初学者就这处于这一阶段，他们需要通过教练的示范来进行简单的技术动作训练，表现出的水平较低，此时往往动作僵硬、不协调，出现多余的动作，做动作很费力。

（二）分化过程

随着学习者对所学动作的反复实践，运动技能会逐步改进和完善，条件反射活动也由泛化阶段进入了分化阶段。此时不该收缩的肌肉会得到放松，多余动作会逐渐消除，错误动作会得到纠正，学习者能够比较顺利、连贯地完成技术动作，并初步形成动力定型。但这种动力定型还不够稳定，遇到新异刺激（如有外人参观）或较强刺激（如进行比赛）时，错误动作可能还会重新出现。

（三）巩固自动化过程

在分化阶段后，学习者通过进一步反复练习，运动技能日趋巩固和完善。此时，不仅动作完成得更加准确、协调和优美，而且动作的某些环节还可出现自动化现象，即不必大脑皮质有意识地进行控制就能顺利完成动作。“无意识”的自动化动作仍然没有脱离大脑支配，当外界环境变化时，这种无意识活动可立刻转变为有意识活动。一番刻苦的、年复一年的训练之后，运动员已经拥有较高的运动水平，此时他的神经条件反射已巩固，形成复杂的、连锁的运动条件反射，达到运动自动化的水平。他们进行该项运动时，不仅动作准确、优美、省力和轻松自如，而且某些环节的动作不必有意识地去控制即可完成，当环境条件发生变化时动作技术也不易受破坏。随着运动技能的巩固和发展，暂时的神经联系达到非常巩固的程度后，运动者进行某一项运动时，可在无意识条件下完成动作。

在体育运动界，训练水平高的运动员在学习和掌握新动作时，泛化过程很短，对动作的精细分化能力强，掌握运动技能快。初学者在学习新动作时，泛化过程较长，分化能力较差，掌握动作较慢。动作越复杂，泛化过程就越明显，分化的难度也就越大，形成运动技能所需要的时间就越长。

此外，即使运动技能进入巩固过程，如果不再进行练习，巩固了的动力定型还会消退，技术动作越复杂，难度越大，消退得也越快。

五、运动技能形成过程各阶段的教学特征

（一）泛化过程的教学特征

教师在该阶段教学中应抓动作的主要环节和学生掌握动作中存在的主要问题，不要过多强调动作细节。应通过简练和形象的讲解及正确的示范指导学生实践，使学生建立正确

动作的概念，体会完成动作的肌肉感觉。

（1）多采用直观教学；

（2）采用分解教学等方法，适当降低动作难度。此外，教学内容的安排应符合学生特点和接受能力，遵循循序渐进、由易到难和由简到繁的原则。

（二）分化过程的教学特征

在该阶段中，教师应重点加强对动作细节的要求，促进分化抑制的建立和发展，使动作日趋准确。

（1）加深对动作内在规律的认识，建立完整动作的概念；

（2）强化正确动作，及时纠正错误动作；

（3）加大动作难度，建立更精细的分化抑制。

（三）巩固自动化过程的教学特征

（1）对学生提出进一步要求，不断提高动作质量；

（2）经常检查动作质量，防止动作变形；

（3）坚持练习，巩固持久。

六、运动技能形成的几种教学方法

（一）讲解与示范法

运动技能的难度水平和复杂层次会随着训练的进行而越来越高，在运动技能的训练中，教师需要将讲解与示范结合起来。对初学者而言，示范法是比较合适的训练指导方法，这主要是基于观察与模仿的运动技能学习规律。运用示范法时，通常会采取多角度示范、慢速示范等策略，为的是让学习者看清楚动作细节。但无论采取何种示范的策略，最重要的是要进行正确的示范。正确的示范可以引发正确的模仿，而错误的示范则会直接导致错误的模仿。而在示范时机方面，主要采取练习前示范，目的是使练习者形成完整的动作表象。而对于有了一定训练水平、掌握了一定运动技能、对运动技能的相关概念有所了解的学习者而言，采取讲解与示范相结合的方式更为适合，这可以引导学习者重视运动技能中真正需要关注的要点，从而提高学习的效率。对讲解和示范的时机的把握主要依据学习者对技术动作结构的掌握和理解程度。

（二）分解教学法

运动技能的动作结构往往具有复杂性，对复杂的运动技能进行教学与训练，指导者常常需要将运动结构进行划分，即进行分解教学法。实际上，指导者在教授几乎每一项运动项目时都会在运动技能的学习和训练中运用到分解教学法。例如在教授足球脚内侧踢球时，会将踢球的技术动作结构分为助跑、支撑脚站位、踢球腿的摆动、脚触球和踢球后的随前动作。这五个技术动作结构的分解环节，可以在训练中依次进行练习，目的是强化学习者对技术动作环节的了解。将技术动作进行合理的分解，有利于降低学习者的学习难度。但需要注意的是，技术动作结构的分解必须遵从原有运动技术的动作实施规律，不能因为不合理的分解而导致技术动作结构的紊乱。如果分解不合理就会破坏原有技术动作结构的完整性，这反而会影响运动技能的学习和掌握。

（三）完整教学法

完整法是对一个动作从开始姿势到结束姿势不分段落完整地进行教学的方法。它有利于保持动作的完整性，不致割裂动作各部分之间的内在联系，便于学生完整地掌握动作。不足之处是不易很快掌握动作中较困难的要素和环节。

（四）迁移训练与反馈

训练的主要目的是将训练效益迁移为赛场上的比赛能力。实际上，训练指导者非常依赖迁移训练，几乎所有的训练都是为运动技能的迁移做铺垫和做准备。运动技能的迁移效率高低是训练指导者训练水平的重要体现，是训练是否合理和科学的重要反映。迁移训练的主要依据是抽取比赛的片段作为训练的主题，而这个主题需要具有连续性，训练的要求要具有递进性，训练的负荷要具有比赛性。迁移训练在运动技能训练中占据着重要位置，原因主要在于运动技能的综合性和复杂性，如果直接进行实践对抗比赛，学习者的学习效率会很低，而设置主题明确的迁移训练，合理安排教学程序，可以有效提高运动技能学习的效率。

此外，对运动技能学习有重要影响的还有反馈。运动技能的学习是一个系统，它通过信息的传递、控制和反馈。保持系统的动态平衡，最终提高学习过程的优化程度。反馈一般源自学习者自身的内部反馈和训练指导者的外部反馈。内部反馈主要基于学习者的感觉系统产生，这是学习者运动天赋的一个表现形式，属于相对不可控的因素。对于运动技能的训练过程而言，训练指导者的外部反馈更为关键，原因在于两方面：一方面学习者自身的内部反馈往往不够准确；另一方面学习者缺乏运动技能的理论基础。外部反馈可以给予学习者准确的评价，引导学习者强化正确的动作，纠正错误的动作、从而提高运动技能的水平。外部反馈的途径多样，指导者、同伴、视频等都可以作为外部反馈的来源，训练实践中最为常用的是训练指导者的语言反馈，这种反馈比较及时准确，容易引起学习者的重视。外部反馈时机非常重要，即时反馈对开放式技能比较有效，而延时反馈则更适用于封闭式技能。

七、基于高中男生足球综合运动习得实践研究的案例解说

在目前传统方式的运动技能教学中，学生学习任何动作技能都要经过从简到繁、从易到难、从分解到组合、从局部到整体的过程；传统教学的特点是重视教师的“教”法，忽视以学生为主体的“学”法及学生的情感和体验。这种纯竞技模式在中小学体育教学过程中的局限性是显而易见的，即“练”的规律统制了“学”的规律，“教”的尊严掩盖了“学”的意义；学习气氛容易沉闷，学生的学习动机不易诱发。对足球综合运动技能的教学更是如此，因为足球竞赛属于开放式运动技能。突破传统教学因“泛化—分化—自动化”学习规律而形成的“分解—分解—完整”教学模式有很大的现实意义。本案例以“完整—分解—完整”的教学模式来突破传统教学的桎梏，有效解决普通高中生训练时间有限、学生单项足球技能水平参差不齐、无法快速体验足球竞赛乐趣、缺乏战术意识等问题。

本文选取60名高二男学生为实验对象。其中实验组为一个30人的自然班的男生，对照组为另一个自然班的男学生。实验组学习内容以基本技术动作及动作组合为主，以基本战术为辅。实验组按“完整—分解—完整”的学习方法上课，对照组按“分解—分解—完整”的学习方法上课。

（一）实验设计

本次实验采用“不相等实验组、控制组始测末测设计”。这一模式的逻辑内涵是从自然的教学班级中选择两班学生进行实验。其特点是在自然班中进行实验，没有按随机化原则和等组法对其进行重新编班，这对于我国现行的体育教学体制来说具有广泛的可行性和优越性。

高一年级身体素质技能包括：50米跑、立定跳远、1000米跑（男）/800米跑（女）、引体向上（男）/1分钟仰卧起坐（女）。足球技能包括：单人颠球、双人传球、10米绕杆。两组在教学进度、练习场地、教材内容、教学时数、设备条件等方面均一致。

（二）实验步骤

第一步：实验前对实验对象进行专项身体素质和足球基本技术测试，并对测试结果进行统计学分析，以确保实验前两组学生基础水平相等。（见表15-1）

第二步：学生足球运动技能的习得过程。让学生通过实验组或对照组的教学方式，掌握足球项目的基本技战术及其临场比赛的运用能力。

第三步：学习后测试。根据表15-2中测试内容的具体要求，测量评定学生是否掌握

或学会相应的基本技战术及其运用的能力。

场地器材：学生使用标准 4 号足球；经改造后的球场长度为 55 m，宽度为 35 m；球门规格为宽度 3 m，高度 2 m；中圈区半径为 6 m，角球区半径为 0.5 m，罚球区半径为 9 m。

表 15–1　研究对象身体素质与运动技术的差异性检验

	运动技术差距	身体素质差距
实验组 M（SD）	86.6 ± 4.3	72.8 ± 0.2
对照组 M（SD）	85.5 ± 4.9	73.2 ± 6.1
p	>0.05	>0.05

从表 15–1 中可以看出，实验前两组学生专项身体素质及足球基本技术测试成绩均无显著性差异（即 $p>0.05$），这说明实验前两组学生身体条件基本齐同，教学实验具有可比性。

表 15–2　不同学段实验组和对照组前后测试的内容与标准

测试的内容与标准		
运球	射门	传球
运球过杆 28 m 往返：设 5 根旗杆作为障碍物，每两根旗杆之间相距 3 m，起止线距旗杆 2 m，每人完成 3 次。每一次漏杆在该次成绩上增加 1 s	踢准：面对足球墙，相距 15 m，可以使用任意脚法射墙上的“门”，每次三个球，共 3 次；将墙门按照分值 5、3、1 标出	25 m 踢准：球距离靶心 25 m，每人踢 3 次，每次三个球，根据其落点记分，靶目标由三个直径分别为 1 m、1.5 m 和 2 m 的圆圈组成，将其按照分值 5、3、1 标出

表 15–3　不同学段实验组和对照组三项技术后测结果的统计表

技术指标	平均数	标准差	平均数差值	t	p
实验组运球	14.21	1.07	1.08	5.19	$p<0.001$
对照组运球	15.31	0.69			
实验组传球	8.77	2.49	−1.29	−2.08	$p<0.005$
对照组传球	7.30	2.18			
实验组射门	9.29	2.26	−2.00	−3.15	$p<0.005$
对照组射门	7.15	2.50			

（三）教学实验的结果与分析

1. 实验结果

从表15–3中可以看出，实验组和对照组之间各项技术均存在不同程度的差异。这说明：实验组的教学方法组合有助于提高学生掌握足球基本技术的水平，实验组的教法组合的实际教学效果都在不同程度上优于对照组的教法组合，而且实验组教法组合对培养学生运用所学运动技能进行比赛（战术意识）的作用也明显好于对照组教法组合。

2. 实验分析

（1）“完整—分解—完整”教法能有效地促进学生掌握足球基本技术

实验组的“完整—分解—完整”教学法虽以教学比赛为主，但并没有忽视对运动技术的学习和掌握。课堂上部分时间为教学比赛，教师可以通过教学比赛发现学生所存在的问题，然后进行有针对性的教学，其教学内容也主要是比赛中所涉及的技能。当然，在教学中技术学习和战术意识的提高也不可能总是像计划中的那样达到平衡。如果在一些接受能力较差的学生还没有初步掌握技术动作时就急于让他们参加教学比赛，尽管修改后的比赛难度不大，也往往会给学生造成一定的压力，如比赛中多次传、垫球的失败会导致学生对比赛失去兴趣，以致于挫伤他们学习的积极性和主动性。针对这样的情况，教师就将学习的方向暂时由教学比赛向技术学习转变，待学生动作有所改进和提高后再让其回到比赛中来。参加比赛必须有一定的技术基础，比赛中一次成功的传、垫球及其配合能给学生带来愉快的情感体验，学生为了在比赛中获得更多的快乐和乐趣，就会不自觉地进行基本技术的练习，并在比赛中运用所学的技术。比赛促进了技术的掌握，技术的掌握又进一步提高了比赛的水平，两者相辅相成、相互促进。

（2）“完整—分解—完整”教学法有助于提高学生的足球意识和进行足球比赛的能力

学生的足球意识和比赛能力的提高是有一个过程的，实验组教法以学生们喜欢的教学比赛形式作为学习足球技能的切入点，使教学比赛贯穿于整个足球教学过程中，既能充分体现足球运动本身所特有的趣味性、竞争性、集体性，又能调动学生学习的主动性和积极性。

（3）“完整—分解—完整”教法符合运动技能形成的规律以及开放式运动技能项目的特点

运动技能的形成是有其阶段性和规律性的，一般认为可以分为以下三个阶段：①泛化阶段；②分化阶段；③巩固自动化阶段。从运动技能形成过程上来看，这三个阶段不可能截然分开，而是逐步过渡，各自具有不同的功能。但动作的认知阶段是形成运动技能的基础，它制约着后两个阶段的发展，直接影响运动技能形成的速度和质量。因为作为运动知识的形成过程，首先是从动作的感知和练习开始的，它的上端是动作概念，而中间环节是动作表象，最后末端是运动技能，这是一切运动知识的认知结构及其形成特点。由于学生在认知阶段面临完全不熟悉的动作任务，因此在动作学习的前期阶段，教学往往要以学生获得动作概念或者了解动作的基本协调方式为主。实验组利用的新教法不仅让学生在学习初期建立起正确的动作概念，更重要的是让他们对足球运动的特点和规律以及比赛中所涉及的基本战术都有所了解，以使学生在学习之初就对该项运动有一个较为清楚的整体性认识和概念。

随着学习的深入，动作学习进入第二个阶段——分化阶段。其特征是这时学生的动作表现变得更加准确、连贯和稳定，而且学生对总体动作形式有了比较清晰的认识。这时他们开始对动作的细节进行修正和调整，并把这个动作方式与特定的环境和动作任务互相适应联系起来。金泰尔指出，如果学习的任务属于开放式技能，那么学习者在变化的调节环境和条件下，就能更好地修正和优化他们学习的动作。“学习的专门性”原理也提出，最好的学习经历发生在目标技能（动作组成部分）和目标情景（环境条件）最为接近的情况下。除技能学习外实验组新教法，通过不断改变比赛条件和竞赛规则、变换场地大小及环境来促进学生技能的提高，使学生在学习中不仅知其然，而且知其所以然。这样一来，不仅学生技术水平不断提高，而且他们在比赛中的战术意识也能同步得到培养和提高。综上所述，实验组教法采用“完整—分解—完整”的教法，是符合足球运动的特点和规律的，遵循了运动技能形成的规律。实验证明，其教学的实效性和经济性表现也较为突出。

第十六章　教学安全的保障

体育与健康课安全风险有大有小，有明有暗，不同运动项目风险类型各异，不同场地器材风险也有所区别。为此，从不同的视角认识体育与健康课安全风险十分必要。一线教师在具体教学过程中，可以有计划、分步骤地对学生实施安全教育，从而提高学生的安全意识，培养他们识别安全风险及规避安全风险的能力。体育运动有安全风险，体育与健康课堂教学同样也存在安全风险。体育与健康教师增强安全意识，是保障教学的重要一步，所以一定要加强安全意识，防患于未然。

一、体育安全教学的核心概念

（一）安全教育

安全教育具体指的是在教育教学过程中，培养学生对于灾害性事件、突发性事件的一种应变、应急能力，从而尽可能避免生命财产安全受到侵害；同时，也指的是培养学生当个体面临伤害时的防卫能力以及自我保护意识。例如，心理健康状态、法制观念以及抵御违法犯罪的能力都属于安全教育的范畴。安全教育不仅涉及校内学习生活，而且也涉及校内学习生活，学生需要经过不断学习、实践，从而积累更多与生命安全有着密切关系的知识与经验。

（二）中小学体育与健康课程安全教育

结合课程标准来看，中小学体育与健康课安全教育具体指的是学生在课堂教学中，通过安全教育使其能够对基本安全运动知识进行了解、实践以及掌握，逐步强化其安全意识，让中小学生能够在运动过程中注意安全，例如，不能携带危险物品、体育与健康课应该穿合适的衣服、在进行运动之前应该热身、正确使用相关器材等。同时，还要引导学生能够关注生活当中的一些安全常识，例如，能够基本掌握一些体育运动中的自我保护技能、能够对中暑进行预防与正确处理、面对自然灾害时懂得应用所学习的求生技能、能够对一些危险行为进行主动避险、了解以及学会预防运动可能导致的损伤以及处理方法等。简单来讲，中小学体育与健康课安全教育就是由教师依托体育与健康课堂引导学生学习与运动安全、运动设施安全检验、运动伤害预防与处理、自然应急逃生、主动规避危险等相关的知识，使其能够内化于心、外化于行。

二、体育安全教学产生的背景

（一）体育安全是落实核心素养的必然要求

素质教育全面深入，使得各个学科高度重视学生核心素养的培养以及发展。中小学阶段是学生发展的黄金时期，因此，必须要从中小学开始就落实好核心素养的培养与发展，体育与健康学科更不能例外。在中小学体育教学中，体育与健康教师要重视学生核心素养的培养与发展，这不仅能够提升学生的体质，而且能够促进中小学体育事业健康发展。但是仅依靠传统的教学理念、教学方式将难以达到该目标，面对这样的情况，则需要寻求突破点。体育安全教育将是体育与健康学科落实学生核心素养培养以及发展的突破点之一。围绕核心素养的内涵进行体育安全教学，将“安全教学”与“核心素养”深度融合，不仅能够对传统体育教学模式进行改革，而且还能够落实核心素养培养以及安全教学的实施，从而保障中小学生能够实现德智体美劳全面发展。

（二）体育安全教学的历史背景

随着时代的发展，全民健康理念深入人心，学生的健康更应该引起高度重视。为了能够充分保障学生的健康，国家结合实际情况以及需求，先后实施了义务教育、体育健康监测，并将体育成绩纳入中考成绩之中，使学校以及教师更加重视体育与健康学科。在这样的背景下，体育安全工作也引起了学校以及教师的充分重视。但是也发生了很多受不可预测因素的影响的体育安全事故。其中有部分安全事故在发生之后未能得到妥善处理，从而影响到学校体育教育事业的健康发展。部分学校为了能够降低体育安全事故发生的概率，将一些具有安全隐患、风险较高的体育设施器材拆除，甚至还有学校直接减少体育与健康课的次数。类似这类行为与“健康第一”“素质教育”的核心理念背道而驰，根本无法促进学生健康发展。基于这样的背景，国家相关部门提出了体育安全教学的理念，并细化了实践策略，让教师依托体育与健康课堂引导学生了解、学习以及掌握与安全相关的知识与技能，使其能够合理规避风险，进而更加主动积极地进行运动。

（三）国内外教育界对于体育安全的研究现状

1. 国外研究综述

有关体育安全策略的研究，国外起步比较早，主要体现在这些方面：Parkkari J. 基于自身调查研究发现，2008 年，英国大约有 18% 的学生发生了体育安全事故，其中低年级学生所占比例最多；同时，大约有 4% 的学生，因为严重的体育事故，影响到后来的正常生活与学习。

Rothe J. P. 提出这样一个观点，即大约有 25%—30% 的体育运动安全事故，是在有一定组织的情况之下发生的。此外，他还指出美国的安全管理，是学校的危机管理。因此，要坚持从“人本视角”去探讨体育安全策略。

Weiss Kaitlyn，Whatman Chris 在他们的研究中认为，体育安全策略必须要将人的安全问题摆在第一位，要与学校危机管理进行充分结合，结合实际情况制定体育安全预防方案。因此，学校一定要高度重视体育安全事故，并制定科学、完善的危机应对方案，例如，对危机创伤进行修复、对危机升级进行预防、高效处理危机、做好相关宣传教育等。

Esteve Llargues 等人重点研究学校的危机管理团队，从团队的组织、任务、目标、功能等各个方面进行了分析，并明确与之有关人员的职能，指出危机管理必须要发挥组织中每一个人的作用，形成协调合作的关系，将能够及时预防危机以及及时处理危机，进而将危害降到最低。

2. 国内研究综述

随着改革开放的深入，国内开始重视安全管理，开始研究相关理论，以期能够让更多人关注安全管理，并将其纳入到法律进行完善。《中华人民共和国安全生产法》于 2002 年颁布，安全管理理论也正式形成。以此为基础，各大学校开始重视安全管理，其中体育安全管理的地位实现了提升。

但是，早期有关安全管理的研究，主要围绕国家的相关法律法规，虽然后来将安全管理纳入到校园教育之中，但是学校的安全教育体系还不够完善，还处于理论研究阶段。理论研究主要认为体育安全管理策略的责任在于学校组织管理方面，管理手段比较法制化、强制化，缺乏以人为本的管理理念，所以，最后实践策略缺乏人文呵护以及可操作性。整体而言，国内对于体育安全管理方面的研究还处于摸索阶段，虽然有很多的不足，但是也有一定的研究成果：

邱辰通过对中小学的体育安全事故进行调查研究与分析，认为引发体育安全事故的主要因素有体育器材设施、环境、人等，但是各种各样的因素具有潜隐性、客观性、不确定性以及复杂性，任何一种因素都有可能对学生的生命安全产生威胁。如果发生安全事故，将会给学校、学生、教师以及家长带来一定的影响。因此，建议学校能够针对体育教学制定安全事故防范措施以及应急处理方案，并将其纳入到学校制度之中，确保能够有效执行。

周彬基于安全视角对中小学体育安全教育以及安全管理进行了深入研究，通过 PEST 分析法，综合分析中小学体育安全教育模式，对体育安全策略的影响因素进行了总结，然后有针对性提出了防范对策。例如，他建议学校领导层能够高度重视体育安全教育，对学校师生所反馈的各种信息进行分析，以便及时发现并解决问题。同时，他还建议制定一定的激励措施，确保相关方案能够有效执行，从而降低体育安全事故发生的几率。

苏瑶结合中小学体育安全策略实施的实际情况，对中小学体育安全教育现状进行定量分析，并提出观点，认为导致安全事故发生的主要因素是人与物，并以此为基础提出解决方案：第一，通过教育与引导，强化学生的安全意识，使其能够最大限度地回避体育安全风险；第二，将安全风险降到最低，主要是对体育教学所涉及的器材、环境进行改善；第三，做好总结，对体育安全教学进行分析与总结，对存在的问题进行记录，有利于为完善体育安全策略提供有价值的参考依据。

冯冰通过实证研究，对中小学体育与健康教师团队、学生体育学习情况、课堂教学存在的安全事故等各方面进行分析，进而明确导致安全事故的主要因素，如人为因素、环境因素、器材设施因素、思想因素等。

整体而言，国内有关体育安全策略的研究虽然起步较晚，但是研究范围比较宽泛，主要是从安全问题、安全因素、防范措施、应急处理方案等几个方面进行研究。客观来讲，虽然研究范围比较宽泛，但是研究不够深入，部分方案、制度、措施缺乏可操作性，因此，该领域的研究还有很大的提升空间。针对体育与健康教学安全方面的研究相对较少，在实际的研究内容方面主要是倾向于体育教育安全的现状、影响因素与预防措施，基本上研究的都是浅层次的理论，缺少实地调查。基于研究对象而言，大部分研究选择的课题类型相对单一。所以，在实际的研究之中，还需要选择更好的切入点，最好是能够让研究的范围能够更加的广泛，这样就可以让研究的结果拥有更多的数据支撑，最终满足实际的研究需求，从而将体育与健康教学工作全部落实下去。

三、安全性原则

（一）提出的依据

1. 目的性原则

在开展体育教育教学时，首先要遵循目的性原则。中小学体育与健康课包含了众多内容，并且彼此之间密不可分。因此，在开展具体教学的过程中，需要注意进行合理的分类和归纳。此外，由于体育与健康课受益的对象是学生，因此在进行内容设计、项目选择和教学方式时还需要考虑到不同学生在年龄、心理和生理上的特点，进而确保“课堂安全”的实施效果。

2. 可操作性原则

在设计课堂安全教学策略过程中，需要教师结合学生的实际情况、学校基本设施的情况等各方面开展。而具有科学性的教学策略才更加教学策略的符合学生的发展需求，更加能够给学生带来帮助，更加易于开展课堂活动。一旦忽略了教学策略的可操作性，那么就会导致教学失去可行性，进而失去了教学的意义。

3. 发展性原则

在开展中小学体育教学的过程中需要严格落实党和国家的教育方针，要坚持以新课程标准为基本原则。由于党和国家已经利用各种方式对教学设计进行了前瞻性预判，因此中小学教师在进行体育教学设计的过程中，要严格遵循国家政策的指导思想，结合学生的实际情况选择教学内容，从而为学生的发展奠定良好的基础。

（二）贯彻原则的基本要求

1. 具备安全意识

安全意识在一定程度上直接关系着学生在体育活动中的安全。因此，在教学过程中，需要教师具备高度的安全意识，同时要求学生也建立起安全第一的思想。尤其是在开展自我锻炼期间，学生如果掌握不好分寸和力度，极易发生安全事故。针对此，教师需要及时开展安全意识教育，使学生能够充分认识到安全的重要性，保证不做危险的事情，防止安全事故的发生。

2. 做好运动场地、运动器材的整理和修护

场地和器材在中小学体育活动中的重要性毋庸置疑，因此，学校需要定期就运动场地和所有的运动器材进行整理和维护，检查其是否符合安全标准、有无安全隐患。在正式开展教学之前，教师也需要仔细观察场地是否平整、器材是否牢固、场地器材是否符合学生的需要。

3. 做好准备活动

在开展相应的体育活动之前，教师需要根据课程的特点带领学生做好准备工作。尤其是需要先进行一般的准备活动，再进行专门的准备活动。而在冬天时，则还需要延长时间做好热身运动，提高人体的灵活性和柔韧性。

（三）体育安全风险归纳

安全风险主要指的是可能对学生的体育活动具有安全威胁或是产生负面影响的因素，而能够更加准确地认识到这些因素，并采取具有针对性的措施进行预防，则需要对安全风险进行归纳。根据风险的类别划分，我们可以将风险分为内部风险和外部风险。就内部风险来看，主要是由于教师、学生以及学校的行为而产生的风险；而外部风险则主要是由物质环境或是自然灾害所带来的风险。

1. 教师风险

教师是学校体育活动的组织者和引导者，因此教师的一些行为可能会给体育活动的开展造成安全风险。例如，在开展教学过程中，组织方法不恰当、保护措施不到位、教学方式不科学等。

2. 学生风险

学生是体育安全事故中的主体，也是承担者。但是由于学生的安全意识尚处于发展阶段，对于安全的认识不足，因此，学生的不当行为也是造成体育安全事故的原因。例如，在开展体育活动中，学生不做准备活动、不服从老师的安排等，都是安全风险发生的重要原因。

3. 环境风险

体育安全风险不仅仅只有下雨、刮风等自然环境产生的隐患，还包含了运动场地、运动器材等因素造成的风险。受到天气因素、地理因素的影响，在下雨时，一些室外体育活动不得不停止；在天热时，一些体育活动不得不停止。天气太热，容易导致学生中暑，而体育馆的空气不流通，容易导致学生的休克。通常情况下，中小学的校区并不是很大，进而导致了体育场地受到了限制，体育设施也不完善。因此，中小学学校在活动场地、器材设施等方面不达标，也极易导致学生发生安全事故，这些也是安全风险的一种。

4. 学校管理风险

学校管理是体育安全风险中的重要影响因素，其中，学校对于教师、学生和环境的管理至关重要。一些经济欠发达地区的教学信息更新较慢，进而导致学生管理的方式比较滞后，也增加了由于管理方式不当引发安全事故的几率。而通常情况下，学校管理风险主要包括了以下几点：分别是对教师、学生的安全指导不够重视；对安全风险的学习不够重视；对体育安全方面的管理不重视等。

（四）体育与健康课安全风险识别

风险识别是对安全风险或是潜在的安全风险进行预判、归纳和鉴定的过程。通常情况下，风险识别主要包含以下两方面的内容，一是感知风险，就是对风险进行调查，及时了解风险的存在；二是分析风险，就是对风险产生的原因以及条件进行分析，进而发现风险具有的潜质。

一般情况下，采用“风险检查表”的方式能够更好地识别风险。这种方式是将潜在的风险列举在表中，进而对表中的风险进行分析辨别。因此，首先需要相关教师将安全要求编制成“风险检查表”，根据教学设计和文献资料的收集整理将学生体育安全风险进行归纳、整理和分析；其次，为了有效地识别学生体育安全风险，需要将制成的“风险检查表”交由专业的体育工作者和相关领导进行审核，对不合适的风险项目进行调整；最后，将专业体育工作者和相关领导审核通过的“检查表”作为参照。

（五）体育与健康课安全风险评估

通常情况下，列表排序法是风险评估过程中使用更为广泛的方法，教师要根据风险的发生概率和后果的严重性来开展评估工作，尤其需要注意的是，在评估体育与健康课安全风险过程中我们也需要评估风险的可控性。通过对风险进行评估、打分等措施，分析风险的大小，可以将中小学体育活动的风险按照五级评判。教师要根据体育活动中的实际情况，对风险因素的可能性、严重性以及可控性进行评估。

四、体育安全的本质内涵和作用分析

（一）课程标准倡导体育安全策略的实施

新课标坚持“健康第一”的教育理念，强调体育安全。对于体育教学而言，不仅要重视知识与技能的传授，而且还要落实安全教育。如果未能将安全教育落实，那么将可能增加安全事故发生的概率。因此，学校要对体育器材、设施、环境等方面进行改善，这样才能将安全事故扼杀在摇篮里。体育与健康教师要具备较强的知识能力，把控全场，这样才能让中小学生愉悦、安全地度过每一节课。

（二）实施的重要意义

1. 有利于保障学生的安全

在中小学体育教学中，教师要注重体育安全教育，需要引导学生了解、学习安全知识，特别是一些运动量比较大的体育项目，尤其要讲解安全注意事项，使学生尽量避免肢体受伤，将安全隐患降到最低。这样不仅有利于保障学生的身体安全，而且能够在此基础上让学生有更加出色的表现。不同运动项目对训练有着不同的要求，因此，需要教师提前针对某一个运动项目讲解规避危险的方式。例如，需要学生做好热身的项目，必须按照规定做足时间，这样才能保障学生的安全，避免其在运动中出现受伤的情况。又例如，一些难度过大的体育训练，需要结合学生实际情况，分层进行训练，对学生进行安全意识教育，这样才能强化学生的安全意识，不仅能够将安全事故发生概率降到最低，而且还能够提升体育教学的效率与质量。

2. 有利于强化学生的身体素质

在中小学体育教学过程中，通过安全教育使学生能够了解体育项目锻炼、运动过程中所要注意的事项，从而缓解他们对体育运动的畏惧感，使其能够对体育项目产生兴趣。当学生产生兴趣之后，才能全力以赴参与到体育训练之中来，并能够通过坚持锻炼，达到强化身体素质的目标。

3. 有利于促进学生的可持续发展

少年强则国家强，少年是中华民族的希望。中小学阶段是学生身心健康发展的主要阶段。尤其是中高年级的学生，身体素质发展将进入到黄金时期。大部分中小学生对于体育项目比较感兴趣，虽然会对一些难度较大的项目产生畏惧感，但还是愿意去尝试，所以，很多学生也会主动积极地去参加自己所喜欢的体育运动。但是所有运动都应该是建立在安全的基础上，如果无法保障安全，那么将可能给学生带来很大伤害，甚至是永远的伤痛。因此，在中小学体育教学中全面落实安全教育，能够确保学生在安全的基础上参与各种体育项目，将有利于促进学生的可持续发展。

《“健康中国 2030”规划纲要》明确指出，针对中小学生的体育活动，要结合中小学生的特点制定教学计划，一方面，要注重激发中小学生的运动兴趣；另外一方面，要落实体育安全教育。具体而言，要求学生每天能够拥有不少于 1 个小时的锻炼时间，并让学生能够熟练掌握一项以上的运动技能；同时，要求学生每周能够参加 3 次以上的中等强度活动，这样才能达到预期的健康标准。

五、体育安全教学的保障构建

（一）构建的原则

1. 对教学内容进行合理安排

在中小学体育教学过程中，有很多资源可以供教师选择。对于教师而言，若要构建完善的体育安全教学策略，那么就必须站在学生的角度，并结合学校的实际情况，根据气候、季节等各方面因素对教学内容进行合理安排。需要特别注意的是，教学内容的安排一定要做到周密考虑，不能凭空想象，这样才能从源头上将体育安全事故发生的几率降到最低。

2. 认真备课

任何学科，只有备好课才能上好课，体育与健康课也不例外，而教学安全的保障落实更需要做好备课。备课需要去了解自己所带班级学生的实际情况，然后结合将要教学的运动项目，分析可能存在的安全隐患，并通过备课体现出来。然后在上课之前，结合备课内容对可能发生的安全事故进行详细讲解，这样能够增强规避安全事故的预见性。备课能够让教师做到心中有数，早早做好准备，即使发生安全事故，也能够在短时间之内做好应对，从而将危害降到最低。

（二）构建的类型

全民健康理念下，国民对身体素质的发展越来越重视，而中小学体育与健康课程也变得日益重要。从实际情况来看，中小学体育与健康课程数量有所增加，而且课程内容也变得比之前更加丰富。但是在进行体育教学的过程中，必须高度重视学生的安全，因为有很多不可预见的因素会引发安全事故，将会带来一些不良影响，因此，要明确体育安全教学构建的类型。首先，由学校牵头组织对体育有关的所有器材、设施、设备、环境进行全面检查，发现有问题的应该及时维护或者是更换。其次，由教师对学生情况进行调查与分析，然后对学生进行分层。因为不同的体育项目训练强度不同，部分学生很有可能因为身体素质承受不了而引发事故，所以，教师必须做好学生分层，然后有针对性地开展安全教育以及训练内容。最后，学生自己要意识到在运动过程中一定要按照体育与健康教师所讲解的内容规范进行运动，这样才能将安全事故发生概率降到最低，从而提升运动安全防护的整体水平。

（三）构建实施的程序

第一，善思考。在进行体育教学之前，教师需要对要开展的运动项目进行讲解，讲解内容包括规范使用器械的方法、器械使用过程中存在的安全隐患、安全事故发生后的应对措施等。这些首先必须要教师从细节上去思考，然后提前制定好安全策略。第二，时刻关注。中小学生在运动过程中还需要教师做到时刻关注，关注他们有没有不规范使用器材，如果发现不规范的行为，要及时介入，以免发生安全事故。因为有一些体育安全事故就是由于学生在运动过程中麻痹大意或者是教师没有及时介入而导致的，因此，教师必须要做到时刻关注，一旦发现问题要及时介入，有利于将损害降到最低。第三，培养稳定的心理状态。在教学过程中，安全事故也有可能是因为紧张而发生的，因此，教师非常有必要为学生营造一个和谐、轻松、愉悦的课堂氛围，这样能够让学生的心理状态更加稳定一些，有利于缓解部分学生对运动项目的畏惧感，为其参加运动项目打下坚实的心理基础。第四，加强帮助。中小学生身体处于发展初期，尤其是一些低年级学生，在其运动过程中要给予一定的帮助，例如，涉及到使用器械的运动项目，教师需要给予一定的帮助，要根据学生当时的实际情况进行引导，这样才能将安全事故发生的概率降到最低。第五，运动负载量要科学合理。对于中小学体育教学而言，教师一定要遵循循序渐进原则，不能急于求成，所以，要结合实际情况对运动负荷进行合理规定，不能盲目加大训练量，特别是要避免过度的训练；同时，要引导学生重视保护易受伤的部位，不能做出不规范的动作。第六，加强器材的检查力度。课前课后都应该对学校的体育器材、设施、设备、环境等方面进行检查，例如，运动场地是否平整，器械是否有老旧的情况，器械的高低是否符合中小学生，等等。第七，要求学生上体育与健康课穿上运动服与运动鞋，而且不能在身上携带尖锐的东西，一定程度上能够避免体育安全事故的发生。

六、体育安全教学策略的实施

（一）实施的目的

体育安全教学实施的目的能够从运动参与、运动技能、心理健康、身体健康等多个方面加以考虑。实施体育安全教学主要是为了激发与培养中小学生的运动兴趣，养成良好的安全意识，从而使其在体育学习过程之中能够体验到成功的乐趣，并且通过各种基本动作，提升学生的运动能力，不断发展学生的体能，引导学生形成良好的日常行为习惯，进而提升学生的安全避险能力，推动学生的身心健康发展。体育安全教育主要是以此为基础，引入安全意识，针对不同水平阶段的学生可以从上述的几个方面来进行安全教育目标的设置。对于一般水平的学生而言，因为其本身对事物的认知度不足，所以，目标的设置侧重于他们对于安全的认知考虑，最终让其能够判断周围安全与不安全的因素，能够远离不安全的因素，能够知道遇到危险的时候要及时地求救。如，低层次水平的学生在学校能够区分哪一部分属于不安全的活动，在体育与健康课堂不应该拿尖锐的物品等。中层次水平的学生在初等的强调认知的基础上，还需要熟练地掌握安全教育方面的技能与知识，以此来规避安全事故的发生，并能够掌握一项基本的安全应急技能。高层次水平的学生需要在不安全的环境下也能够保持镇定，懂得灵活应变，寻找最佳的解决方案，让自己可以尽快地规避不安全因素。

（二）实施的过程

因为中小学生处于身体发育的阶段，其身体发育存在一定的差异，再加上不同年龄阶段的学生，其实际的认知情况也存在一定的差异，所以，体育安全教学内容需要充分地结合学生不同阶段的身心发展情况和当前学段实际情况加以分析，按照教育文件和内容的基本要求和学生体育与健康课程的标准规定进行恰当的选择。在具体实施时要考虑到校园安全、生活安全、身心安全、运动安全。针对上述不同层次的学生，按照这五个方面来制定不同阶段的安全教育内容，其实际的内容具体见表16-1。

表16-1 中小学体育安全教育的基本内容

	初等	中等	高等
校园安全	楼梯安全、文具伤害	校园欺凌处置	校园欺凌处置、危险游戏伤害
生活安全	识别交通与警示牌、消防安全、用电安全、求救电话识别	溺水预防、高空抛物安全防范、网络安全	上下学路途安全、食品安全、溺水预防与处置
身心安全	与同学友好相处、警惕陌生人	烟酒、毒品危害	烟酒、毒品的危害，网络安全
运动安全	体育与健康课的着装安全、运动之中的安全防范	扭伤、擦伤、肌肉抽搐的预防，运动中的自我保护	危险运动、设施防护、运动中的自我保护以及运动伤害的有效处理

（三）实施的方法

中小学体育与健康课的安全教育首先就是要求能够结合不同水平段学生的身心特点，改变传统的说教方式，让体育与健康课的基本内容能够与安全教育相互契合。其一，合理应用多媒体，替代体育与健康课堂上教师的安全知识灌输，让学生能够充分地认识到危险实际上就在我们的身边，并且也能够意识到人在自然之中是多么的渺小。同时，为学生播放关于应急逃生技能的视频，并且选择典型的案例来进一步加强学生的认知。其二，教师可以选择直接通过情景教学的方式，针对危险事故灾难进行模拟，并且设置障碍，引导学生开展对应的训练。通过游戏的方式，让学生练习爬、钻、攀、滚动、滚翻等技术，激发学生的学习兴趣，丰富体育与健康课程的基本内容，进而逐渐培养学生的应急避险能力。在体育与健康课的安全教育之中，还可以恰当地融入一些关于中国传统武术的基本项目，以此来增强学生的体魄。通过一些简单的安全防卫技能的教学，学生能够提升安全防范能力，并将安全真正地铭记心中。

七、课堂安全的应用实例及分析

（一）传递概念

在多年的体育与健康课教学之中，难免会碰到多种多样的安全事件，甚至其中还出现过几次严重事故，现在想起来，这大部分都是和安全教育以及组织管理有着直接的关系。总体来看，开展体育教学，不仅仅是为了让学生掌握许多的技能，更应该将学生的安全摆放在第一位。在具体的体育安全教学之中，还需要对已经出现的事故或者可能出现的事故进行合理的分析，这样才能够对后续的课堂安全教学加以引导，最终满足中小学阶段的体育安全教学需求。

（二）案例分析

1. 案例一：××小学运动安全管理方案

（1）加强安全教育

安全教育是一个长期且系统的教育过程，作为学习的一部分，应定期为教师、学生和家长举办讲座和安全知识培训班，使其不断提高普遍的安全意识。一定要培养学生的风险意识，加强引导，提醒学生不盲目与人竞争，不进行危险动作，适当调整心理状态，保持身心健康，养成良好的运动习惯，做好充分的准备活动，穿舒适的运动衣和装备。

（2）加强器材管理

为加强体育设施管理，学校应当成立专门机构，定期检查和维护场馆设施，及时发现潜在风险，禁止使用存在安全隐患的设备设施，落实责任。

（3）建立责任机制

学校要加强监督管理，定期对教师专业水平进行考核。加强对相关人员的监督，定期检查各岗位。以热情和耐心对待学生，始终把学生安全放在首位。无论是教学、训练还是比赛，其运动负荷和训练方法，都必须根据学生的身体特点量身定制。

（4）完善医疗卫生制度

要完善医疗卫生制度，设置医务室，配备基本的医疗救援药品及设施，聘请专业的校医。建立学生健康档案，定期进行学生体检，消除运动隐患，及时处理运动损伤，在日常的上课和训练中做好预防。

2. 案例二：××学校体育活动应急处理预案

在工作中，学校既要预防事故的发生，又要在事故发生后及时应对。应急预案提供信息，以确保对紧急情况进行快速、适当的控制和精确响应。参与组织体育活动的所有人员都负有专业和法律责任，要确保制定的指导方针能处理可能出现的任何紧急情况。

（1）适用范围

本方案用于我校在体育活动时学生可能发生的伤害事故中。

（2）应急处理小组

组长：校长

副组长：副校长及各年级主任

组员：办公室、教务处、班主任、体育与健康教师及校医

（3）制定应急处理预案的优点

①预防运动损伤。

②为应急情况做好准备。

③确保及时提供适当的处理。

④保护学生，履行学校管理部门的责任。

⑤增强安全意识，促进有效的应急响应。

（4）应急处理流程

①建立急救通道

必须建立快速联系渠道，从第一个发现者、第一个施救者到第一个决策者。通常，学生是第一个发现的人，如果发现意外，应及时向老师报告，并进行简单的急救。

②及时报告

若事故较为严重，应及时向校方报告，并争取尽快将伤者送往医院抢救，杜绝因故意瞒报、推脱报告而延误病情，并将伤情及时告知监护人，做好安抚工作。

③综合处理

组织并安抚学生，了解事故发生原因及经过，做到事实清楚，责任明确。

④预防事故再次发生

加强体育活动的管理，提高教师对安全的重视程度，同时对学生进行安全教育。

3. 案例三：体育教学中运动损伤的现场处理

运动损伤在体育与健康课中屡见不鲜，严重影响了体育教学和活动的正常进行。因此，教师应掌握基本的急救程序，减少伤者不必要的痛苦。这也是一个合格的体育与健康教师应该具备的基本技能。

图 16-1　运动损伤现场处理流程

（1）擦伤

擦伤是对皮肤或黏膜的摩擦或刮除，从简单地刮去一层皮肤到非常广泛的损害。有坚实的底层组织的区域，如胫骨或髂嵴，最容易受到伤害。当发生擦伤时，排除了对深层结构的伤害的可能性后，应防止感染。

——如果有条件，在处理时一定要戴上防护手套。

——用无菌纱布垫在伤口上，抬高伤口并加压，直到出血停止。如果出血持续超过10分钟，应寻求医疗救助。

——如果伤口被弄脏，用消毒剂冲洗，如果没有其他可用的清洁水，则用清水冲洗。之后用清洁或无菌的敷料覆盖伤口，以防止感染。

（2）肌肉拉伤

当肌肉过度拉伸或收缩时，就会发生肌肉拉伤。这通常是由于疲劳、过度使用或肌肉使用不当造成的。任何肌肉都可能发生拉伤，但最常见于下背部、颈部、肩部和腿筋，也就是大腿后面的肌肉。此时拉伤会引起疼痛，并可能限制受影响肌肉群的运动。

——休息，保持受伤部位的支撑，避免使用受伤部位。

——立即冷敷，可用冰块冷敷（切忌冰敷时间过长，以防冻伤）或冷水冲洗，减少局部充血水肿。在最初的48—72小时内，每两小时冰敷20分钟。

——加压，在受伤区域使用牢固的弹性绷带；切忌搓揉按摩及热敷。

——抬高患肢，使受伤部位始终保持在心脏水平以上。

——切勿使用酒精，酒精会增加出血和肿胀。

——施压绷带等急救治疗后，尽快寻求医疗帮助。

（3）扭挫伤

挫伤是一种软组织损伤，发生在组织受到伤害时，通常是直接创伤的结果，没有任何皮肤破损。这通常是由于毛细血管破裂造成的出血和炎症反应以及一些局部肿胀。当病变部位受到按压时，会感到疼痛，并出现肌肉收缩功能失调。

——立即停止运动并休息。

——用冰块冷敷 20 分钟。

——加压包扎、抬高患肢，以减轻肿胀。

——如出现骨折，使用夹板固定后应立即送往医院。

（4）脱位——关节损伤

这是由于关节处的剧烈运动而使骨头从关节处移位。这可能与关节周围的韧带、肌肉或骨骼的损伤有关。关节周围肿胀，关节变形，严重疼痛和不能活动的情况可能发生。关节的稳定性可以通过物理康复或手术收紧周围的肌肉或韧带来重新获得。当关节反复脱位时，不适当的治疗可能导致复发性脱位。

——当运动员关节脱位时，他们必须立即接受医疗帮助。

——与骨折一样，如有必要，应使用夹板固定关节。

——不要试图将关节移回原位。这可能导致对周围韧带、肌肉或血管的进一步伤害。

——在等待专业护理到来的同时用冰块治疗肿胀。

（5）骨折

当骨头受到撞击、压迫或扭曲时，就会发生骨折。骨折可以分为许多类型，取决于覆盖的皮肤状况。

——闭合性骨折：这种类型的骨折感染的风险较小，因为它没有突出皮肤，所以感染的风险较低。但它往往会造成明显的畸形。

——开放性骨折：断裂的骨头刺破皮肤，暴露出骨头和肌肉组织。这类骨折在运动环境中是不常见的。暴露在外的骨头有很高的感染风险，需要进行紧急手术来清理伤口。

在体育教学或运动现场，一旦发生损伤，如能进行迅速而正确的急救处理，不仅对救护伤者生命、减轻痛苦和预防并发症等具有重要意义，而且可以为下一步治疗创造良好条件。

（6）脑震荡

在足球、篮球等接触性运动中最常见，突然的头部撞击导致大脑在颅骨内倾斜，发生脑震荡，症状可能从轻微到严重，出现头痛和头晕、嗜睡或短暂失去意识等。

——此时切勿继续运动。

——立即让学生平卧，固定头部。

——冷敷。

——随即护送医院治疗。

（7）中暑

在这种情况下，血容量非常低，身体的冷却系统已经关闭，人停止出汗并进入休克状态。常见的体征和症状是迷失方向，可能出现无意识、无汗、皮肤热/干、脉搏快/强，体温升高，严重时甚至可能是致命的。

——将学生转移至较凉爽的地方。

——用湿冷的毛巾擦拭头部和身体，以降低体温。

——监测生命体征（如呼吸、脉搏和意识水平）。

（8）热衰竭

热衰竭是最常见的热病类型。由脱水导致的血容量减少引起。常见的迹象和症状是头晕、头痛、恶心、大量出汗、皮肤凉爽/湿润、脉搏快速而微弱、体温处于或略低于正常水平。

——将学生移至较凉爽的地方。

——抬高腿部，促进血流量。

——用冷水或冰块冷却。

——补充体液。

——监测生命体征（如呼吸、脉搏和意识水平）。

（9）鼻出血

可能是由于鼻腔黏膜干燥、空气刺激，鼻腔黏膜的毛血管破裂、出血，或者由于运动以后血压增高，毛细血管压力增高，也可能会引起局部出血。流鼻血很常见，通常是短暂的。

——如果有条件，一定要戴上防护手套。

——控制出血的方法是持续用力挤压鼻子，持续 5—10 分钟。

——鼻子两侧可使用冰块，帮助加速止血。

——不要将头向后倾斜，不要擤鼻涕。

——如果流血不止，应立即寻求医疗帮助。

第四篇 实践篇

第十七章　开展自主学习的教学实践

体育与健康教学中的自主学习是由学生自定练习目标和训练方式，并采取学生自主监测训练过程和及时评价训练成果等方法，在教师演示、精讲和协助等指导下，最后完成目标的学习。本章通过阐述自主学习的本质内涵、作用分析，挖掘出自主学习的具体举措，并在实际教学案例中进行实践。

一、构建自主学习教学策略的背景

我国向来崇尚自主学习，21 世纪的体育与健康课程也以追求主体性为主要价值指向，强化学生的主体性，强化自主学习能力，帮助学生养成自主学习的良好习惯，让学生真正积极地投身到体育锻炼当中，喜爱运动、享受体育运动，从而终身学习，但是传统的运动课程也扼制了教育改革的发展，过时的思维理念，根本就无法激发学生的学习积极性和主动性，从而大大降低了质量。因此，有必要根据当今人们对运动课程与学生自主学习的认识和现状及上述弊端制定具体的教育措施来改善旧有的运动环境，以提高学生自主学习的意识和能力。

二、核心概念的界定

自主学习，是和中国传统的接受式学习方法相对应的一门现代性教学方式。学习者以自我为主导，采用自我的分析、探究、实验、质疑、创新等方式来实现课程内容目标。《基础教育课程改革纲要（试行）》中在论述国家基础教育课程改革的具体目标时说："为了改变学校教学执行中过分重视学生去接触所学、死记硬背、机械的现象，激励学习者积极、乐意探究、勤奋动笔，并锻炼学习者搜集与管理消息的才能、掌握知识的才能、分析与解决实际问题的才能和沟通与协作的才能。"它产生的原因是当时社会对学生终身学习才能的普遍需求，面对新世纪的挑战，科技蓬勃发展，职业变化和知识更迭频率提高，一个人单纯靠在学校学的东西已远远不够，每个人都应该终身学习。由此可见，主动学习能力已经成为21世纪初人们生活的基础能力。

三、本质内涵与作用分析

1. 自主学习的意义

自主学习在运动课程中也具有十分强劲的活力，这主要是因为现在对运动课程的需求、中小学生身体素质与教学方式的差异、改善教学与老师的局限性的需求、培养学生终身体育意识。首先，自主学习能力是对当代体育运动目标的需求。因为未来的人类社会将是个需要人类持续学习的社会，持续发展和提升自身才能适应人类生存的社会，而学生们在校园受到的体育教育并不能使其够受用终身，所以，今天的体育与健康课程，就必须培养学生终身体育学习需要的自主学习能力。唯有当学生群体真正学习了如何练习，并且形成了适应性与自我调节能力才称得上是接受了体育运动教学。其次，自主学习是根据学生身体素质不同和学习方式需要的不同。中小学生身体素质差别较大，掌握运动技能的效率及动作能力的发展速率也有快有慢。由于中小学生的个体差异，学生需要在学校内针对自身的情况而开展身体锻炼活动。每名中小学生都可以在个人体质情况、学习经历、练习方法等各种因素的共同影响下，建立了一个较为稳固的掌握自主学习的基本方法。练习方法也是提高自主学习能力的重要因素。所以，要提高体育学习的效果就不得对学习者自由选择其喜爱的学习方法进行过多的限制，虽然这些方法也并非总是科学的，还有待于逐步完善。再次，自主学习也是为了突破教与学的局限。因为课堂体育学习本身的局限，所以学习者不可能只利用有限的课堂时间就掌握全部的运动理论知识。另外，每一个老师总有自己较为固定的教学方式和风格，而学生却有着截然不同的素质、运动技术基础、风格以及情感特点，因此老师们在教学上往往很难满足每一个学生的需要与兴趣。所以，学习者还需要一个在课余自己学习的过程，自己管理自身的课程，分析自身的学习特点，并选用正确的方法策略提升学业品质。最后，自主学习是培养终身体育意识的需要。当前中小学生由于对体育学习的基本意义了解还不全面，不能切实建立起“健康第一”的观念。所以，老师有必要在课堂中帮助学生培养终身体育的意识，对学生做好在自主学习策略方面的训练，包括对其自主学习的监测。

2. 体育与健康教学中自主学习缺失的原因

在个人层面，保证学生自主学习有时需要一些条件，如优秀的教师指导、专业的运动场地、选择判断自我喜欢的运动项目等。在学生想自主学习某些运动的时候，若没有专业的教师指导，会打击学生的学习信心。想自主地去参与运动时却没有专业的场地，也会让学生失去自我学习的机会。在想自主地去参与运动时，却不知道哪些运动比较适合自己，也会使学生逐渐失去运动的兴趣，大大减少学生自主学习的动力。由于上述情况，久而久之学生就养成了不爱参加体育学习的习惯。

在学校层面，目前国内学校在培养中小学生体育自主学习能力方面尚存在缺陷，主要体现在：受应试教学、重智育轻体育以及运动等于体质教学等传统教学理念的长期负面影响，学校对体育教学的关注程度不足，对体育运动基础设施投入也不足，降低了学生进行体育自主学习的积极性。体育与健康课程多数仍停留于技术与健身等方面，忽视了体育运动与娱乐文化、日常生活和安全等方面的教学，运动教学方式相对单调，创新性仍较欠缺，限制了学生运动掌握的主动性与创造性。学校体育与健康教学课外活动未能受到有效关注与充分利用，学校运动社团也缺少有效组织与指导，其功能并未得到有效发挥，限制了学生体育学习的自主性发挥。学生对体育教学意义的了解不足，使其实际投入到体育的时间与精力较少，运动学习积极性不足。

3. 自主学习可以促进学生的核心素养等可持续发展

自主学习的教育观念重视学生问题意识和解决问题能力的培养，所有的教学必然都要以培养学生在自主学习过程中产生问题、自主和合作解决问题的能力为主线去设计，以实际出现的问题形成问题链，让学生在此过程中逐渐形成知识结构。而学生采用不同的学习策略，自主解决简单问题，合作解决复杂问题，通过师生、同学之间的互动交流，获得语言表达和自我表现的机会，可以在学习过程中完善自身所需的核心素养。

四、自主学习的具体举措

1. 学校体育自主学习的最强大后盾是学校，所以要想真正做到学校体育自主学习就需要加强对学生自主学习的扶持力度

重点从如下几个方面来着力：首先，改变传统的教学理念。受应试教育、重智育轻体育以及运动等于体质教育等传统教学理念的长期影响，中小学对体育运动的关注程度不高，对体育运动基础设施投入也不够，减少了中小学生主动学习体育运动的积极性。但当今已经是一个竞争激烈的社会，终身学习已成为未来教育的趋势，学生学习要更多地依靠自主学习，而学校开展素质教育要更加注重培育学生自主学习的能力，所以要改变教学观念，让自主学习成为体育与健康教学的“利剑”。其次，改革传统的体育评价体制。评价体制与培养学生体育学习自主性有着密切的关系。传统的终结性体育与健康课程评价方法在较大程度上压制了学生体育自主性课程，所以新的评价标准需要从多元化视角考虑，强化对过程目标的评价，在各个时期设置分段的课程目标，通过逐步推行阶段性目标的评价来取代对终结性课程目标的评估。再次，加大体育自主学习的宣传力度。提高学生体育自主学习的认识和能力需要教育体制的支撑、学校的重视、教育过程中的引导。加大加深学生对体育自主学习的认知程度，使其树立正确的观念，培养他们的主体意识与自主性、终身体育锻炼的意识、独立的锻炼能力和学习的创造性。最后，完善基础设施建设。场地设施的不足严重影响着学生体育自主学习，拥挤的课堂环境、紧张的教学场地不但会影响课堂教学质量，更会在极大程度上挫伤学生的学习积极性，因此只有加强对专业体育场地的投入，为学生提供一个良好的体育环境，才能更好地帮助学生提高体育自主学习能力。

2. 激发学生强烈的体育运动兴趣与动机

在教学的整个过程中，培育学习者对体育学习的浓厚兴趣与热爱是自主学习成功进行的关键条件。兴趣爱好是学生活动和教学的主要动力，教师应该以兴趣爱好为先导，调动学生对参与教学内容的兴趣，使每个学生在积极参与中健康发展，在兴趣爱好开发中养成积极主动地参加体育运动的习惯。只有当学习者具有强大的参与动机，才会积极思索学什么和怎样学等问题，也才会制订具体的学习计划，寻找锻炼好时机，努力克服困难，并按自己的需要去积极参加体育运动。同时老师也要注重培育学生的主体意识，培育学生的社会责任感、创造力和坚韧不拔的毅力，激发全体学生的学习积极性、主动性，着重培育学生对运动的理解能力、运用技巧能力、自主锻炼能力、创新性、团队合作能力以及学生的积极个性。同时，要根据体育与健康课程的特色向学习者阐述体育运动对学习者本身的人生价值和社会意义，对学生在学习目的领域方面提供理念与远景教学，以调动学生的参与兴趣，积极而自由地练习。此外，学校还应养成学生运动的良性动机。学生体育自主学习的动力，主要有发展自身兴趣爱好、运动能力和寻求完美等，而这种内在的学习动机也是主要动机。学生的体育自主学习动机，主要是来自学生对体育运动学习重要性的认识，和对自己能力的评估。正是由于有较好的动机，学生才会积极主动地投入时间与精力到体育活动中去，其对体育活动的认识也会明显增强，那如何激发学生的学习兴趣呢？

（1）专业示范

教师在体育与健康课中用生动、活泼、形象、富于逻辑性、感染力强的话语。但体育教学大多数时候在室外进行，学生的注意力难于聚集，加之其了解动作的思考能力受限，往往不会收到预想的成效。体育与健康教师用示范的方式进行讲解，学生的视野就能获得很大的开拓，学生就能较为轻松地体会动作要领，并慢慢喜欢教师的教学风格，甚至崇拜教师，跃跃欲试，非常愉悦地享受该课程的内容，收获良好的学习效果。

（2）有趣游戏

教师可以把训练内容与游戏活动相结合，增强学生的练习积极性，并训练学生的竞争意识，使学生在活动过程中逐渐形成兴趣爱好。如学习立定跳远时，可以两个同学一组，给一定的距离，通过猜拳决定，谁赢了就可以跳，最先跳到目的地的同学胜利。这样既达到所期望的锻炼实效，又充分地培育了学员的兴趣爱好，也活跃起了课堂教学气氛。

（3）加强练习

例如在小学体育与健康教学中，应当让学生在运动实践中接受体育教育，确保教学内容的科学性与学生思想认识的统一性。如在低年级中的体育与健康课上引导学生编运动口诀：前滚翻的口诀，“一蹲二撑三低头，四蹬五滚六起身”；跳绳教学的口诀，“双手放松，手腕摇绳，双脚并拢，轻轻跳起”等。以此增强学生的兴趣，培养他们的参与意识和协作精神，发挥他们的创新能力，使他们在活动中愉悦身心，感受到体育运动的乐趣，在快乐运动中培养了学生的能力。为此，教师要了解学生，注意在练习中培养学生的参与意识，寻找运动兴趣的切入点，从而激发学生学习体育的兴趣，产生对运动的热情。

体育与健康教学内容的制定对学生的兴趣培养、自主学习也起到非常关键的作用。学校可以根据当地的运动特色或学校情况编排出学生喜爱的校本课程。编排时应考虑长远发展，需要注意两点：连续性和阶梯性。如某学校根据全国中小学生体测项目的要求，引导小学阶段六个年级的学生练习跳绳，特意编排出了跳绳的校本课程，如表 17–1：

表 17–1　体育与健康课程“1+X 教学”之跳绳教学技术套路

套路名称	动作名称	配乐名称
个人花样第一套	并脚跳—跑步跳—开合跳—弓步跳左右甩绳—滑雪跳—前后跳—前点跳	《快乐崇拜》
个人花样第二套	剪刀跳—十字跳—前踢跳—侧旋跳提膝跳—钟摆跳—交叉跳—叉步跳	*Baby*
个人花样第三套	提膝侧点跳—交叉换手跳—后屈腿跳—手臂缠绕跳—肯肯跳—旋叉直摇跳—后前点跳—单旋直摇跳	《奋斗》
个人花样第四套	连续点地跳—单旋直摇跳—侧前点跳—侧交叉跳—叉步开合跳—单凤跳—前踢后屈跳—前后旋跳	*Coffee*

（续表）

套路名称	动作名称	配乐名称
个人花样第五套	四点地跳—旋直交叉跳—侧踢跳—交叉侧叉跳—漂移跳—持续交叉跳—侧身点地跳—敬礼旋跳	《偶像万万岁》

小学六年都学习跳绳，保证了连续性，而不会出现“蜻蜓点水”的教学模式，让跳绳成了每个学生都能拿得出手的运动特长。每个年级每个学期学习的跳绳内容也是不一样的，学校根据小学阶段学生的成长特点，编排出从易到难、包括个人花样和双人合作花样、具有阶梯性的学习套路，让同学们学得更有兴趣、更有动力，促使学生自主地去进行练习。

3. 以赛促学，以赛促练

一般的传统教学方法主要注重规则的讲解和基本技能的练习，而忽视了实战的演练。这种教学方法循序渐进，让学生更容易理解，更好掌握，但忽视了学生的学习热情和积极性，很难让学生主动地去学习技能或进行课内和课外运动。当学生对所学内容没有兴趣时，再好的教学内容和教学安排也无法开展。那么如何才能激发学生的学习兴趣，把这种被动学习转化为主动求知呢？“以赛促学、以赛促教”的模式可以极大地激发学生的学习兴趣，同时也能取得较好的教学效果。该模式通过实战练习来调动学生的学习兴趣，通过先比赛再纠正动作、讲解动作要领的方式调动学生学习的积极性。

大层面的比赛，校级运动会、篮球班际赛、足球班际赛、跳绳班际赛等，一旦学校发布比赛时间，学生们都会积极地参与，提前练习。这很好地体现了以赛促练的效果：让学生们能自主地进行运动练习。

表 17-2　小学班级篮球比赛

年级	比赛项目	比赛规则
1—3 年级	迎面运球接力	每班运动员分为两组，面对面相隔 15 米，迎面绕锥形桶运球接力
4—5 年级	3 人篮球赛	全场比赛分为上下半场，每半场比赛时间各为 10 分钟，参赛队员不分组，最少不少于 3 人
6 年级	5 人篮球赛	全场比赛分为上下半场，每半场比赛时间各为 10 分钟，参赛队员不分组，最少不少于 5 人

小层面的比赛氛围：体育与健康课或大课间，就体育与健康课程建设层面而言，为提升体育与健康课程育人功能，需整合体育与健康课堂内外学练形式与内容，形成一个相互

协进的有机系统，而“学练赛”一体化教学可以成为有效的抓手。“学是运动技术习得的主要途径，练是运动技能掌握的重要环节，赛是运动能力形成的关键手段。”因此，利用好这“赛”的关键手段，就可以让学生真正地“动起来”，达到学生全面发展的目的。这个案例充分体现出通过体育与健康课的“赛”能激发起学生的自主练习热情。

五、课例：“并脚跳”

本课例属于“水平，一年级”花样跳绳第一套技术单元的课。花样跳绳是学生非常喜爱的运动项目，至于喜爱的原因，其一是因为小学生天性活泼好动，而跳绳需要跳跃，正好符合其喜好；其二是花样跳绳的并脚跳等基础动作也比较容易掌握。学生拿到跳绳，总会有种尝试跳跃的冲动，在这个过程中也是恰到好处地培养其挑战意识的时机。当学生初步掌握并脚跳后，他们可以向跳绳动作更规范、快速、安全的练习方向发展，也能够从这个学习过程中体会到，技能是可以通过循序渐进的辅助练习后而掌握。并脚跳能够激发学生的学习兴趣，锻炼其身体的协调性，同时培养其挑战自我和超越自我的意志品质。基于并脚跳技术有提升学生身体素质和培养其意志品质的作用，便设计了“并脚跳”这一课。

（一）设计思路

针对一年级学生的活泼好动、爱新鲜、乐于尝试和挑战而且男女差异不大这些年龄特点，本课是根据“体能素质与运动技术相长”的教学主张与我校体育“1+X”教学深度学习课型“运动体验—体能练习—技能习得—比赛运用”设计的。本课以体验自己想象中的并脚跳的方式为切入口，引导学生自己体验，激发学生的学习兴趣。通过和学生一起发现并脚跳的一些动作问题，分步练习并脚跳的跳动方式、摇绳方法和卡绳打地的技术动作进，循序渐进地让学生掌握并脚跳的技术动作，发展学生速度、灵敏、协调、快速反应等综合素质，培养学生自我挑战、自我超越和顽强拼搏的意志品质与安全锻炼的意识。由于本课主教学内容以下肢练习为主，因此教师在完成主教学内容的同时安排了体能练习，发展学生的上肢力量，学生通过不同骨骼肌交替运动和各种不同的运动锻炼形式交替进行，使上下肢得到均衡锻炼，同时避免局部肌肉过度疲劳，增强人体各系统生理机能，有利于维持机体健康，达到均衡锻炼的目的。

（二）学情分析

一年级学生活泼好动，模仿能力和好奇心强，自主学习能力较弱，但对跳绳缺乏了解和动作基础。以规范的跳绳动作技术施教，正好为其动作发展和身体素质打下基础，通过游戏的方式开展教学会更加符合这阶段学生的心理特点。本课结合所教学生的实际情况，让学生以小组合作的形式进行学习，从而培养学生协同学习的能力和团结合作精神。

（三）教材分析

跳绳是"水平一"学生非常喜欢的运动项目，能够促进学生肌肉骨骼的发展，特别是可以发展学生的下肢力量、上下肢协调配合能力、身体的灵敏性、柔韧性等，对学生感觉统合训练起到很好的作用。并脚跳绳是花样跳绳的基础，内容包括正确的跳跃方式和摇绳方式，对于一年级同学来说需要循序渐进地掌握。

（四）教学流程

课堂常规—跟音乐慢跑和跳跃以及热身操进行热身—体验跳绳—游戏"请你和我跳一跳"—"摇摇绳、比一比"—"我的绳我做主"—游戏"谁是跳绳小达人"—1 分钟并脚跳比赛—游戏"丛林大挑战"—放松、小结，宣布下课。

（五）教学目标

运动能力：学生通过学习掌握并脚跳绳动作技术方法，并让学生进行并脚跳短绳速度比赛，建立花样跳绳运动基础，发展学生下肢和身体的协调与灵敏等身体素质。

健康行为：激发学生跳绳学习的内驱动力，培养学生对花样跳绳运动技术的学习能力。

体育品德：培养学生挑战自我、顽强拼搏的意志品质。

教学重点：摇绳与脚的配合。

教学难点：小臂带动手腕摇绳，手脚协调。

教学准备：篮球场 1 块，跳绳 41 条，音响 1 台。

教学过程：

1. 准备部分

（1）跟随音乐慢跑

（2）模拟与跳绳相关的一般性体能练习

教师放音乐，教师带领，学生模仿动作，在规定区域活动。

【设计意图】带领学生练习并脚跳相关的一般性体能练习，如左右跳等动作，有助于学生形成动作概念。

2. 基本部分

（1）学生体验跳绳动作后教师示范讲解

让学生自行尝试体验自己理解的并脚跳动作。这时有的学生多次尝试不能成功，有的学生侥幸成功跳过。当同学们发动脑筋想跳更多次绳时，教师启发学生要学会通过分步练习来提高自己的跳绳水平。观察和聆听老师的示范和讲解。

【设计意图】体验跳绳的方式可以达到“不愤不启”的效果，激发学生的学习积极性，使学生渴望将并脚跳的技术动作掌握。

（2）游戏“请你来和我跳一跳”

通过各种跳跃的方式，发展学生的跳跃能力和身体协调能力。

【设计意图】让学生通过多种形式的跳跃形成运动概念，通过学练左右跳、前后跳等动作为并脚跳绳打基础。

（3）游戏“摇摇绳，比一比”

两个同学为一组，一人摇绳，一人模仿动作进行并脚跳练习，摇绳 8 个八拍后再换小组同伴摇绳。

【设计意图】通过单独练习摇绳动作让学生的摇绳更加规范，使学生手臂肌肉形成记忆，利于后续的动作掌握。

（4）游戏“我的绳我做主”

两手握绳的两端，绳由体后前摇，当绳摇到脚下时双脚脚尖迅速翘起卡住绳子。

【设计意图】掌握起绳的方法，让学生理解绳打地，掌握跳过绳的时机。

（5）游戏“谁是跳绳小达人”

通过 30 秒跳绳挑战，将学生分成两个层次：如 5 次以下为 A 组，尝试 30 个并脚跳绳成功后，提升难度，并脚跳向前移动，到达指定位置，做俯卧撑 10 个。如 5 个以上为 B 组，进行起绳练习 20 次，提升难度，挑战连续跳 20 个不断绳加 10 个上下蹲。看谁能更多次做到连续跳不卡绳。

【设计意图】分层学练的环节是为了不同学习进度的学生而设定的，技术动作掌握得快的学生适时地给予更高的学习任务和挑战，技术动作掌握慢的学生给予循序渐进的指导，这样不仅给予学生差异化指导，也能够照顾到全班学生的学习进度，凸显学生的主体地位。

（6）跳绳达人争霸赛

教师组织学生进行计时比赛，这时所有同学都分外紧张，都想不失误，想让自己在规定时间内跳的次数更多，每个小朋友都跃跃欲试。

【设计意图】进行小组比赛，通过学以致用的方式强化学生课中掌握的运动技能，提高学习效率的同时，锻炼学生顽强拼搏的意志品质。

（六）教学后记

这节课，孩子们在课上不断尝试、积极投入后有部分同学并脚跳动作越加熟练；有部分同学从不会跳并脚跳到会跳，经历了从学练基础跳跃到规范摇绳再到完整并脚跳绳的学习过程。课后小结时笔者看到他们那快乐的神情，笔者深感欣慰，一种身为教师的成就感油然而生。这种达成教学目标让学生学有所得的感受，使笔者坚定了“以生为本”进行教学设计的想法。正是因为笔者不断学习课程标准，对学生主体地位形成深刻理解，才能遵循循序渐进的原则设计让一年级孩子能逐步掌握技术动作的课。虽然并脚跳在我们看来是较为容易的动作，但是对于刚接触跳绳的一年级学生来说，还是有一定难度，需要遵循儿童身心发展规律去设计教学方案。

本节课，为了激发学生学习跳绳的兴趣，笔者采用了“验、研、学”的教学模式，通过体验式学习，引导学生主动学习。在课的教学组织方法中，笔者运用我校深度学习体育“1+X”教学“场”的变革所倡导的“无卡顿”教学组织方法，通过对部分学生和小组的指导来代替全班完全停止集中讲授的传统教学手段，使课堂流畅运转的同时，又提高了学生的练习密度，这样做不仅没有打断学生的练习兴趣，而且更凸显了学生的主体地位。

对于并脚跳的教材分析，在备课时，笔者与同科组的跳绳专业老师积极探讨，分析了本教学内容基础跳跃、摇绳、过绳时机的三个要点，并确立了本课重难点，并运用递进式的练习方法来突破重点和解决难点，让学生能在自己的最佳学习区进行挑战，鼓励每一位孩子去积极挑战自己，跳得更规范更多。从他们汗湿的头发和通红的脸蛋上，笔者知道他们都投入到课堂练习中去了，学生的积极参与就是对老师最大的认可，作为老师笔者也由衷地高兴。

当前，体育与健康课程存在缺乏联动、衔接不足的现象，课内课外缺乏衔接与整合。因此，我们要树立体育大课程观的意识，实现从课堂教学到课程教学。把体育与健康课堂单一的运动技术教学拓展到课余锻炼、运动竞赛中去，不仅体育与健康课可以比赛，大课间也可以进行比赛。如学期初各年级组制订好学期教学计划后，还要设计与之相一致的大课间体育活动内容并进行全校公示，并且根据单元计划开展各年级每月一次的体育小竞赛或小型运动会，在上述过程中将发现的一些优秀的体育苗子吸纳到相应的体育社团中。同时还关注假期学生的校外锻炼情况，要求学生进行线上锻炼打卡，对每个学生均有相对应的学习跟踪档案，对每位学生在课堂教学、体育大课间活动、课余训练、课外锻炼、运动竞赛等环节进行综合评价，拓展与延伸了学生体育学习空间，形成了内外联动与灵活多样的课程育人途径，从而建立一个内在统一、横向一致、内外衔接的体育与健康课程体系。

六、游戏激励法

在体育技术技能教学中，重复地练习一个内容通常是很枯燥或很乏味的，这样一来学习者的积极性就会逐渐地下降，对体育与健康课会产生厌倦，甚至感到非常厌烦。当出现这种的状况时，我们就需要选择几个和这堂课程教学内容有关的运动游戏，并适当运用游戏，改善单调乏味的训练形式，从而培养学生的学习兴趣。在变化的情景下增加动作技巧，还能够促进学生对动作技巧的学习，让学生们既掌握了技能又有机会娱乐了。

课例一：水平一，二年级，上课内容是跳绳“开合跳和弓步跳”。为了能让学生更能主动地进行练习，设计了一个游戏环节：腿部的“石头剪刀布”——两个学生为一组，教师放音乐，让学生跟着音乐的节奏进行徒手的并脚跳，但听到教师喊“石头剪刀布”的时候，音乐暂停，学生通过腿部的动作进行对决。学生们不仅在游戏中体验到乐趣，而且还练习了动作，对后面有绳练习有很大的帮助。

课例二：水平二，三年级，上课内容是田径“速度之星挑战赛”。为了能让本节课的学习气氛活跃起来，我设计了一节跑步游戏课。首先是开始部分，课堂常规结束后进行队列队形练习，不仅锻炼学生的队列动作，而且调动队形——从一级大方阵变成二级小方阵，为学生创造出更大的活动空间。接着是准备部分，全班同学围绕着放在地上的手环进行慢跑热身，同时对几个跑步的主要关节进行活动拉伸。然后是基本部分，为了提高三年级学生对跑步课的学习兴趣，我设计了三个游戏。游戏一是“喊数快跑”，四个学生一条队围绕地上手环进行慢跑，当听到老师喊到几号数字的学生时，该学生迅速跑到队伍的最前面。游戏二是“眼急脚快”，两人为一组进行比赛，能量手环放于两人之间，谁先踩到手环为胜者，输的同学做一个立卧撑。开始时，学生进行原地的小步跑或高抬腿，老师喊肩部时学生摸肩部，喊腰时摸腰，当听到老师喊出“能量手环”时，快速跑向能量手环。游戏过程中，为了提高学生们的感知统合能力，距离和比赛对手都会进行改变。本节课的高潮部分就是九宫格“速度之星挑战赛”游戏，四人为一组进行比赛，以接力的方式，把“能量手环”放于九宫格中，看哪个小组最先把三个格子连成线算获胜。三个游戏的共同目的都是锻炼学生的跑步速度，提高动作频率，解决重点练习内容。

课例三：水平三，五年级，上课内容是篮球《高低运球》。根据高低运球的特点，上课时设计了一个游戏环节“红绿灯”，当教师喊“绿灯”时，学生们通过高运球在篮球场上行进间运球，听到“红灯”时，迅速降低身体重心，原地低运球。通过这个游戏，学生的练习积极度大大提高，课后学生们还会自我组织，几个学生分组进行游戏，在玩游戏的过程中，将本课内容篮球“高低运球”重复复习，从而巩固了动作，对后面课的内容有很大的帮助。

七、总结

学生的自主学习过程中，只有在经过教师的积极组织与引导之后，在由教师所创设的良好教育氛围中，才能实现，而教师则在学生的自主学习中担任组织者、推动者、帮助者、指导者的重要角色。引导学生自主学习，就有利于确定学习者的主体地位，调动学生学习体育与健康课的积极性，进而培养自主学习能力，为学生终身体育打下坚实的基石。

培养自主学习的能力是为了适应信息时代的需要，是素质教育的基本目标，也是教育自身发展和学生终身体育的需要。这个过程不仅训练了学生的主动学习能力，调节了中小学生对体育活动的强烈的兴趣爱好，也培养了中小学生的表现欲和参与欲，进而促进了课堂教学效率的提升。培育学生的主动学习意识，老师也应转换教育理念，讲究教学方法，优化教学环境，培养学生的责任心，积极引导和鼓励学生进行自主学习和自主创新。

第十八章　教学内容结构化的教学实践

时代在发展，教育要面向未来，为社会主义现代化服务，体育与健康教学是现代化教育中的重要组成部分，体育与健康教师要建立起教学间的各种内在、外在联系，并将教材内容进行重组与分配，使教材内容相互衔接、前伸后延。如在专业技能的学习、巩固和运用时，可前伸到基础知识、辅助技能的学习、复习和巩固，可后延至比赛、裁判、欣赏、体育文化的迁移和拓展等。教学内容结构化有助于学生更好地学习。

一、构建中小学体育与健康结构规范化教学体系的背景

（一）中小学体育结构规范化教学体系提出的相关背景

新课标中提出："体育与健康课程根据学生运动技能形成规律和身心发展规律，整体设计课程内容，体现保证基础、重视多样、关注融合、强调运用等理念。保证学生学习和掌握结构化的基本运动技能、体能、专项运动技能和健康技能等，为学生参与运动和养成健康的生活方式奠定基础。"体育结构规范化教学在有限的课堂时间内，把学生当作课堂教学的主体，有自主思考与探索、自主学习与创新的时间，而且有师生间的互动，培养学生参加体育锻炼的习惯，从而提升学生的全面素养。

（二）国内外教育界的相关研究现状

体育运动是具有一定结构化的身体活动，体育与健康教学需要根据学生身体发展规律和运动技能形成规律进行教学活动，才能促进学生更好地学习和掌握运动技能，从而提升自己的运动能力和体育素养。2021 年 9 月上海市长宁区教育学院马雪明发表了《体育结构化教学视域下初中体育"四段九教案"大单元教学设计与构想》，他基于大单元教学理念提出了新的教学设计模式，打破了原有的小单元教学设计的思路，把碎片化的教学有机整合和配比，使体育与健康教学结构化、知识学习体系化、认知结构完整化，以便更有利于学生体育的学习和素养的提升。东北师范大学南湖实验学校徐庆涛在《体育学科结构化教学的实践探讨》提出挖掘教学内容核心元素，构建知识立体关联结构。山东淄博市张店区教师进修学校李光银在《义教阶段体育课堂教学规范化研究》中提出课堂教学规范是教

学规范的核心规范，其他规范是为课堂教学规范服务的；通过规范课堂教学，再依据运动技能形成规律。

二、体育结构规范化教学概念

体育结构规范化教学是指教师结合教学理念、目标、内容、学情、评价等精心设计，以学生学科核心素养的持续进阶为目标，基于单元教学整体发生和发展，将内容、策略、行为等进行整体融合，由教师、学生、教材和教学媒体等四个因素的相互联系，明确学生在课堂教学中的主体地位，确定各个教学环节，构建优质、高效的体育与健康课堂。

三、体育结构化教学变革的单元与主题关系

核心素养导向下的“大单元教学”以大主题或大任务为中心，对学习内容进行分析、整合、重组和开发，具有明确的主题、目标、任务、情境、活动、评价等要素。统筹规划和设计具有多种课型的结构化教学单元，需要体育与健康教师依据体育与健康课程标准和教材，建立好学科核心素养与学科核心内容之间的关系，选择有利于培养学科核心素养的知识、技能、问题、情境、学习、练习、比赛、评价等结构化、进阶式的教学设计和组织。聚焦教会、勤练、常赛，逐步完善“健康知识＋基本运动技能＋专项运动技能”的学校体育教学模式，每一名学生都要学会至少一项体育技能。

四、体育结构化教学变革单元中的关键内容

新一轮基础教育课程改革对发展学生核心素养的新要求，从大概念、大主题、大单元架起连接学科知识与核心素养的桥梁，课程改革的核心依旧是高质量课堂教学。在“教会、勤练、常赛”的背景下，为引导教师转变观念，进一步落实核心素养，突出体育与健康学科的育人特征，要积极探索构建融合技术、战术、体能、规则、礼仪文化和体育品德等多个维度的结构化大单元，引导学生在真实情境中发现、分析与解决体育与健康问题，掌握结构化的知识与技能，形成高阶体育思维，创设“学、练、赛、评”一体化的学习情境，真正让学生掌握1—2项运动技能。

五、体育结构化教学变革设计的有效教学

（一）优化发展技战术、体能和心理方面的教学内容

1. 根据学生全面发展需求优化课堂教学设计

新课标指出：“学科核心素养是学科育人价值的集中体现，是学生通过学科学习而逐步形成的正确价值观念、必备品格与关键能力。”它将体育与健康学科核心素养凝练为运

动能力、健康行为和体育品德三个方面。

教师在深刻了解体育与健康学科核心素养的基础上进行课堂教学设计，以学生为中心，明确每节课的教学目标，逐渐摸索出“学（目标定向）—练（整体感知）—赛（质量提升）”的教学结构形式，优化课堂结构环节。将课堂教学目标定位为培养学生的核心素养，达到培养学生的综合素养这一目标。

课例一：“局部 2V1 战术练习 + 往返跑结合传接球”——以发展技战术能力 + 体能素质为例

（1）学（目标定向）：在教学中，依据循序渐进的教学原则，由易到难，逐渐掌握战术重点，纠正易犯错误，从而突破难点。导入欧洲杯情景，让学生进行球性学练，复习掌握脚内侧传球技术和往返跑结合传接球技术技能。解决教学重点——传球后积极跑位，形成良好的进攻意识。

（2）练（整体感知）：研究解决局部 2V1 战术问题的手段和方法，针对存在的传球准确性和加速跑进行改进，解决教学难点——传球的准确性和跑位的突然性。

（3）赛（质量提升）：形成脚内侧传球与跑位技能——结合实战进行被动防守的局部 2V1 战术脚内侧推射练习，增强运动能力。

2. 落实课堂教学有效评价

《〈体育与健康〉教学改革指导纲要（试行）》指出：“打破以往只对运动技术、体质健康等某一方面的评价，要更加注重‘知识、能力、行为、健康’综合评价指标体系的建立。”学业评价是对学生学习过程与学习结果的评价，基于学生运动技能形成的规律，包括对运动能力、健康行为、体育品德的表现。在实际教学当中，如何来落实课堂教学的学业评价呢?

以体育与健康学科核心素养为准绳，以课程标准为依据，结合《国家学生体质健康标准》《“体育艺术 2+1 项目”技能标准（试行）》，以学生为主体，掌握学生运动能力、健康行为、体育品德的知识点与能力点，重视学生学习方法和学习能力的培养，对不同学生的学习要求，采取不同方式的评价，落实课堂教学达标率，让学生欣然接受，提升学生的核心素养。

课例二：“体操：前滚翻—肩肘倒立”教学有效评价

前滚翻—肩肘倒立是以静力练习为主、动静结合的倒立动作，对学生身体力量、控制能力、平衡能力及协调能力要求比较高。在采用探究学习法、合作学习法中，特别注意学生的个体差异，确保每一位学生能获得最佳的学习效果，教学过程融入游戏、比赛，提高学生对体操技巧的学习兴趣。

（1）教学方式

表 18-1　教学方式与内容安排

教学方式	内容安排
学	在家观看肩肘倒立微视频，并在课堂中利用图纸进行小组探究学练，自己或两人合作能基本完成前滚翻—肩肘倒立的组合动作
练	1. 小组探究练习仰卧屈腿—展髋撑腰、仰卧举腿、滚动后倒传花球游戏。 2. 两人合作学练完成前滚翻—肩肘倒立
赛	滚动后倒传花球比赛、前滚翻—肩肘倒立—小推车比赛
评	1. 是否积极投入练习 2. 是否主动与同伴研究图纸、交流讨论、配合练习 3. 是否能在练习、比赛中运用所学技术

（2）课堂评价

表 18-2　课堂评价等级表

星级	评价方面
三颗星	老师起到组织、引导学生思考、讨论练习的作用；学生体现出良好的团队合作与交流沟通能力，能熟练将前置技术和本课研讨学练成果运用到游戏和比赛中
二颗星	老师起指导和组织的作用；学生能和同伴就学习内容进行交流讨论，能基本将前置技术和本课研讨学练成果运用到游戏和比赛中
一颗星	老师为主体；学生基本不参与交流讨论，技术运用不纯熟，没有积极参与到每一个练习

3. 提高教师专业素养，优化教师教育理念

体育与健康教师的教育理念和教学能力是影响教学效果的各种因素中最直接、最明显、最具效力的因素，是提高体育与健康教学效果的重要途径，是发展学生终身健康的保证，因此我们要从根本上变革基础体育教育的教学理念、手段和方法，以帮助学生在体育锻炼中享受乐趣、增强体质、健全人格、锤炼意志与“教会、勤练、常赛”紧密结合为宗旨，实施课堂改革。为落实课堂教学改革，将在以下几个方面努力：从教师教学发展中的困境入手，并提出应对策略。

（1）缺乏教育教学新理念

应对策略：新时代的体育与健康课堂，应帮助学生在体育锻炼中享受乐趣、增强体质、健全人格、锤炼意志与“教会、勤练、常赛”紧密结合，作为学生掌握运动技能的常态路径，没有赛、没有大强度的体能素质训练、没有孩子的合作情感和对情境中问题的思考，将难以体现核心素养。所以要进行体育与健康教学的变革，向“教会、勤练、常赛”转变教学理念，提出具有针对性的、可操作的教学目标；根据教学目标引领教学内容和教学评价。引领学生独立学习，充分给予学生自主体验、感知、领悟的课堂感受，让学生在自主学习探索中掌握健康知识、提高运动技能，培养学生的核心素养。

（2）体育教学基本功不扎实

应对策略：通过参加体育与健康教师基本功大赛、体育微课程大赛、体育说课大赛等提升教学设计能力与教学资源开发能力；通过名师工作室跟岗学习、听评课、参加学术交流会等提升教学沟通与管理能力。

（3）现代教育技术能力不足

应对策略：信息化社会为现代教育教学开辟了新天地，各种现代化教学手段已运用到教学过程中，从而使师生间的联系和沟通更快、更深、更广，体育与健康教师必须具备现代教育技术的运用能力。实现老师与学生之间的即时互动、资源推送和作业任务，激发学生在移动设备上的自主学习，实时掌控学生练习的强度和密度，为老师提供高质量的教学研究大数据，并实现基于人工智能技术的个性化智能助学和智能助教功能。

（4）体育教科研的意识能力不强

应对策略：“教而不研则浅，研而不教则空”，鼓励优秀青年体育与健康教师树立强化成就感意识、增强求知欲望、多阅读专业类书籍、强化科研意识，同时参加教科研讲座与外出培训活动。把单纯关注和过度关注科研水平转变为兼顾科研与教学，破解重科研轻教学的难题。

（二）优化单元教学整体设计，与素养目标有效对接

在体育与健康教学中，各个运动技术动作之间具有一定的关联性，这些运动技术动作以串联的方式，承上启下的结构特点，逐渐进入学生的学习视野。随着学生年龄增加，学习和掌握的动作概念和熟练程度也随之增多，表面上看杂乱无章、无迹可寻，但这些动作在教材编排上是按照一定的结构顺序进行排列的。所以需要教师深入挖掘教材内容，从单元整体进行整合和分析，这样才能按照相同结构串联知识，引导学生掌握好新的知识结构，完成每一阶段的学习任务。

素养目标设计是体育与健康教学的灵魂，教学目标要基于学生的学情，通过层层递进，帮助学生通过体育练习，在体育练习中形成核心素养，在体育练习中成长和发展。

因此，体育与健康教师要提升教学设计，从关注单一的知识点、单节课时转变为有结构的单元整体教学设计，改变学科知识点的碎片化教学，真正实现教学设计与素养目标的有效对接，

落实课程育人目标。

如水平三“脚背内侧踢地滚球”第五课时教学中，足球传球能力的摆动腿技术（技战术能力 + 体能素质）发展的教学实施：

（1）围绕教学思想和课程设置来研究教学设计，坚持“健康第一”的指导思想，遵循“以学生发展为本”的教学理念，通过各种球性练习，不同距离多人或多球的脚内侧传球等来强化学生的感觉统合能力，从而让学生系统地体验足球脚内侧踢地滚球技术的学习，体现以学生为本的教学思想。

（2）围绕教学目标、教材内容、教学评价的研究来组织教学，教学组织严谨有序，采用循序渐进、由易到难的教学方法：慢跑热身→各种球性练习→复习脚内侧传球→不同距离双人或多人的脚内侧踢地滚球→脚内侧踢地滚球迎面接力（渗透 30 米快速跑练习）→放松、表扬与评价，体现“承前启后”的教学原则。能注意课堂教学常规的贯彻，主教材脚内侧踢地滚球跟迎面传球接力互相渗透，进行教材的创新，课堂气氛活跃，同时渗透健康行为和体育品德。实施分层教学，使每个学生都能享受脚内侧传球的成功感，课的过程清晰简明，课堂教学模式规范同时有一定的个性。

（3）围绕教学方法和教学手段来研究开展教学，运动负荷合理、方法手段有效，有助于学生系统地学习掌握脚内侧传球技术技能和发展体能素质。 在教学过程中体现“学中练、练中学、赛中发展”的教学方式，符合“体能素质与运动技术”的教学主张。

（三）优化不同层次学生的有效学练教学

1. 基于自主练习，增加学生小组学习空间

课堂教学中培养学生合作意识与合作能力，引导学生主动学习是充分发挥学生主体作用的重要途径，在课堂教学的结构设计中应增加学生小组学习的空间，培养学生自主发展的核心素养。传统的体育教学过程中，教师是课堂教学的主体，教学方式主要是训练式，体育与健康教师发令学生统一做各种练习，体育与健康课堂教学氛围非常的枯燥，在这样的学习环境之下，对学生练习的积极性、思维培养、合作能力有着极大的阻碍作用。现阶段教师需要做的就是将学生从被动学习的一方转变为主动学习的一方，使课堂教学的氛围活跃起来，通过以学生为主体的小组合作课堂练习，教师引导学生进行自主练习、小组合作并增加对抗练习来调动学生学习的积极性，还要为学生创造出独立思考、独立学习的机会，从整体上提高学生的创新意识与能力。

2. 基于因材施教，增加教师教学针对性

随着社会与教育的发展，学生的个别差异越来越明显，作为教育者应该树立整体育人、

全面育人的观念，要对每个学生负责，“承认差异，利用差异，发展差异”，在教学实践中，做到因材施教。依据教学内容，结合学生的身体素质以及掌握水平，优化不同层次学生的练习时间与练习方式及要求，对优秀学生进行精讲精练，讲练结合，学生能自己学会的不讲，能小组合作学会的不讲，有一个学生会就让这个学生讲，老师不讲，达到课堂结构的最优化，课堂效果的最佳化。对体育学困生，体育与健康教师应充分了解其特点和学习情况，针对学生的整体要求和个别差异，要做更多的示范和讲解，点拨得及时、点拨得恰当、点拨得巧妙，实施到每一个学生。在体育与健康教学中教师有针对性地分解示范和学生有针对性地掌握动作，不仅增加了师生间的互动，将教师和学困生融为一体，必然有效提升体育与健康课堂教学的效率。

六、提升体育与健康结构化教学效能的考量

教学有法，教无定法，贵在得法，教师在课堂时间内最大限度地完成教学目标，需采用优化、恰当的课堂教学实施策略，如：促进多元发展策略、开放互动教学策略、深化教学拓展策略等。因此，在体育与健康教学中体育与健康教师要优化教学方法，注重对学生创新思维能力的启发和训练，激发学生的创新精神，构建灵活多变的课堂，以适应时代与社会的发展需要。

1. 鼓励学生大胆质疑问难，培养思维的批判性

学起于思，思源于疑，“学贵有疑”，质疑是人类思维的精华，质疑的过程本身就是积极思考的过程，也是提出问题、发现问题的过程。创新离不开怀疑和批判，善于怀疑、敢于质疑是创新思维的起点，也是培养勤思、善思的创新品质的前奏。传统教学中教师是至高无上的监督者，主体性、民主性荡然无存，这样无疑熄灭了学生思维的火花。因此，要鼓励学生不迷信盲从，大胆挑战和否定自己的知识权威，提出一些创造性的问题。

2. 创设问题情景，培养思维的灵活性

苏联教育学家巴班斯基认为：在教学过程中，为学习困难的学生创造取得成绩的情景是刺激学生兴趣的有效方法。以教材为载体，充分挖掘蕴涵其中的创造性因素，以思维训练为主题组织教学，基于所教内容及相关教学资源设计适量新颖别致、灵活多变的思考题，发展学生的横向、逆向、类比、联想等思维，将其思维带入一种积极思考、勇于探索、急于寻找答案的氛围之中。通过讨论、争论、辩论，学生思维的创造性得以充分发挥。

3. 树立创新理念，培养学生创新思维

教学理念是在教学过程中用以指导教师教学行为的思想观念，是教师对教学的本质和

规律深刻理解基础上的高度概括，蕴涵着教师的理性智慧，凝聚着教师的积极情感。不同的教师由于不同的教学理念而出现不同的教学行为选择。传统型教师在教学中重知识、轻能力，重理论、轻实践，重共性、轻个性，重继承、轻创造，导致学生思想僵化、创造精神萎缩，而树立创新教育理念是培养创新思维的前提。体育与健康教师应树立正确的教育观、质量观和人生观，要结合自身特点、学生实际及教学条件等，从最优化原则出发，采取灵活、高效的方法，激发学生的创造意向和创造热情，启发学生多维度、多角度思维，训练思维的发散性、求异性和创造性，培养学生的创造精神和创造能力。

4. 利用多媒体技术，培养学生发散思维

发散思维又名创造性思维、扩散性思维、辐射性思维。体育与健康教学中应注重突出发散思维能力的培养，使学生从不同角度、不同方面、多种目标、多种程式、结果或方案去发现、分析和解决问题，使学生的头脑中涌现出尽可能多的具有独创性的想法和解决问题的可行方案。多媒体交互网络系统将数据、文字、图像、动画、声音有机地集成在一起，其漂亮的界面、妙趣横生的画面、丰富多彩的学习活动极大地调动了学生参与的热情与积极性，具有开放性、主动性、互动性及多样性、集成性、交互性等特征。多媒体技术的推动使计算机从单一处理字符信息的形式发展到能同时对文字、声音、图像和影视等多种媒体信息进行综合处理，由无声世界进入有声世界，由静止画面进入动态画面、影视图像，学生完全处于一种与自己生活背景和思维模式相对差异较大的学习环境之中，必然会产生意见、想法、观点的不一致，这样容易克服学生因两种思维定式造成的想法的单一性，不同的观点又进一步启发学生的思路，形成学习的良性循环。

5. 利用研究性学习，培养学生创新思维能力

研究性学习是近年来教育改革的热点。作为一种从学习者个体发展的需要和认识规律出发的培养创新能力的学习方式及创新人才的培养方式，它为创新思维能力的培养提供了新思路，具有开放性、延展性、协作性、参与性、系统性、可控性、实证性和自我纠正机制等特征。黄远振指出：“研究性学习是指学生基于自身兴趣，在教师指导下，从自然、社会和学生自身或生活中选择和确定研究专题，主动地获取知识、应用知识、解决问题的学习活动。”而创新思维是思维活动的特殊形式，是在个人已有经验的基础上发现新事物、创造新方法、解决新问题的思维高级过程。研究性学习的最大特点就是打破了传统教学模式，要求教师充分发挥学生的主体作用，突破课堂教学的封闭状态，通过创设类似科学研究的情景，让学生以问题为重要载体自主探究、实践、发展和体验，主动认识和接受教学内容，挖掘学习潜能，主动学会对信息进行收集、分析和判断，去获取知识，应用知识。

研究性学习对知识的选择、积累和运用完全以问题为中心，呈现纵横交叉的状态。而创新思维能力与知识的多寡密切相关，知识的继承是创造的前提与基础，充足的知识储备为创新夯实了雄厚的基础，离开知识的创造无异于空中楼阁。因此，研究性学习是一个知识建构的过程，也是一个创新个性、创新能力和合作精神的造就过程。新形势下，体育与健康教学必须重视科学、系统地培养学生的创新思维能力，激发学生的创新欲望，促进学生的个体发展和创造性学习，设计有利于激发学生创新性思维的问题。只有这样才能把学生培养成符合现代社会发展需求的具有创新潜能的人才。

七、体育与健康结构化教学应用实例及分析

课例一

“颠球 + 脚背外侧控传球 + 头球 + 传接凌空球单元（模块）”的第 10 课时——局部 2V1 战术 + 往返跑结合传接球教学设计

（一）设计思路

本课以“健康第一”为指导思想，以“体能素质与运动技术相长的教学主张”作为本课的设计思想，把体能素质课练融入到运动技能练习中，通过各种球性练习、颠球练习、脚背外侧控传球、头球、传接凌空球等来强化学生的感觉统合能力，从而让学生系统地掌握局部 2V1 战术的基本技能技术，达到比赛的要求，并促使学生能以足球运动作为锻炼途径，活跃校园足球气氛。

（二）学情分析

我校校园足球的发展起步较晚，但大部分小学生都会对这项运动产生好奇心和兴趣。授课对象是小学五年级学生，他们初步接触足球，正处在学习球类运动的启蒙阶段，因此使其熟悉球性，提高控球能力，培养其对球类运动的兴趣很重要，在教学中要尽可能多地创造条件让学生接触球。在上一节课的基础上进行局部“2V1 战术 + 往返跑结合传接球”的技术教学，使学生对基本技能技术战术有一定的认识。

（三）教材分析

局部 2V1 战术是属课程标准“水平三”运动领域目标中一项重要的教学内容，是足球运动中最基本的技术之一，是足球比赛中最常见的一个战术，也是小学体育教材的重要组成部分，它对发展学生的柔韧、协调、力量等身体素质有着显著的效果。本课根据《东莞市九年义务教育阶段小学体育与健康课程教学指导意见》，以构建高效课堂为目标，结合小学生的生理与心理特点，把学生带到快乐、高效的体育与健康课堂中。

在教学中，按照循序渐进的教学原则，由易到难，逐渐掌握战术重点，纠正易犯错误，从而突破难点。

重点：传球后积极跑位，形成良好的进攻意识。

难点：传球的准确性和跑位的突然性。

（四）教学流程

开始部分：课堂常规，欧洲杯情景导入。准备部分：慢跑及运动专项热身，球性练习。基本部分：（1）复习脚内侧传球；（2）往返跑结合传接球练习；（3）局部 2V1 战术练习（渗透脚内侧推射练习）。结束部分：放松、表扬与评价。

局部 2V1 战术练习 + 往返跑结合传接球（技战术能力 + 体能素质）发展的教学实施：

第一环节“学”：让学生进行球性学练—复习掌握脚内侧传球技术—往返跑结合传接球技术技能。

第二环节“练”：研究解决局部 2V1 战术问题的手段和方法，针对存在的传球准确性和加速跑进行改进，解决存在的问题。

第三环节“赛”：形成脚内侧传球与跑位技能—结合实战进行被动防守的局部 2V1 战术脚内侧推射练习，增强运动能力。

（五）场地器材与布置

标准足球场 1 个、足球 40 个、标志物 8 个。

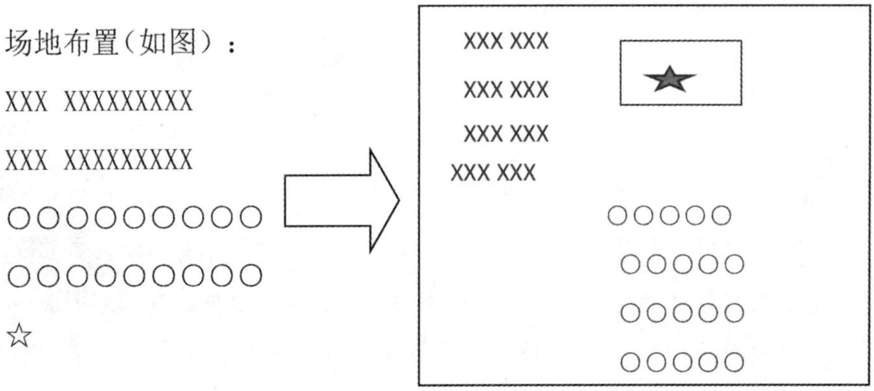

图 18-1　场地布置图

（六）安全防范措施

（1）场地选择平整真草标准足球场地，每组练习场地隔开 3 米以上。

（2）要求学生穿布面胶底足球鞋进行练习，不能佩戴项链、手表、钥匙等。

（3）课前安排给有运动缺陷的学生安排力所能及的锻炼方式。

（4）练习时刻关注学生，了解学生身体状况，及时处理。

（5）做好充分的准备活动，练习时提醒学生避免做不合理的身体动作。

（6）课前、课后检查人数，规定学生练习范围，关注每一个学生的上课情况。

课例二

足球运球基本技术“水平二”第六单元（模块化）第1课时——“脚背正面运球”教学设计

（一）设计思路

三年级学生学习脚背正面运球的第一次课，我让学生初步模仿脚背正面运球，基本上懂得利用脚背正面去推拨球即可。在练习中通过运球+球性练+体能练习，能有效提高学生练习积极性，既能提高球性和体能，又能从中多次体会利用脚背正面去推拨球的感觉。

（二）学情分析

本节课的授课对象是三年级的小学生，正处于身心发展的初期，在注意力和理解能力以及规范动作上还不是很理想，特别是难以掌握运动技能动作的理论知识及专业术语，但具备一定模仿能力。三(4)班以外的班级只学习过球性练习、脚内侧踢球和射门等简单技术，这节足球运球课还是以体验运球为主，简单掌握利用脚背正面运球即可。

（三）教材分析

脚背正面运球是小学球类的重要内容之一。该内容不仅可以提高学生的控球能力，发展学生的奔跑素质，同时对提高学生的协调、灵敏、力量等身体素质也有促进作用，而且在实战运用中十分重要，通常会和脚内侧、脚背外侧运球等技术动作相结合进行。

（四）教学流程

学生摆放器材→课堂常规→热身关节→5个动作球性练习→教师示范导入新课→安排练习内容（①来回运球+原地踩球；②来回运球+左右交换脚拉球；③分层教学；④来回运球+移动踩球；⑤运球过去，转换脚拉球回来+拉弹球；⑥折返跑、来回运球+开合体能跳）→放松总结，收器材下课。

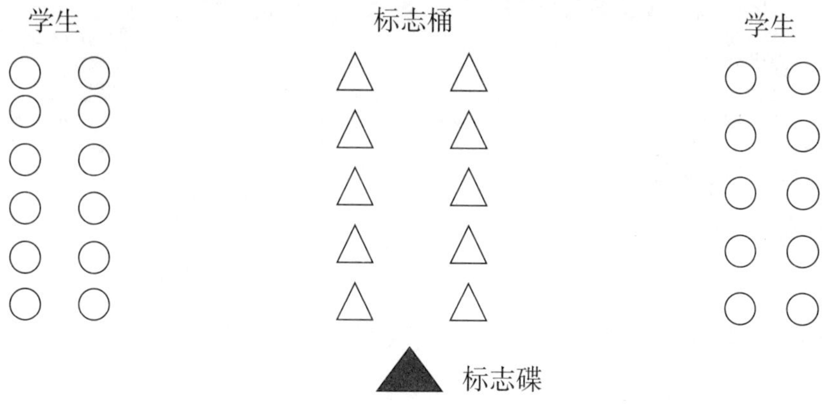

（五）场地器材与布置

标志碟、标志桶和足球由学生摆放，以上为主要练习图。

（六）安全防范与措施

充分利用足球场的空间，确保学生有足够安全的距离进行练习。课中老师提醒学生注意观察，以免同学之间发生碰撞。

课例三

篮球：原地运球＋单手支撑拍球＋之字形变向跑

（一）指导思想

以教育的根本任务“立德树人”为引领，依据《义务教育体育与健康课程标准（2022年版）》的基本理念，重点培养学生运动能力、健康行为、体育品德三大核心素养。坚持“健康第一”的指导思想，遵循体育与健康学科的性质和教学基本规律，科学化实施课堂教学，让学生在课堂享受乐趣、增强体质、锤炼意志、健全人格。

（二）教材分析

运球技术是篮球比赛中发动进攻的重要技术之一，也是运、传、投等技战术的基本内容。掌握运球技术对后续的篮球行进间运球技术、运球组合技术学习能发挥正迁移作用。本次课学习难度较低，学生容易体验到掌握技术的成功感，进一步激发学生对篮球技术的学习热情。布置原地运球技术课后练习作业，方便学生课后练习，对提高学生技术需求有较好的促进作用。通过单手支撑拍球和之字形变向跑练习可以发展协调、速度、有氧耐力专项素质。

重点：运球手型、发力。

难点：动作协调、节奏稳定。

（三）学情分析

二年级学生身体各项素质处于发展初期，对球类运动兴趣较为强烈，对游戏和比赛的练习环节情绪高涨，在课堂中“被动”学习表现较为明显，对篮球的认知程度仍浅薄，对篮球的认知仍处于游戏阶段。通过学习原地运球技术初步建立学生对运球技术的技能认知，导入竞技篮球的内容与特点。学生之前已经掌握原地球性练习动作技术，能够进行身体多部位的绕球，同时具备快速跑与停的反应能力。学习原地运球技术为后续行进间运球技术、运球组合技术、技战术等内容的学习打下坚实基础。

（四）教学方式

表 18-3　学练赛评内容分布表

教学方式	内容安排
学	原地高低运球
练	（1）高低运球＋单手支撑拍球；（2）双手运球＋之字形变向跑
赛	“红绿灯”比赛
评	（1）是否掌握技术要领；（2）是否主动与同伴配合；（3）是否能在课堂后学会遵守交通安全意识

（五）安全防范与措施

课前注意排查场地是否符合上课要求，器材是否缺损等；课前了解并做好见习生的安排；排除各个教学环节安全隐患；设置各个环节练习的安全距离；制订比赛过程中出现意外情况的应急方案。

（六）课堂评价

表 18-4　课堂评价等级表

等级	评价方面
小明星	具备良好的团队合作与交流沟通能力，能在课堂中熟练应用所学技术，能全力以赴投入到每一个练习中
小达人	能和同伴就学习内容进行交流讨论，能在课堂中运用所学技术，能参与到每一个练习中
小能手	基本不参与交流讨论，技术运用不纯熟，没有积极参与到每一个练习

（七）教学创新

本节课中教师发挥以下的作用：组织、指导、点拨和适时参与，采用“教、学、练、赛”一体化的教学策略，运用讲解示范法、情景教学法、游戏法、比赛法、分层分组教学法等教学技术与手段，把时间、空间最大限度地还给学生，做到“精讲多练”的课堂教学，在教学过程中设计了以巩固与提升为目的的教学环节，来促进学生高效掌握技术动作、主动练习技术、积极参与比赛、学会在比赛中运用技术，并在教学中创设具有挑战性的比赛情境，以对现实生活的模拟、仿真的方式来呈现学习内容和任务，在比赛中培养学生的团队意识和遵守规则的体育品德。

第十九章　体育与健康大单元的教学实践

虽然课程改革历经了十多年的发展历程，但多年的一线体育教育经验揭示，当下的体育与健康课堂依然存在“穿新鞋，走旧路”的现象。《义务教育体育与健康课程标准（2022 年版）》优化了课程设置，细化了实施要求，在课程标准的第六章“课程实施的教学建议”中明确提出：“要对某个运动项目或项目组合进行 18 课时及以上相对系统和完整的教学。”其目的是促进学生通过较长时间的连续学练，掌握所学的运动技能。大单元教学既能使学生掌握所学项目的运动技能，又能加深学生对该项运动完整的体验和理解。学习一门学科，不在于掌握了多少零散、庞杂的知识，而在于掌握这门学科的结构。所以必须要改变这种侧重于以知识逻辑编排单元、以知识内容获得为导向的设计思路，应该建立任务驱动导向的设计思路，实现由以往的“知识单元”向“结构化大单元”的转变。

一、构建大单元的背景

（一）体育大单元提出的相关背景

虽然课程改革历经了十多年的发展历程，但多年的一线体育教育经验揭示，当下的体育与健康课堂依然存在“穿新鞋，走旧路”的现象，在体育与健康课堂内容传授上依然过多强调单一技术的学练，在教学方式的选择上依然过度追求运动技能掌握的熟练程度，用测试、技评、达标的形式评定学生体育之优劣，却忽视了各知识、技能之间的前后关联，割裂了体育与健康学科内在发展的逻辑规律。学生没有参与复杂情境、完整比赛的运动经历，也就无法感知体育项目的完整性。这也带来了如下问题：学生体质健康水平未得到根本性提高；学生喜欢体育活动，但不喜欢上体育与健康课。可见，当下的体育与健康课堂中学生的教学主体地位“有名无实”，严重与“促进学生核心素养”的课程发展观相悖离，必须对这种“只见树木，不见森林”的教学组织形式予以纠正。

目前义务教育阶段体育与健康课程教学普遍采用 6—12 节课的小单元教学，易出现运动项目教学的系统性断裂、教学内容间水平序列的跨度失衡现象，并且在课程结构上也主要是各项技能由易到难、由简到繁的内容序列，主要体现的是各类内容的单线纵向逻辑关系，较少进行不同内容之间横向衔接的深度分析，导致了学段衔接缺乏系统性和一体化，教学内容低级重复和教学目标、组织方法和评价的无序组织等问题，于是就出现了被外界所诟病“上了 12 年体育与健康课，一项运动技能也没学会”的问题。这与国家的课程改革精神以及中小学各学段一体化衔接的思路相悖。

（二）体育与健康大单元的国内外研究现状

我国的著名学者于素梅从课程一体化的角度认为：体育与健康课程内容结构化，学习内容会变得更加系统，能够使“知”“能”“行”“健”诸方面都得到提升。通过评价也能相对全面地把握各方面的发展水平，发现短板后再进一步强化和优化发展，最终更加综合而全面地育人，并提出了体现学科逻辑、多元化教学组织形式、助力精准化教学的实施手段。李丽、郭巍则认为：大单元理念从整体性上构建教学，以知识链、知识块的形式提高学生的知识技能，以克服小单元“蜻蜓点水”的弊端。同时，运动技能的形成遵循“泛化、分化、自动化”的规律，单次课的技能教学不可能一蹴而就，只有让学生在真实的对抗情境中，不断地体验、学练才能内化为学生的运动能力。吴桥认为：结构化教学最终需落实到教学实施层面，在实施过程中切不可机械地生搬硬套、固化实施流程结构，而应基于学生的学习生长点，根据学习内容、情境特点和活动需要等要素，沿着认知、技能、身体、情感的发展规律，拟定开放的、精准的实施流程和策略，构建以学生学习为主轴的教学结构，聚焦于更好地为每个学生的进步和发展提供可能，更好地为学生创造力的发挥提供可能，更好地为师生、生生交流提供可能。

国外对体育与健康课程结构化的研究比较早，且观点趋于一致。美国心理学家罗伯特·加涅认为知识和技能的学习可以根据难度或等级的顺序进行安排，这样对知识和技能都正在发展中的学生而言更有利于知识和技能的习得。斯金纳认为可以将教材细分成一系列的“小步子”教学内容，“后一步”的学习必须建立在“前一步”知识和技能掌握的基础上。两个步子间的难度差别很小，学生学习的连续性好，内容容易掌握，能够提高学生的自信，使知识技能容易被习得。1995 年美国体育教育家 Dawn McCrumb 和 Wendy Mustain 通过钻形体育与健康课程结构模式将中小学体育教学内容做了大方向的区分。1996 年 George Graham 对钻形体育与健康课程结构模式做了系统化加工，小学阶段可广泛涉猎学习打基础，初中阶段培养体育运动兴趣以及探索自身发展可能性，高中阶段发展特长。奥苏贝尔认为教材的组织和编排是知识结构转向认知结构的重要环节，他认为教材的编排应坚持不断分化和综合贯通两条重要原则，还需加强教学内容间纵向和横向联系，并介绍了美国基础教育（K—12 年级）的学制形式和课程设置。K—5 年级学习幼儿和小学课程，6—8 年级学习初中课程，9—12 年级学习高中课程，体育与健康课程的设置按照这三个阶段有序展开。

纵观当前的国内外研究的内容和范围，国外的结构化课程体系研究相对来说较为成熟，已经建立了明确的体系划分和评价制度。而我国的大多数研究仅仅停留在理论层面，可以从实践提炼的经验乏善可陈，例如缺乏涵盖大中小（幼）全学段的课程规划体系，缺乏对体育与健康课程核心内容的系统化构建，长期遗留的低级重复现象突出，并且一直未曾建立学校体育的分类体系，几十项走进学校的运动项目短时间内难以理出其逻辑关系。

二、中小学体育与健康大单元的定位及作用

（一）中小学体育与健康大单元的内涵定位

基于上述国内外研究现状，我们认为结构化体育与健康课程的定义是遵循学生不同阶段身心发展规律，依据运动科学原理，将课程结构、教学路径、教学实施、教学衔接、教学评价、学生发展等元素进行了统一整合的课程，它包含了纵向衔接、横向一致、内在统一、形式联合等特点。

纵向衔接是体育与健康课程内容在学段之间具有衔接性，尽可能避免出现违背运动技能形成规律的低级重复现象。横向一致是相同学段甚至相同年级学生基本运动能力要求相对一致。专项运动能力等级要求定级不定项，即不同区域相同学段运动能力等级保持相对一致性，但项目选择可以不同，避免出现课程违背学生发展规律的早期专项化或低龄化现象。内在统一是体育与健康课程目标体现“知”“能”“行”“健”明确的指向性。建构内在统一的体育与健康课程目标体系，是进一步对“目标引领内容”的准确定位，是更具体地确立体育与健康课程的育人方向。形式联合是体育与健康课程实施做到学、练、赛形式上联动，必修必学、必修选学等修学类型上综合，以及课内外、校内外体现家庭、学校、社会的协同与配合，这有助于激发学生的运动兴趣，让学生养成运动习惯，掌握终身锻炼技能。

（二）中小学体育与健康大单元的方向定位

1. 坚持“健康第一”的指导思想

关于体育与健康教学，其指导思想一定是“健康第一”，面向学生；教学目的是学生体质的增强，保证学生身心健康发展；“目标引领内容”理念要在教学内容中深刻体现出

来，以《〈体育与健康〉教学改革指导纲要（试行）》和新课标里的有关要求作为依据，设计学校体育与健康课程内容和目标，并保证其系统性。

2. 以学生身心发展特点确定教学内容

编排教材时，要做到系统化，教学内容的选择要保证符合各年龄段学生身心发展特点，以内在逻辑特点作为基础，对选定的内容用渐进原则，对其难度进行划分，在相应的年龄段教材里编入相应难度等级的内容，并且将新内容和旧知识涵盖在其中，这样学生在学习新知识的同时还能复习旧知识；对新授的范围和内容进行安排时，要基于项目特点进行。此外，还要保证教学内容综合、系统、科学地搭配，通过吸引学生的兴趣和注意力，调动其学习积极性，使其在快乐中度过体育与健康课。

3. 分层次设立学习目标，突出侧重点

课程目标要分层陈述，将各不同学段的重点凸显出来，要顺畅衔接小、中、大学课程内容，保证体育教材衔接性。例如对于自身身体的认识，是小学阶段体育教材的重点，让学生明白基本运动能力的重要性，教学内容应当通过游戏的形式进行。而掌握身体素质和各种运动技能应当是中学阶段体育教材的重点。此外，育人理念应当加入到这个阶段的教材里，学生的心理品质以及情感的发展应当受到重视。技能的提高以及自我保护意识的完善是大学阶段体育教材的侧重点。因为大学阶段的学生身体素质在发展，具有更为全面的运动技能，健康体育锻炼的意识相当完善，“终身体育”理念应当在这个时期形成。

4. 提高教师综合素质

要强化培训体育老师，对其综合素质进行提升，使其具备更强的选择能力，对教学内容进行选择，对教学计划进行安排，使其具有足够的能力，顺利地完成相应的教学任务和目的；此外，能够顺利衔接本阶段和下一阶段教学内容，通过正确的教学方法，让学生学到正确的知识。让教师做到会教、能教，使其有能力将“终身体育”和“健康第一”理念灌输给学生。

（三）中小学体育与健康大单元的学段定位

1. 组织形式

小学以行政班开展教学；初中以行政班教学与走班教学（应对新中考改革方案，与高中衔接）相结合；高中采用选项走班教学。教学中要关注个体差异，采用分层教学与“学练”循环的方式开展教学。

2. 作用

小学：让学生在多种环境中、多种情景或情境下（生活化情境为主）进行基础内容学习。低学段要围绕发展学生的感觉统合能力设计教学；高年段要在强化学生的感觉统合能力的基础上，让学生系统地体验更多不同项目的学习，具有多个运动项目的初步运动能力。

初中：让学生在多种环境中、多种情景或情境下（比赛情境为主）进行动作组合内容学习。在进一步发展学生基础运动能力的基础上，侧重综合运用能力、战术能力教学，有针对性地发展学生的专项运动能力基础，具有2项集体运动项目和个人运动项目的基本运动能力。

高中：全面实施走班制选项教学，以满足学生个人运动兴趣取向，强化专项运动能力和实战能力，促进学生全面而有个性地发展。

（四）建构中小学体育与健康大单元的作用

1. 有助于优化体育与健康课程资源

教学内容系列化是对传统体育与健康课程资源的优化，依据内容的难度进行分层，对内容之间的逻辑顺序进行整理，理清内容之间的递进以及互补的关系，以使体育与健康课程资源实现质的提升。

2. 有利于根据学生年龄特征进行体育知识技能教学

对于体育与健康课堂教学而言，不同水平的学生群体对体育知识技能的接受能力范围应该在学生群体的运动能力的最近发展区之内。体育与健康教学内容进行系列化以后，对应不同水平学生群体最近发展区的教学内容范围更加清晰，教学内容的选择更加科学，学生学习效果也会有相应的提高。教学内容系列化把中小学不同学龄段水平的体育与健康教学内容分成了不同的层次，每个层次对应相应学龄段的学生，是相对独立的；然而，每个层次之间又是相互联系的，层次之间有小部分共同重叠的内容，保证各层次时间的衔接。

3. 有助于提高一线教师体育与健康课程的设计水平

中小学体育与健康教学内容系列化以后，可以指导一线体育与健康教师自觉放弃主观臆断和错误经验，经过系列化的教学内容科学化程度相对更高，同时也减轻体育与健康教师的工作负荷。体育与健康教师直接从系列化内容中选取或组合教学内容应用于课的设计，提高课的设计水平和备课效率，有利于更加高效地实现中小学不同水平教学目标，并且在对教学内容进行选择及组合时能够有理可依。

（五）教学评价的层次性应用

评价是检验课程设置与实施效果的重要方式。一体化体育与健康课程评价聚焦在学生的体育学习视角，建构包括宏观的学段评价、中观的课堂评价以及微观的运动能力评价的递进式评价体系。

1. 聚焦"知、能、行、健"的评价

这四者既是体育与健康课程的目标维度，也是评价学段体育学习的四个核心要素。学段评价的结果，直接反映学段课程目标的达成度。四个核心要素评价结果可通过"雷达图"呈现，以此判断学生学段体育学习的缺口。通过评价还能确定后续体育与健康教学的改进方案和学生今后努力的方向。如某学生通过小学一个学段的学习，在"知""能""行""健"四个方面获取相应的评价结果。（见图 19-1）

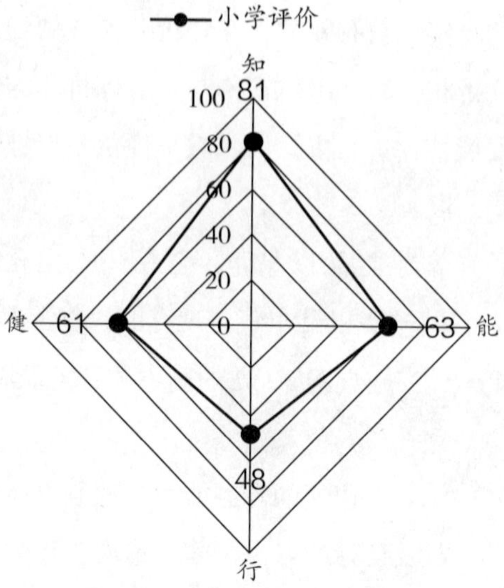

图 19-1　评价雷达图

2. 关注"乐、动、会"的学习评价

首先，需要明确"乐""动""会"各要素评价指标。"乐"主要观察情绪反应与参与程度；"动"重点评价动的合理性与实效性；"会"是对语言表达、身体呈现、行为方式的观测。其次，把握"乐""动""会"各要素的评价标准，即"乐"与"不乐"、"动多"与"动少"、"会"与"不会"如何衡量。再次，整合"乐""动""会"评价操作手段，需要强调主观与客观相结合、人工与智能相互补、定性与定量相统一、发展与结果均关注等。

3. 运动能力等级评价注重"实景下的组合技能运用"

基于学生运动技能形成的规律，结合学生的生长发育特征和学习后的表现，对不同水平段学生的体育核心素养进阶进行评价，包括对运动能力、健康行为、体育品德的表现评价。

学生运动能力等级评价包含基本运动能力和专项运动能力。基本运动能力评价包含单项基本运动能力和综合基本运动能力的评价。专项运动能力重点指向实景下的组合技能的运用能力，评价内容与学生所学课程内容关联。学生运动能力等级评价标准设定为三期、六级。其中，一、二级为夯实基础期，三、四级为提高能力期，五、六级为发展特长期。同时确定学生某专项运动能力达到四级即视为掌握了一项运动技能。运动能力等级评价标准的建立，既可以发挥激励作用，还有助于实施分层教学，实现一体化体育与健康课程内容学段与年级的紧密衔接。

4. 评价方式与评价工具

为了确保教学评价得到合理开展，让体育与健康教学评价更加完善、科学、准确与目的性更强，确保评价数据的真实性与有效性，在评价时应该做到定量评价与定性评价相结合、过程性评价与终结性评价相结合、绝对评价与相对评价相结合、自评与互评相结合，而教师的评价则尽可能以发展性评价为主。课堂教学评价是促进学生成长、教师专业发展和提高课堂教学质量的重要手段。

以体育与健康学科核心素养为准绳，以课程标准为依据，结合《国家学生体质健康标准》《“体育、艺术 2+1 项目”技能标准》以及东莞市现有的“小学生运动能力展示活动”“初中学业水平考试体育与健康考试实施方案”“普通高中体育与健康学业水平考试实施方案”等设计制作评价工具。

校园足球课程有助于发展学生高速度的奔跑能力、控制身体重心的能力、灵活肢体活动能力、对抗中的力量素质，以及良好的耐力和柔韧素质。作为一项团体性运动，系统长期的足球运动也影响着义务教育阶段中小学生心理素质、思想品质、团队合作意识、智力等体育学科核心素养的养成。笔者以新课标“四个水平”为依据，将义务教育阶段中小学生按第一、二、三、四阶段划分为 1—2 年级、3—4 年级、5—6 年级、7—9 年级。

表 19-2　校园足球课程衔接体系

阶段	阶段教学内容	阶段教学目标
第一阶段	以足球游戏和足球偶像为课程导入，培养球感，重点发展学生的协调、灵敏、柔韧、平衡等身体素质	通过人球结合，培养学生对校园足球的运动兴趣和以熟悉球性为主的基本技术能力
第二阶段	以游戏法和比赛法相结合，加强球感练习。重点提高踢球、运球、传球、射门等基本技术的规范化，进行 1V1 攻防、2 过 1 战术演练	培养学生基本组合技术能力及基础战术意识，培养合作意识和规则意识

（续表）

阶段	阶段教学内容	阶段教学目标
第三阶段	系统学习停球抢截球、头顶球技术，熟练结合各项技术完成射门，组织局部 3V3、4V4 攻防转换的小型比赛	提高比赛技战术运用能力，强化规则和团队意识，掌握预防运动伤害和自我保护的基本知识
第四阶段	以身体训练为主的体能训练，重点练习个人场上位置所需的必备技战术，强化个人技战术与小组战术的融合，教学比赛主要以 1V1、2V2、3V3、4V4 攻防训练为主，球队整体战术演练为辅	形成技术定型，熟悉个人战术、小组战术、整体战术的运用以及队友之间的配合，明确位置的攻守职能。掌握科学的训练方法和健康的饮食方法

第一阶段

以足球游戏和偶像主题教育为主的教学内容设计，符合该阶段学生的身心发展特点，集体游戏分组竞赛的形式容易激发学生的参与热情和运动兴趣。学生兴趣的培养是第二阶段课程顺利进行的保障，而快乐足球的理念让学生保持了积极的参与热情，能够在愉悦的课堂氛围下进行体适能训练，提高各项身体运动能力。（见表 19–3）

表 19–3　第一阶段的教学与考评

技术指标	主要教学内容	考评办法
趣味足球	设置运球接力、夹足球跳、双人胸部夹球、罗纳尔多射门等足球主题游戏	编制集协调、灵敏、柔韧、平衡等于一体的体适能测试方案，教师根据完成度判定是否合格
足球偶像主题教育	以多媒体进行足球明星的励志故事宣传教育	学生表达自己的观后感，教师以鼓励为主进行点评
球性练习	掌握踩球、拉球、拨球、颠球、挑球等球性练习方法，为后续课程做好铺垫	球性练习分多个小组进行、教师按小组整体完成度判定合格与否

第二阶段

足球基本技术动作在这一阶段形成，各项技术动作的标准化、规范化是本阶段课程内容的重点。学生在该阶段生理、心理变化明显，情绪控制能力有限，对高难度技术动作易产生挫败感，从而影响运动积极性。教师以鼓励和耐心指导为主，及时调整教学策略，将游戏和比赛贯穿教学的每个阶段，激发学生的探索激情和求知欲望。（见表 19–4）

表 19-4　第二阶段的教学与考评

技术指标	主要教学内容	考评办法
颠球	优势脚为主的原地或行进间颠球	单脚颠球 1 分钟，累计次：≥ 15 次（及格）、≥ 25 次（良好）、≥ 35 次（优秀）
运球	优势脚脚背正面运球，持球变向运球	运球距离：足球半场。失误次数：≤ 6 次（及格）、≤ 4 次（良好）、≤ 2 次（优秀）
传球	脚弓传球、脚背内推传球、脚背外侧传球、正脚背传球（固定目标 5 m）	学生距标志物 5 m 传准，各项传球 5 次，共 20 次。成功次数：≥ 8 次（及格）、≥ 12 次（良好）、≥ 16（优秀）
射门	脚背正面、脚背内侧、脚背外侧“九宫格打准”（固定距离 6 m）	学生距九宫格 6 m 踢准，各项技术踢球 3 次，共 9 次。成功次数：≥ 3 次（及格）、≥ 5 次（良好）、≥ 7 次（优秀）
战术	以小组为单位进行局部传球、跑位协调配合，练习两种“二过一”战术的基本方法	以成功突破对手为目的，每组三次机会，教师通过传球的准确度、学生的配合度及成功率做出评定

第三阶段

前一阶段技术动作的灵活运用及各项动作的组合、串联是第三阶段课堂教学的核心。该阶段学生实际操作能力、竞争意识明显提升，应在新的技战术基础上结合“以赛代练”思想，使学生在比赛中熟悉基本规则，加深对攻防技战术的理解。（见表 19-5）

表 19-5　第三阶段的教学与考评

技术指标	主要教学内容	考评办法
接球	脚底、脚内侧接控反弹球（各 5 次）	按球部位精准度、动作规范度、成功率，综合分：≥ 4 分（及格）、≥ 6 分（良好）、≥ 8 分（优秀）
头顶球	原地、跳起前额正面头顶球（各 5 次），以球门为目标，距离 4 m	动作标准性、进球数，综合分：≥ 4 分（及格）、≥ 6 分（良好）、≥ 8 分（优秀）
抢截球	正面、侧面抢截球（消极进攻下）（各 6 次）	抢截动作的衔接度、规范度、成功率，综合分：≥ 4 分（及格）、≥ 7 分（良好）、≥ 9 分（优秀）
传接球射门	跑动中传接球，绕杆，射门（3 次 / 人），标志杆 10 个，点球点射门，守门员消极防守	传接球连贯性、绕杆失误次数、进球数，10 分为标准，综合分：≥ 4 分（及格）、≥ 6 分（良）好、≥ 8 分（优秀）

（续表）

技术指标	主要教学内容	考评办法
基本战术	教学比赛中局部 2V1、3V2 攻防转换战术练习（若干小组两两对抗 5 min）	队友间配合度、传接球次数、抢截球次数、失误率，50 分（标准）：≥ 20 分（及格）、≥ 30 分（良好）、≥ 40 分（优秀）
规则与裁判	足球场地、弧、区、线、点的作用，判断比赛中入球、死球，明确场上位置及犯规判罚	学生吹罚教学比赛，作为课堂表现，教师随堂指导并记录
身体素质	协调、力量、速度：跳绳、仰卧起坐（女）、俯卧撑（男）、30 m 加速跑	男女考评标准不同，但都要求动作标准，以达标为目的

第四阶段

初中是学生身心发展的过渡阶段，也是体育与健康学科核心素养全面发展的关键时期。课堂教学应以“立德树人”为指导，遵循学生的身心发展规律，量化各项技战术指标，满足学生达标后的成就感；增加比赛时间，学生当值主裁，充分施展学生的技战术能力；培育学生在足球运动中情绪的自我调节能力。同时，教师还应秉持“健康第一”的教育理念，教授科学的训练方法，引导学生掌握健康营养的饮食方法，帮助学生树立终身体育的意识。（见表 19-6）

表 19-6　第四阶段的教学与考评

技术指标	主要教学内容	考评办法
接球	接空中球、大腿接球、胸部接球（各 5 次）	接球部位精准度、动作规范度、成功率，综合分：≥ 7 分（及格）、≥ 9 分（良好）、≥ 11 分（优秀）
头顶球	移动中头顶球、跳起侧向头顶球（各 5 次），以球门为目标，距离 4 m	动作标准性、进球数，综合分：≥ 4 分（及格）、≥ 6 分（良好）、≥ 8 分（优秀）
抢截球	正面、侧面抢截球（消极进攻下）（各 6 次）	抢截动作的衔接度，规范度、成功率，综合分：≥ 4 分（及格）、≥ 7 分（良好）、≥ 9 分（优秀）
传接球射门	3—4 人行进间传接球配合射门，由半场至禁区，禁区任意位置射门，守门员积极防守	传接球配合度、失误次数、进球数，10 分为标准，综合分：≥ 4 分（及格）、≥ 6 分（良好）、≥ 8 分（优秀）
基本战术	教学比赛中 3V3、4V4 攻防转换战术练习，五人制、八人制比赛基本阵型演练（若干小组两两对抗 5 min）	配合流畅度、交流次数、传接球次数、抢截球次数、失误率，50 分为标准：≥ 28 分（及格）、≥ 32 分（良好）、≥ 35 分（优秀）
规则与裁判	在多媒体与比赛实践中学习任意球的判罚与区分、越位条款	学生轮流当值裁判，作为课堂表现，教师随堂指导并记录

（续表）

技术指标	主要教学内容	考评办法
身体素质	速度、力量、耐力：全速运球跑、全速变向运球跑、各种跳跃练习、有氧中长跑	男女考评标准不同，但都要求动作标准，以达标为目的

第一、二阶段以快乐体育思想为主导，阳光体育思想和基础素质教育为辅助，构建愉悦和谐的校园足球氛围，在培养兴趣、个性的过程中发展学生的智力和体育能力。第二、三阶段应侧重于快乐、阳光体育思想，关注学生个性差异和身体素质差异，引导学生的足球运动参与动机向目的性和规律性发展。如，学生将足球活动延展至课外体育活动当中，学生能自己计划每天的运动时间等，使学生在主动参与中形成体育一般素养。第三、四阶段从快乐体育、阳光体育向体育素质理念过渡。该阶段涉及学生教育程度的改变，学生身、心、知、情、意、行等全面发展，在注重技战术有序衔接的同时更要关注学生身体发展、心理发展和社会适应三维健康观的培养。

为更好地适应新时代对学校体育提出的新要求，完成新目标、新任务，促进体育与健康课程改革向纵深发展，强化大、中、小、幼体育与健康课程一体化体系建设已成为当务之急。体育与健康课程一体化无疑是进一步深化体育与健康课程改革的关键，大中小（幼）具有衔接性的一体化体育与健康课程体系建设不仅有了清晰的思路与方案，而且，对体育与健康课程一体化的内涵与定位也有了较为明确的判断。一体化体育与健康课程的建设一定程度上能改善体育与健康课、大课间、课外体育锻炼、课余训练与竞赛等课内外学校体育工作乃至校外体育活动，但也面临许多困难，任重而道远。同时体育与健康课程一体化实施需要多重融合、多措并举，营造健康、可持续发展的一体化氛围，实现越来越多的学生对体育热爱和参与，使越来越多的学生体质健康水平得以提高，越来越多的学生因体育而变得更加坚强、阳光和积极向上，成为一个具有健全人格的、祖国发展需要的有用之才。

附：体育与健康大单元——“基础单元＋比赛单元”的探索

“基础单元＋比赛单元”的构建与实施

“基础单元＋比赛单元”的结构化设置以让学生通过一个单元的学习就能参与到该项目的活动或比赛为目标，安排发展该项目的学习内容，融合健康教育的内容；以模块化单元教学的形式开展教学，每个教学单元12节课。学校体育特色项目的课程教学采用大小单元相结合的形式开展，基础单元上12节课，比赛单元上6节课，分别集中在一段时间内，以“学—练—赛”一体化为导向，以结构化的方式完成。

（一）明确“基础单元＋比赛单元”教学设计的理念

大单元的设计首先是依据新课标只有与之对标，才能保证大单元正确的设计方向；其次是依据动作发展理论，使单元之间或单元内部的内容前后顺序更符合人体动作发展规律；再次是依据项目的特征，项目特征中要关注学生的运动兴趣，根据学生的喜好进行相应的单元组合，展开一系列教学；最后是依据学校和学生的具体情况，只有符合校情、学情，才能使大单元的设计更贴近实际，更便于实施。一个学期确定几个单元，还需要考虑教师能力、学生水平以及学校可利用的资源等方面。另外，还要考虑一学期中几个单元之间的逻辑关系。

进行大单元教学构建时，教师首先需要有明确的构建理念，做到“上通下达”，所谓“上通”就是要符合国家教育政策方针，基于学科核心素养的培育进行构建，基于全面发展这一新时代国家社会对学生的培育要求进行构建；所谓“下达”就是要基于地方、学校、学生的实际进行构建，能够落地实施，具体到在相关的单元学习目标、学习内容、教学策略、评价方式等方面，凸显学科核心素养，体现其系统性、完整性。

从教学维度来看，大单元教学设计的有效实施，还需要在学期内对大单元教学内容进行进一步分解，这部分设计的主体则在于体育与健康教师了。体育与健康教师在进行教学设计时，要在遵循运动技能形成规律的同时，还要聚焦于学生学习的现实需求和实践导向，要充分考虑学生掌握了动作技能后如何组合并内化为个人的行为系统，可以在不同运动场景和生活场景中解决哪些问题、实现哪些迁移等问题，从而打破对动作技能进行分解式、碎片化的教学设计思维，突出学生能力导向，突出学生运动技能迁移的需求，从单一的学科逻辑转型为学科逻辑与学生发展逻辑相结合的思维方式。

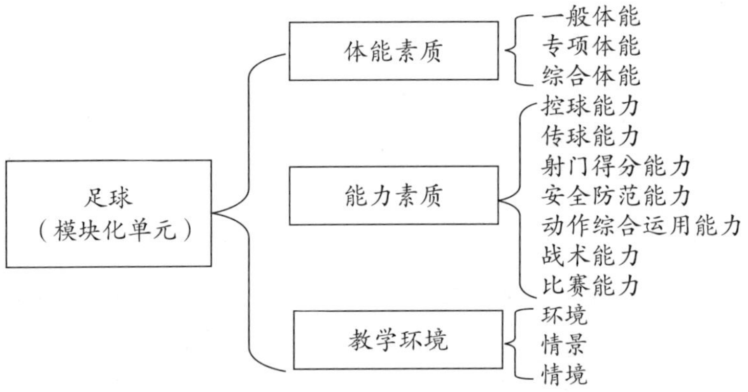

图 19-2　足球模块化单元的教学内容结构

（二）水平体系的构建

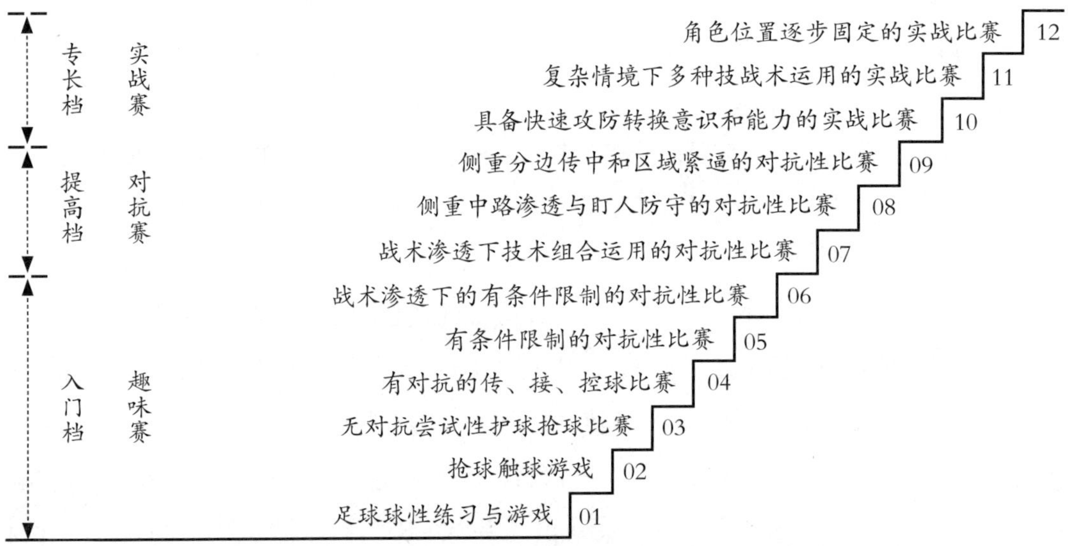

图 19-3　水平体系的构建

体育与健康教学内容的层次划分和水平体系的构建是克服以往体育与健康教学“蜻蜓点水”和体育与健康教学内容低级重复，以至学生难以有效地学会学好运动技能问题的有效途径和手段。制定水平计划首先要对众多的教材内容进行整理和分类，把体育教材分成不同的层次，要将学的、练的、介绍的、体验的内容都合理地编排在体育与健康教学中，注重学段间水平序列的逐步进阶，根据不同学段技能教学的特征提炼出阶梯式的进阶体系，对从趣味游戏到实战比赛、从尝试性到对抗性、从单一技术到组合技术、从渗透到运用战术、从简单情境到复杂情境、从轮换到固定角色位置等方面进行进阶区分，形成不同年级的 12 级阶梯水平体系。

（三）课时的分配

表 19–1　课时的分配

基础单元			比赛单元
教会	勤练	常赛	常赛＋勤练＋学会
4±	4±	4±	4±
泛化→	分化→	巩固→	自动化
动作技术→	运动技能→	运动能力→	运动能力＋

（四）教学方式与策略

要将教材内容进行重组与分配，使教材内容相互衔接、前伸后延。如在专业技能的学习、巩固和运用时，可前伸到基础知识、辅助技能的学习、复习和巩固，可后延至比赛、裁判、欣赏、迁移和拓展等。学习内容的安排要符合运动技能的学习规律。运动技能的形成遵循由动作认知、动作练习、动作完善、动作自动化四个环节组成的学习规律，学习内容的安排应遵循该规律，体现出运动技能发展的螺旋式上升，以及由简单到复杂、由单个到整体的规律。

合理运用体育大单元教学设计模式。首先，对于相对比较完整或自成体系的教材内容，可以运用单一式构建。注重运动项目技术的完整性，加强学生对运动项目的完整体验和学练，在完整体验的基础上，对要实施教学的运动项目创设由易到难的活动或比赛，使学生逐步提高运动技能和运用能力。

（五）发展结构化的思维方式

多种技术动作的组合、技战术的整合以及技术和体能的融合，这都是一种结构化的思维方式，也是提升学生运动能力所必需的。新课标推行之后，在教材体系上也会有非常大的转型。除了体能的教材分册之外，还会有按不同的专项技能分类的、专项体能与专项技术相融合的教材分册。如此更加细化、精准化设计的教材，可能对体育与健康教学内容的选择和设计会有更好的指导作用。教学设计要和学生的生活经验联系起来，这是我们落实健康教育、培养学生的健康行为，让学生掌握运动技术、运动技能，包括运动知识向生活经验迁移所必须要考虑的教学设计。

第二十章　信息技术赋能体育与健康课堂的教学实践

2019年2月，中共中央、国务院印发《中国教育现代化2035》，文中第八项明确指示，要“加快信息化时代教育变革”。后续，教育部启动《互联网＋教育的指导意见》《教育信息化“十四五”规划》《教育信息化中长期发展规划（2021—2035）》等一系列教育信息化相关项目。所以，要加快推进信息化时代的教育变革，通过多种方式大力推进信息技术与教育教学的融合，将信息技术融入到教育教学全过程，运用信息技术逐步改变传统教育教学的过程与模式，实现从以知识传授为主的教学方式向以能力素质培养为主的教学方式的转变。在体育教学当中，我们应该聚焦信息化时代教育教学方式的变革，探索人工智能、大数据等现代信息技术与学科教学工作的契合，提升教学管理的精准化和教学施策的科学化，进而建立“监控、诊断、评价”一体化的智能化学科教学系统，实现信息技术赋能课堂教学，为体育与健康课堂的科学施教提供依据。

一、信息技术赋能课堂的背景

（一）信息化教学提出的相关政策背景

2019年2月，中共中央、国务院印发《中国教育现代化2035》，文中第八项明确指示，要“加快信息化时代教育变革”。后续，教育部启动《互联网＋教育的指导意见》《教育信息化“十四五”规划》《教育信息化中长期发展规划（2021—2035）》等一系列教育信息化相关项目。国家密集出台了多份文件，要求加快推进信息化时代的教育变革，通过多种方式大力推进信息技术与教育教学的融合，其最终目的是要将信息技术融入到教育教学全过程，运用信息技术逐步改变传统教育教学过程与模式，实现从以知识传授为主的教学方式向以能力素质培养为主的教学方式的转变，并根据社会发展和学习者的需求，在全国乃至世界范围内选择最优质的教育资源，进一步突破传统教学活动的时空限制，提升教育教学的效率与质量。

（三）信息化应用的国内外研究现状

目前我国高端前沿的信息技术融入教育领域的应用是多方面的，比如人工智能教育、智慧教室环境的建设、自适应学习的开展应用等。2021 年教育部组织评选出多个信息技术与教育教学融合的典型示范案例。其中以武汉市武昌区三道街小学开展的《借助学生数字画像构建 推动综合评价机制创新》为案例，该学校为落实立德树人根本任务、培养德智体美劳全面发展的新时代接班人，基于信息技术、人工智能、大数据管理的未来教育，力求通过现代化技术手段方法，以五育融合为路径，以数字画像、数据建模，探索学生综合发展评价机制创新，记录每一个孩子成长的轨迹，促进每一个孩子的全面发展，效果显著。李宗山在《“互联网 +”时代信息化在中小学体育教学中的应用》一文中指出了在“互联网 +”时代中小学开展信息化体育教学的优势：通过信息监控实现管理与教学同步，通过整合，体育教学信息化更能满足学生系统、科学的体育学习，信息化体育教学具有可持续、拓展的作用，信息化体育教学促使校园体育文化常态发展。利用现代信息技术，可以激发学生对运动技能的学习兴趣；辅助体育与健康教师的教学以及训练工作；帮助体育与健康教师备好课，提高体育教学效率；有效利用信息技术，能够拓展教材，开阔学生学习视野。

在国外，美国联邦教育部在 1999 年就启动了针对职前教师教学中运用技术的大型资助项目——“培训未来的教师使用技术”（Preparing Tomorrow’s Teachers to Use Technology，简称 PT3）。在 2000 年，全美已经有 95% 的学校和 72% 的教室与互联网相连，66% 的教师认为在课堂上使用信息技术教学提升了课堂效果。此外，美国还建立了以信息技术为基础的微课堂、翻转课堂、MOOC 等应用于课堂。宾夕法尼亚州立大学开发的沉浸体验平台 First Class 为教师教育提供“增强现实”技术辅助，教师可以使用真实的动作、声音、手势来练习他们的基础教学技能，还可以使用动作、声音和手势与“虚拟学生”进行互动，并对“虚拟学生”做出反应。这人工智能驱动工具的出现，扩展了教学和学习的机会。德国政府将信息技术作为基础教育的一部分，为了在教育中发展信息技术，在 20 世纪 80 年代初，提出“信息与通讯技术教育”计划，把信息技术作为学科基础，在中学课程中有计划地渗透信息技术知识，旨在使每一位学生掌握基础的信息技术，适应快速发展的现代社会。除此之外，德国要求所有的教师都必须具备信息技术理论基础，拥有利用计算机和多媒体技术进行教学的能力，为此德国政府设立了专门的信息技术培训中心，以此来提高教师的信息化教学水平。

二、影响中小学信息化体育与健康教学开展的因素

（一）学科特点

1. 教学手段的特点

体育与健康学科的教学手段与其他学科相比，具有明显的差异。其他学科主要以讲授法、谈话法、讨论法、演示法、练习法等为主要教学手段。而体育与健康学科非常特殊，它具有以下多种类型的教学手段，例如：（1）以语言传递信息为主的体育与健康教学方法——讲解法、问答法和讨论法；（2）以直接感知为主的体育与健康教学方法——动作示范法、演示法、纠正动作错误与帮助法等；（3）以身体练习为主的体育与健康教学方法——分解练习法、完整练习法、领会教学法和循环练习法；（4）以情景和竞赛活动为主的体育与健康教学方法——运动游戏法、运动竞赛法、情景教学法等；（5）以探究活动为主的体育与健康教学方法——发现法、小群体教学法。教师通过简明、生动的口头语言向学生系统地传授体育知识、向学生传授运动技能的方法。

再从教学环境上来看，其他学科主要在教室内进行教学活动，而体育与健康学科五大类型的教学手段中，只有信息传递为主的教学手段适合在教室内进行教学活动。就是因为这种复杂多变的教学手段、不同的教学环境，给体育与健康学科教学的信息化发展造成了一定的困难。

2. 教学环境特点

体育与健康学科与其他学科相比较，在教学手段上具有明显差异，这必然会导致教学环境发生明显差异。作为以身体练习为主要教学手段的学科，对于体育与健康课程而言，教室这种场地必定太小，它只能在具有足够活动空间、有专用器材支持主要教学手段的环境之中进行教学。而体育运动包含了许许多多不同运动项目，这也直接导致体育与健康教学环境必定会多样化。

3. 性价比差异大

表 20-1　体育与健康学科与其他学科相比不同因素的差异

	教学手段	教学环境	每周课时占比	信息化设备投入收效	信息化设备投入性价比
体育与健康学科	以身体练习为主	运动场地	11%	未知	低
其他学科	以语言传递信息为主	教室、实验室	75%	高	高

在新课标的指导下，体育与健康学科占总课时量的 11%，75% 为其他学科合计课时量，还有 14% 为劳动教育、综合实践教育、地方课程、校本课程等。

从表 20-1 可以得知，体育这一门学科与其他所有学科相比较，需要在各种教学场地布置、配备信息化设备，而且配备的信息化设备有可能只是专门为一种特定的教学内容而服务，信息化设备通用性较低。而在信息化设备投入运转后，教学质量提升收效预期又是未知的，或者预期值过低，这就会导致体育与健康学科信息化设备投入的性价比明显偏低。

而其他学科主要教学环境是教室或实验室，学生每周在教室或实验室的课时占比达七成以上，在此环境中，投入资金配备信息化设备的预期教学质量提升较高，且投入使用的收效皆是有经验可循的，经过了各学校长期的检验，信息化投入性价比较高。

（二）体育与健康教师因素

1. 体育与健康教师在高校培养过程中，接受信息化学科类教育的主要途径是高校必修课。基于体育与健康学科特点，以及体育与健康学科的教学手段及教学环境，在各师范高校的体育与健康教师培养体系中，并不会把信息化能力作为体育与健康教师成长过程中的必备能力。在体育与健康教师资格考试、面试、招聘等环节中，也并不会将信息技术能力作为核心能力进行考核。而对于其他学科的师范生而言，优秀的粉笔字、熟练的一体机操作、精美的 PPT 课件制作，甚至是自制的小程序，都会为他们的教学能力添砖加瓦。

由此可见，体育与健康教师与其他学科教师在高校培养体系之中的关键能力点具有显著差异，这也是导致体育与健康教师和其他学科教师相比之下，信息化能力不足的因素之一。

2. 对东莞市中小学 359 位体育与健康教师做问卷调查，调查结果显示：从分布上来看，大部分样本为“偶尔使用”，比例是 28.69%；有 52.93% 的体育与健康教师在教学中很少甚至基本不使用信息化设备或软件。

表 20-2　体育与健康教师在课堂中使用信息化设备或软件的频率

频数分析结果				
问题	选项	频数	百分比 /%	累积百分比 /%
您平时在体育与健康学科教学中使用信息化设备或软件的频率是多少？	基本不使用	99	27.58	27.58
	很少使用	91	25.35	52.93
	偶尔使用	103	28.69	81.62
	经常使用	27	7.52	89.14
	基本每天使用	39	10.86	100.00
合计		359	100.00	100.00

信息化设备或软件在常规体育与健康课堂中较低的使用率，会直接导致体育与健康教师使用信息化设备或软件的熟练程度较低。主观调查显示，有高达 66.02% 的体育与健康教师认为自己使用信息化设备或软件处于熟练程度以下，信息化设备或软件使用上的自信心明显不足。（见表 20-3）

表 20-3　体育与健康教学使用各种信息化设备或软件的熟练程度调查表

频数分析结果				
名称	选项	频数	百分比 /%	累积百分比 /%
您自认为使用各种信息化设备或软件的熟练程度如何？	非常不熟练	38	10.58	10.58
	有些不熟练	65	18.11	28.69
	一般	134	37.33	66.02
	有些熟练	71	19.78	85.79
	非常熟练	51	14.21	100.00
合计		359	100.00	100.00

三、信息技术赋能课堂的功能和分类

课堂多媒体教学改变了传统教学“粉笔 + 黑板”的方式，在多媒体教室配置一定的多媒体教学设备（视频展示台、计算机、数字投影仪、VCD 或 DVD、功率放大器、音箱、话筒、无线接收器、大屏幕等），教学中采用多媒体方式，集文本、图形、图像、声音、动画、视频于一体，实现图文并茂、声画并举，甚至模拟虚拟现实创设课堂教学情景。课堂多媒体教学的最大优势在于能够将传统教学中单一的文字或简单挂图呈现教学信息的形式转变为多媒体形式，从而克服了传统教学中文字呈现信息过于抽象的问题，而生动具体、形象逼真的虚拟情景，把抽象的信息内容转变为具体的形式再现给学生，使学生更容易理解，实现轻松愉快的学习。对于多媒体教学的优势，相关文章论述很多，不同学科的多媒体教学优势发挥的程度也不一样。大致归纳如下几点：

（1）直观形象，克服抽象。（符合人类认知规律：由感性认识到理性认识）

（2）图文声像并茂，多感官刺激调动学生学习兴趣。（多元认知，多感官接收）

（3）动态模拟过程，有效呈现重点、难点。（动态呈现）

（4）及时交互，及时反馈，易于学生参与，师生互动。（便于交互）

（5）虚拟现实，突破视觉局限，再现事物本原。（虚拟再现）

（6）无限重复，加强记忆，克服遗忘。（符合人类重复记忆原理）

（7）针对性强，照顾不同层次学生的学习。

（8）海量信息，节约空间和时间，提高教学效率。

四、推进中小学信息化体育与健康教学的发展策略

（一）通过信息化教学宣传体育文化

中小学体育与健康教学不仅要让学生在课堂上达到体育锻炼的目的，还要教给学生一些体育技能和体育项目，让学生形成终身锻炼的意识，了解和感受体育竞赛的精神，这就需要教师在课堂上宣传一些体育文化。在互联网时代，教师可以通过互联网平台展示包括体育文化在内的多种教材。以往，教师在课堂上只是简单地通过课文向学生介绍一些体育文化的内容和知识，使学生感到枯燥，吸收率低。运用信息化教学方法，教师可以通过图文宣传体育文化，结合当前体育热点对体育文化进行讲解和分析，充分利用信息技术呈现立体教材。通过动画材料呈现相关知识往往能有效调动学生的学习兴趣，使体育文化宣传充满趣味，帮助学生体验体育文化中的拼搏精神，积累丰富的体育知识。

（二）信息化教学讲解分解动作

中小学体育与健康涉及多种运动项目。教师讲解相关项目时，要讲解各种不同的动作技巧。以前老师一般都是自己演示相关动作，让学生明白，效果并不理想，很多学生并不能完全掌握这些动作。在信息化教学的背景下，教师可以利用信息化教学全面展示运动项目的分解动作。每一个动作都以动画人物的形式全面呈现，并辅以一定的文字讲解，让学生一目了然每个动作中需要注意什么。教师在讲解相关体育赛事的同时，还可以引入真实的体育赛事，增强学生对体育赛事的理解，让学生在观看比赛的过程中感受体育赛事的魅力和精神。例如，在学习跳远时，教师可以先播放奥运会上运动员的视频，让学生欣赏运动员的表现，然后通过多媒体介绍运动，讲解跳远的动作技巧，展示动作的分解。多媒体可以多次播放，老师可以减缓学生容易出错的动作技能部分的播放速度，更清晰地展现动作要领。

（三）利用信息技术监督学生的运动情况

体育与健康教育最重要的目的是使学生形成终身体育与健康观念，养成良好的体育习惯。因此，在中小学体育与健康教学中，教师可以根据实际情况布置一些作业。比如，学

生每天可以保持一定的锻炼时间，可以选择自己喜欢的运动。为了调动学生的积极性，教师可以利用信息技术来监督学生的课外体育活动，引入在线打卡，用相关的体育 App 显示跑步轨迹图，或者让家长拍摄学生跳绳、打羽毛球和做仰卧起坐的录像，并将相关的视频或路径图发送给教师，实现对学生运动日常的监督，让学生真正养成良好的运动习惯。

传统观念的体育技术类课程教学主要为教师亲授的形式，通过教师的讲解、示范、纠错等教学环节实现体育运动技术从初识到泛化再到形成肌肉记忆的过程。在“互联网 + 教育”时代，体育运动技术教育也应该遵循社会发展轨迹，并积极推进体育技术类课程的泛在化体育学习模式的发展进程。其主要实现途径和形式是使体育技术教育教学各要素通过互联网和智能设备终端进行虚拟联系，使互联网信息技术为体育类技术课程的泛在化学习提供技术支撑。

（四）信息技术与体育与健康教学深度融合研究

1. 完善对接体育与健康课堂教学的信息化培训体系

结合体育与健康学科的知识和技能，切实提升教师的信息化教学素养。

2. 搭建大数据背景下的教学和教研联动平台

建立“监控、诊断、评价”一体化的智能化学科教学系统，为教师的教学管理和教学决策提供数据支撑，也为学生系统、科学化的学习提供了有力的保障。

3. 实现学习过程的监测和教学评价的实施

利用信息化技术的应用对学生体育锻炼运动负荷的实时监测和长期追踪，提高定量评价与定性评价相结合、过程性评价与终结性评价相结合、绝对评价与相对评价相结合的科学化水平。

4. 拟解决的关键问题

（1）体育与健康教学与信息化的融合依然停留在理论层面，行动跟不上理念的发展。

（2）信息化平台的基础建设与使用之间缺乏有效联系。

5. 创新之处

（1）构建智慧校园中小学体育与健康多元互动教研系统，为教学精准施策赋能。

（2）以推动家、校、社会协同育人为出发点，构建一体化的体育与健康教育教学平台，提升教师教育技术能力，为落实体育与健康课外作业提供保障。

信息技术与体育与健康教学深度融合的过程，其本质上也就是体育与健康教学信息化的过程。而体育与健康教学信息化的主要特点是在教学过程中，比较全面地运用以计算机和网络通讯为基础的现代化信息技术，促进体育与健康教学过程的全面革新，使学校、教师能够适应信息化对体育与健康教学的新要求。

五、体育与健康信息化途径探索

笔者再转到网络上搜索相关文献资料，国内不少专家学者也有仔细研究信息技术对于体育与健康教学的提升效果。我们登陆学术网站，输入关键词“信息技术”“体育与健康教学”进行搜索，有将近 70 万条相关信息。信息技术与体育与健康教学的相关研究在国内学者之间确实拥有着不小的热度。

我简单挑选了一些被引用以及下载次数较高的文献资料进行查阅，可以总结出体育与健康教学信息化包括了如下十个方面的内容。

（一）体育与健康教学思想的“信息化”

要从工业化社会的班级批量化、“一刀切”教育思想转向信息化社会的个性化、人本化教育思想。例如，面对一个天生就体重超重的学生和一个天生就体重不足的学生，我们不能使用完全一样的教学方法和评价标准，这对任何一方都是不公平的，不会因为对他们使用了不同的教学方法就被说成是教育的“不公平”。其实，我认为忽视不同学生个体的具体需求才是真正的教育“不公平”。

（二）体育与健康教学资源的“信息化”

要创建分布式的、超链接的、非线性的、多媒体化的、开放的、智能生成式的多种体育与健康教学信息资源库。学生在有体育学习需要的时候，能够利用信息化技术和手段，立即获得相关教学内容。体育与健康教师在有需要的时候，可以随时进行查询与使用。

特别是在校生人数比较多的学校，可能体育与健康教学资源的问题会比较突出。例如，上课场地被占用，体育器材被占用，各种体育竞赛时间难安排，体育专项资金管理混乱，体育器材经常损坏和遗失等问题。所以说，还要建立体育与健康教学资源信息综合管理系统，使体育与健康教师、体育专项资金、体育器材和设备、体育运动时间、体育场地场馆等各种资源要素的调控与管理达到最优化。

（三）体育与健康课程教材的“信息化”

体育与健康教材不应该仅仅停留在纸质媒介之上，内容上也不应该只有一个大的框架。

要适应信息社会发展的需要，就要不断深化课程教材改革，努力提高体育与健康教材的技术含量、内容含量。例如，建立全运动项目教学内容体系，并实现电子化、信息化，使其可随时在各种终端设备上进行查询与使用。开设体育与健康与信息技术融合类课程，加强信息技术的使用，注意培养学习者的信息技术能力。

（四）体育与健康教学模式的“信息化”

要构建适应信息时代要求的新型教学模式，要将信息的获取、处理、应用、创新等环节的组配作为教学模式构建的基础。其他学科有慕课、网课、翻转课堂、在线课堂等，在体育与健康学科教学之中，特别是理论教学中的教学模式与其他学科十分接近，所以这些新型教学模式也可以广泛使用。尤其是疫情以来，体育与健康课也开始更多地进行线上教学。但从教学反馈上来看，技术课教学的教学效果并不理想，出现了很多学生无法通过线上教学学会技术动作的情况，甚至还因为错误的模仿造成各种伤病的情况。所以，针对如何能更好地在体育与健康教学（技术）中使用信息技术，开创适合体育与健康教学特点的教学模式是十分必要的。例如：在学生获取学习信息方面，学生提前学习本节课相对应练习内容的视频或者微课，了解本节课所需的知识点和动作基础，甚至在安全可控的环境下可以进行尝试性练习，然后在课堂上再来解决练习中遇到的瓶颈和重难点内容。这就好像是体育与健康的翻转课堂。

（五）体育与健康教学技术的“信息化”

以现代信息技术为体育与健康教学的技术核心，在体育与健康课堂教学中，普遍使用省级、国家级优秀教师或优秀教练员的标准化教学视频资源作为辅助教材，合理利用如移动端设备、电子屏幕、AI 智能检测与识别以及各式不同的智能化体育器材进行教学。体育与健康教师要更多地参与到各种软件、硬件的学习与建设之中，提高体育与健康课堂教学的信息技术含量与信息技术质量。

（六）体育与健康教学环境的“信息化”

为了培养学生在运用信息化手段进行体育学习的大环境，推动体育与健康教学信息化与课余体育竞赛活动相互有机结合，我们要创设丰富、多样、美好的体育与健康教育信息环境，使师生在任何时间、任何地点都能获得充满生机和活力的校园体育运动氛围的熏陶。这必将依托体育与健康信息化资源的建设及信息化管理系统的建设与有序管理，重点是对体育与健康教师信息化能力的培养，使学校体育在信息化结合使用方面做到长期性、常规性、日常性。

（七）体育与健康教学评价的“信息化”

华中师范大学体育学院副教授、公体系副主任叶志强老师认为教学评价对信息化需求比较大。利用信息化技术，建立课堂、课外一体化的模式，在课堂上掌握学生学习情况，在课外进行监督和科学指导，为学校层面提供大数据支撑，更直接地了解学生身体健康情况以及锻炼情况。还要注重计算机与网络在体育与健康课堂评价信息的采集、传输、处理和结果分析中的应用，使课堂评价经常化、自动化、智能化。例如，心率带或手环、AI智能检测与识别等智能运动检测设备对体育与健康教学、对学生练习效果的评价与指导。其中心率带或心率手环设备目前是在东莞市相对来说使用与推广比较多，智能化、信息化程度相对较高的设备了。但是特别要注意，目前，我们还只是停留在课后才利用收集到的信息进行相应的评估与指导的阶段。其实，还可以要求学生课堂评价信息的实时评估对体育与健康课堂教学具有实时导向作用，使体育与健康教学过程能自动朝教学目标演进。

（八）体育与健康教师管理的“信息化”

2017年教育部出台《教育部关于全面推进教师管理信息化的意见》，文件中指出，教师管理信息化是推进教育信息化的重要支撑，同时也是加强教师队伍建设的迫切需求。要建立教师管理信息化体系，形成教师队伍大数据，优化教师工作决策，提升教师队伍治理水平，为此，需要做好教师系统建设与管理，支持教师精准培养，促进教师培训专业化，优化教师资源配置，改进教师管理服务。

以区域体育与健康教师群体为核心、绩效为价值取向改革教育管理模式；注重现代信息技术在体育与健康课堂教学常规管理，体育与健康教师人事管理、工资管理、档案管理、设备管理，或是体育与健康教学教研活动跟踪管理中的应用。

（九）体育与健康教师素质的“信息化”

刘时进教授认为，绝大多数体育与健康教师的信息技术素养远远不如其他学科教师的信息技术素养，导致信息技术在体育与健康教育应用的推进受阻。所以要注重培养体育与健康教师的信息技术素质，提高体育与健康教师运用信息技术进行教育教学的能力，这是体育与健康学科信息化发展的关键因素。在发展中要长期开展体育与健康学科信息化、智能化相关培训，举行体育与健康教师信息化能力相关比赛与竞赛。

（十）体育与健康教学教研的“信息化”

学科的教研活动是推进学科发展、提高学科教学水平的重要渠道，包括推进学科“信息化”的进程。体育与健康学科教学教研活动信息化的目的就是推动体育与健康学科教学教研活动更好地发展。在教研活动开展的过程之中，一方面教师可以参与教研活动来获得更多的学科专业知识，更好地提升自身教学水平；另一方面，活动组织方要主动分享信息化教研活动的开展方式，使教师的信息化素养得到一定的提升，甚至可以形成一套专业的信息化教研活动范式，让其他主办方通过学习与模仿的方式，实际动手操作，最终形成信息技术能力。同时上级部门还要搭建面向全体育与健康教师的学科专用教学教研平台，为体育与健康“七个一”学习活动、体育与健康教师日常工作、学校体育工作等方面提供强大的技术支持和后勤保障，为体育与健康教师的学习交流提供帮助。

由此可见，信息技术与体育与健康教学深度融合的途径确实十分多。可是别忘了，我们一定要思考，理想与现实之间仍然存在着巨大的差距。在“互联网 +”时代背景下，体育与健康教学融合信息化是一个不可逆的过程，它对于体育与健康课程的优化提升具有重要的催化作用，信息化技术将应用于教学、管理、监督与评价等学校教育中的各个环节，优化体育教学模式，有利于推动教师知识结构重构、提升教学能力，实现教学内容的多样化，加深师生有效互动，提高教学效果。但是现阶段我国信息化体育与健康教学模式尚未建立，传统教学模式惯性仍很大。其次，体育与健康教师信息化能力不足，能够熟练操作计算机和录摄像等数字化设备的老师较少，而且对体育与健康教师录制和播放教学视频的设备投入明显不足。因此，需要加大对以上几个方面的投入，加快体育教育信息化的发展。

在这些理想与现实之间的差距中，我们需要解决的有两个非常重要的问题。

关键问题 1：信息技术与体育与健康的融合依然还停留在理论层面，行动跟不上理念的发展。

我们要考虑体育与健康学科的特殊性，体育与健康教学不像其他学科以教室为主要教学场所，围绕教室相关教学的信息化可以为全学科所使用，具有通用性。而体育与健康的教学场所具有多样性的特点，很多设备、器材、软件、场地可能只能为体育与健康这一个学科教学所服务。所以我们必须试着寻找途径，我们必须研究可行性，我们必须找到理论、资金、行动之间最完美的平衡点。

关键问题 2：信息化平台的基础建设与使用之间仍然缺乏有效联系。

其实，目前东莞市体育与健康教师们都有在使用各式各样的信息化平台，但是大家在平台的使用方面呈现出相对分散的局面。其中有外部资本开发的体育与健康专用 App，有智能监测设备服务商的平台，有几种轮番交替使用的学习交流通讯软件，有微课、优课等视频的上传与保存的平台，有会议、教研、活动、比赛等通知的发布渠道，有国家体质测试的录入平台，有体育运动竞赛管理软件或平台，有体育与健康教学资源查询的软件，有各种体育作业发布的途径和软件等等。

由此可见，信息技术手段已经融入到如此之多的体育与健康学科相关领域之中，但是这么多领域始终没有做到融合统一。各个镇街、各个学校都根据自己需要的实际情况，选择使用不一样的软件与平台。体育与健康教师们仍然还在各种设备、各种软件、各种平台、各种技术之间反复选择与尝试。

综上所述，构建“智慧校园”中小学体育与健康多元互动教研系统，为教学精准施策；以推动家、校、社会协同育人为出发点，构建一体化的体育与健康教育教学平台，提升教师教育技术能力，为落实体育与健康课外作业提供保障。这些都将是我们需要持续努力研究与实践的方向。

由体育与健康教学的信息化向教育大环境的延伸与拓展，由教育信息化向体育与健康学科渗透融合都是必然的发展过程。如果单单只为了信息化而信息化，那将无法在信息化时代的大浪潮下大有作为。我们仍然要积极探索大课间活动信息化、课余体育活动信息化、课余体育训练队信息化、课余体育竞赛信息化，真正创设信息化学校体育氛围，打造全方位的、有足够深度的智慧学校体育。

六、信息技术赋能中小学体育与健康教学案例

（一）基于课堂教学的信息化技术应用形式

1. 课堂导入环节

结合现代化信息技术，对需要掌握的内容进行加工、整合，转换成声音、文字、动画及图像构成的有趣的动态的视频，通过各种各样的多媒体设备、设施对各教学项目标准动作进行展示，能够在学生脑海中建立正确的技术表象，提高学生的学习兴趣。

案例 1：足球正脚背运球

在本单元第一次课的开始部分，通过多媒体工具，播放一段 1 分钟的正脚背运球过人视频集锦，提示学生观察运球球员是如何做到突然提速过人的。通过震撼的过人画面和音频渲染，激发学生对足球正脚背运球的学习兴趣。接着，通过大屏幕视频展示一组完整的足球正脚背运球的动画视频片段（片段包含动作的正面、侧面演示；对脚面部位用文字标注以便认识观察；通过放大、慢放及回放等信息技术手段，结合学生学习需求，进行足球正脚背运球动作的全方位展示）。

进行不同角度的、不同速度的、不同顺序的动作演示和对重点部位的放大认识。视频演示过程中，提示学生观察思考部位、动作顺序，使足球正脚背运球更加具体形象地呈现在学生面前，快速地使学生形成足球正脚背运动的动作表象，为接下来的示范讲解和组织练习的环节，打下学生基础，实现良好的课堂学练开端。

2. 课的讲解与示范部分

学生掌握技术动作要遵循直观性原则，通过多种直观方式的感知掌握体育知识和技能。但一些涉及时间、空间、位移关系的技术动作难以分解，此时将信息化技术结合体育与健康教学，对难以分解的动作技术进行多方位、多角度的展示，对动作要领以文字解释配以画面重点播放讲解，使需要掌握的内容变得不再抽象，突破教学的重难点，提高学生学习的效率。

案例 2：前滚翻

在前滚翻课例中，学生出现团身不紧、滚动不圆滑或滚歪、滚完以后站不起来的现象，教师让学生两人一组，利用多媒体大屏幕，运用暂停、重复播放、慢放等功能让学生清楚前滚翻低头、蹬地、推手有序充分以及“团身滚动似圆球”的特点。再利用手机拍摄学生动作并实时投屏到大屏幕上，与标准动作对比，让学生讨论，让他们自己发现问题。之后老师进行总结评价，及时反馈，并组织观看保护动作的要领。

本课之中，老师充分利用多媒体教学，通过实时拍摄和投屏进行正误对比，突出重难点，引导学生观察和思考，激发学生的主观能动性，让学生思考、模仿和改进。最后结合老师的总结和评价，利用信息化手段让学生掌握保护的动作要领。让同学们在互帮互助中突破动作的重难点，并且克服对初学前滚翻的恐惧心理，让学生在一个安全有爱的环境中积极学习，不断突破。

3. 课的纠错部分

通过信息技术赋能，利用现代信息化的纠错方法能够指导学生学会观察、分析和评价动作基本要领的能力，在加深动作理解、领会动作要领、明确动作结构的基础上，改进和提高运动技能质量。

案例 3：篮球体前变向运球

在篮球体前变向运球课例中，学生出现转体探肩慢，护球不利的现象。教师让学生分组利用现代信息化电子设备把同伴的动作录制下来，利用平板电脑的回放、镜头慢播放的功能，小组间讨论交流以及对比正确的提前变向运球动作视频，帮助同伴分析错误动作，纠正错误动作。教师再组织动作易错的学生原地做运球变向和蹬跨转体探肩动作的练习，以使其更好地掌握技术动作。

本课运用互联网共享视频，对比视频的正确动作播放以及学生的错误动作，引导学生参与讨论评价，分析动作的原理，更直观地呈现学生的动作技术掌握情况。利用信息化教学手段，促进生生之间、师生之间的交流与互动，帮助学生抓住动作技术的关键，突出重难点，并且提高学习效率与教学质量。

图 20-1 运用互联网共享视频教学

4. 课的运动负荷监测

案例 4：技巧组合动作

本课以“消防员的一天”为主线，为更好更高效地让学生掌握动作要领与完成运动负荷要求，整节课运用智慧运动手环、多媒体音频。

在课的开始部分，教学先进行情境导入，学生化身为“消防员”。在富有节奏的音乐中进行了晨练（热身）和技能训练（复习），在音频的节奏下，学生的情绪饱满，高效地完成了热身与复习的部分，而运动手环也显示学生的心率有显著的上升。

在复习过后，利用多媒体播放警报声，学生随即进入“营救”环节。随着课堂的推进，学生“消防员”的代入感越发强烈，改变了传统体操课的枯燥，提高了学生对课堂的兴趣。在练习过程中，教师根据智慧手环反馈的数据，将学生进行分层，根据分层安排不同的技巧组合动作，使学生更好地掌握本节课的内容。

最后在放松部分，用多媒体播放舒缓的音乐，跟着音乐调整呼吸，配合放松操，使身体心理恢复平静。

整节课的平均心率为 131 次 / 分钟，运动密度为 69%，运动强度为 64%，与预计数据基本吻合。针对在课的某阶段未能达到理想值的情况，课后对教学设计再进行优化，保障学生能更好地完成课堂目标。这位体育与健康教师巧妙地运用了信息化手段来帮助自己进行教学检测，保证学生的课堂运动量达到预定的运动负荷，并且在确保每一位学生的练习密度的同时，对在运动过程中可能会出现的紧急情况也可以提前做出预防，确保学生在运动技能学习过程中不会受到运动损伤，提升体育与健康课的安全性。

5. 学习评价

体育学习评价是促进学生健康成长的重要教学手段。在教学的课中以及课后，通过师生的互评、学生的自评不仅能给予教师、学生及时的反馈，方便教师根据检测结果进行课堂诊断。在信息技术的支持下，结合体育与健康教学评价原则和目标，利用信息技术与方式进行创新融合，探索体育与健康课堂课中和课后的评价行为，使其更好地应用于体育与健康课堂实践当中。

6. 结论

（1）信息技术赋能体育与健康教学的优势在于信息资源丰富、知识量大，利于为学生营造一个良好的学习环境，充分发挥学生主观能动性，使学生的自主探究能力得到一定的提升。

（2）课堂导入、讲解示范、反馈纠错、运动负荷监测以及学习评价等环节是信息技术赋能体育与健康课堂教学的主要应用形式。

（3）体育与健康教师的信息技术赋能体育与健康教学的意愿比较高，但具体对信息技术赋能教学的认识还有待提高。教师的信息化体育教学素养不足、信息化体育教学培训不够、学校信息化体育教学资源设配短缺和信息化教学操作过程繁琐等都是影响体育与健康教师顺利开展信息化体育教学的因素。

（二）基于体育与健康课外作业的信息化技术应用形式

1. 智能 App 课外体育与健康作业布置的要求

（1）要关注学生兴趣

兴趣是最好的老师，学生有兴趣，肯定会积极完成任务，家长自然省心，那么在体育家庭作业布置方面如何才能激发学生兴趣呢？内容设计上要目标清晰，练习难度适中，尽量选择过关挑战形式，也可考虑家长或他人的参与，增强互动性，提升趣味性。

（2）应考虑因材施教

体育与健康作业的有效实施应考虑学生的年龄特征，不同年级、不同水平的学生在目标达成上，要求应该不同。关注因材施教，分层、分水平布置作业，力争让每个学生都能在体育锻炼中收获健康与快乐。分层设置任务与目标，如设置铜牌关、银牌关和金牌关，让学生在练习中力争银牌关，勇争金牌关。

（3）构建家校共育，形成合力

为了更好地落实体育与健康家庭作业，家长与学生要充分地认识体育与健康家庭作业的重要性。态度端正了，任务落实推进就顺畅。落实过程难免需要家长的监督与鼓励，如提醒作业，跟进体育过程，拍摄录制视频，填写完成记录表。只有家校共育，形成合力，学生们才能健康成长。

（4）做好监控评价、展示成果

布置体育与健康课外作业时，应注意过程的监控与反馈，如对练习环境的选择，要注意运动场所的安全性，这需要家长的配合。其次是在练习过程，注意运动前的热身，运动后的拉伸，同时也要做好体育与健康成绩的文字记录、拍照、录像工作以及数据上传等工作，这些都需要家长的支持与配合。再次是对运动过程技术和成绩的反馈，让学生了解自己的水平，当上传数据后，学校教师要对成绩及相关资料进行检查，总结优缺点，及时反馈给学生。最后是对完成得比较优秀的学生，可以进行线上或线下的交流展示，同时学校层面也可开展评优评先，评出“优秀积极分子”“家校共育优秀家庭”和“优秀班集体”，鼓励与推动体育家庭作业的实施，使项目可持续发展。

2. 智能 App 课外体育与健康作业内容的设计

（1）强心挑战

强心挑战项目是一项有氧运动，主要是通过长时间的体育锻炼，有效地提高体育者的心肺功能，通过全身有氧运动，让血液获得更多的氧气，增强心脏收缩功能，使心血系统得到很多的锻炼，有效地预防心脏病、高血压等疾病的发生，从而达到增强体质的作用。具体的操作方式是设计挑战内容，从易到难，从少到多，将体育次数和时间作为练习目标，比如设置 1—10 级挑战目标，用数据记录成长，让学生的进步看得见。

（2）定时计数

定时计数练习模式，是借助体育 App 软件连接手机或相关电子产品完成要定时计数的运动项目。其操作模式是在设定的练习时间内，练习者根据自身的能力水平练习相关项目，并记录在单位时间里完成该项目的次数，统计成功完成的次数。练习者可以采用正向计时或倒计时的方式进行。

（3）定数计时

定数练习模式，是借助体育 App 软件连接手机或相关电子产品完成需要定数计时的运动项目。其操作模式是以设定的练习次数为目标，练习者根据自身的能力水平开展锻炼，采取从易到难，从少到多的训练模式，观察自身完成目标所用时间的增减，从而判断练习的进步与否。练习者可以采用正向计数或倒计数的方式进行。

（4）线上竞赛

线上竞赛练习模式是借助体育 App 连接智能手机完成线上竞赛活动。线上竞赛，主要是设定体育的内容和操作方式，与对手展开竞赛线上的优势就是让体育比赛不受场地、时空的变化影响，将体育数据可视化，数据收集更加便捷。通过线上竞赛可以激发学生体育兴趣，达到交流与展示的作用。

3. 智能 App 课外体育与健康作业内容的实施途径

（1）体育与健康课堂中教师要教授规范的技术动作

掌握运动技术，课堂是关键，体育与健康教师要教授规范的技术动作，学生在课堂上学习掌握相关项目的练习方法后，在课后练习的效果自然会更好。在智能体育 App 上，有相关的体育视频供学生学习，学生通过 App 上的各种视频进行学习是对体育与健康课堂的一个补充。而借助 App 设置练习模式，可根据数量和时间等设置练习内容，让学生在练习中，能根据自己的目标，巩固与提高体育水平。线上线下一体化的教学与训练模式，可以使学生在体育技能和体能上得到提升，有利于帮助学生增强体质。

（2）布置体育与健康家庭作业的准备工作

体育与健康教师要研究和设置好体育家庭作业的内容，如练习的模式和练习的组数等相关要求。作业内容可以以文档形式制作表格，将其清晰地呈现出来，或以语言将其说明清楚，可以用 AI 配音制作音频，统一发送给家长和学生。如果以视频的方式，可以进行讲解并示范练习要求，通过微信群或 QQ 群将内容推送给学生或家长。

（3）开展体育与健康家庭作业的推进过程

完成第一环节的准备工作后，由班主任或体育与健康教师将家庭作业的内容推送给家长与学生。学生或家长明确练习任务和目标后，班主任或体育与健康教师在指定时间里通过微信群或 QQ 群在线上给学生或家长进行解答。该环节是落实体育与健康作业重要的过程，家长可以协助与监督孩子进行练习，促使学生认真完成任务。

（4）体育与健康家庭作业成绩收集的途径

利用智能体育 App 完成体育练习后，手机端会显示体育与健康成绩，家长与学生利用手机截图并提交作业，发送到指定的地址。另外，也可利用石墨文档或腾讯文档等在线收集学生完成的数据。为了保证作业具有真实性，家长与学生可在班级微信群或 QQ

群上上交学生体育锻炼视频，以供老师确认，这也有助于同学之间交流学习。

（5）体育与健康家庭作业的评价与总结

为了让体育与健康家庭作业这一教学活动能够持续良性发展，营造良好的体育氛围，对学生上交的成绩或视频，体育老师应及时进行点评，同时对完成得比较好的同学进行表扬与肯定，尤其是将优秀视频分享给大家学习。做到及时反馈，让学生们在成长过程中不走弯路。每次活动结束后，教师还要统计好学生作业完成人数、完成的质量、优点与不足，为下次作业提出要求和愿望。

第二十一章　跨学科多元联动的教学实践

体育与健康学科和其他学科的跨学科融合一直是学生提高运动能力、学习健康知识和传承中华优秀传统体育的重要方式和途径。体育与健康课程应融合多门课程，充分发挥育人功能，促进学生全面发展。体育与健康课程的跨学科主题学习部分主要立足于核心素养，结合课程的目标体系，设置有助于实现体育与德育、智育、美育、劳动教育和国防教育相结合的多学科交叉融合的教学内容。

体育并非一门孤立的学科，体育与健康学科本身的复杂性造成了其学科知识与其他相关学科知识之间界限的模糊。基于此，体育与健康学科和其他学科之间必然产生跨学科的交流与合作。因此，体育与健康教学的跨学科研究是必然的。

一、概念解析

跨学科研究是指针对那些无法用单一学科的知识和方法来研究的复杂问题，联系和整合两个或多个学科的知识与方法，或两个或多个行业与技术领域，从各专业角度得出新的知识和方法，进而完成共同的研究任务；或解决某个复杂性问题，即便这个问题延伸至其他领域，可进一步整合各学科的知识和方法，达到认识解决问题的目的。跨学科研究的核心是强调研究的交叉性，实现新的学科进步发展。

体育与健康学科与其他学科跨学科融合一直是学生提高运动能力、学习健康知识和传承中华优秀传统体育的重要方式和途径。体育与健康课程应融合多门课程，充分发挥育人功能，促进学生全面发展。体育与健康课程的跨学科主题学习部分主要立足于核心素养，结合课程的目标体系，设置有助于实现体育与德育、智育、美育、劳动教育和国防教育相结合的多学科交叉融合的教学内容。

二、研究背景

多学科研究是指围绕某个重大社会实践问题，将两个或多个学科的研究人员组织起来，每个参与研究的学科研究人员力求从本学科的角度，运用本学科已有的知识和方法，产生独立的、具体的学科研究成果，是一种学科间视角、知识与方法的非综合性混合研究形式。早在冷战时期，苏联为抗衡美国竞技体育，打击西方阵营的嚣张气焰，特邀运动训练、生理生化、兴奋剂、社会学等各学科专家会诊竞技体育。新中国借鉴苏联竞技体育的“举国体制”模式，强调集中统一管理、资源有效配置和多方参与研究的发展模式，最典型的是北京奥运会科技攻关项目。提高运动员竞技水平是一个全方位的、多因素影响的系统化工程，涉及体能、营养、生理代谢、训练方法、心理变化、就业保障等方方面面，国家体育总局承担了多学科研究中第三方组织管理机构的责任，在行政管理层面上提出了“全方位、多学科、综合性、零距离”的奥运科技攻关理念，将各学科专家组织起来，统一管理、多方参考、综合决策、整体实践，为中国取得辉煌的奥运成绩起到了重要支撑和保障作用。

三、跨学科多元联动的内涵

（一）跨学科的价值

跨学科研究的本质是打破学科界限，开展两门及以上的学科之间的科研或教育活动。相应的，体育与健康跨学科研究的本质不是为了建立各学科之间的联系，实现多学科的融合，更不是否定分学科教学或研究，而是综合研究体育与健康与其他各学科知识。体育跨学科研究强调跨学科研究的交叉性，从而进一步实现新的学科进步发展，上述这种方式获得的学科进步主要体现在两个方面。第一个方面是所跨学科之间应当开创全新的相关研究领域，另一个方面是所跨学科之间应当以促进各学科内容的更新发展为目标。在体育与健康跨学科研究中，绝大部分人走的都是第二条道路。在体育功能不断完善的今天，体育与健康研究关注的重点是如何通过体育与健康学科与其他学科之间的跨学科交流与研究来解决体育科学领域发展过程中出现的并且在之前难以解决的复杂问题，并在此基础上打破体育与其他学科之间的界限。界限是进行学科分类的标准，但学科界限却并非完全明确的。各学科核心知识之间的界限是最为明确的，而学科边缘的界限却相对模糊。体育与健康学科边缘的知识与其他学科知识是相互交叉的。可以同时进行体育与健康和其他学科的科研或教育活动，并以此来解决体育与健康学科研究或教学中的常见现象与问题。

但值得注意的是，体育与健康的跨学科研究并非本学科和其他学科的知识之间的简单累加，而是促进上述学科自身的更新和发展。体育与健康跨学科研究不仅是深化改革、提高学校体育工作质量的需要，也是体育与健康教师提高自身业务水平的重要环节。

另外，体育与健康学科与其他学科的交互研究有两种形式。一是体育与健康学科和其他学科之间的跨学科交流与研究，体育与健康学科通过借鉴学习后者的优势，来解决自身存在且之前难以解决的一些复杂的问题，并在此基础上完善并更新知识体系。二是体育与健康学科内部各分支学科的跨学科研究。与其他学科一样的是，体育这一学科体系中已有多门较为成熟的分支学科，然而这些学科在进行纵向研究过程中，同样不能与其他学科的研究完全割裂，并且同样需要不断吸收其他相关学科的研究成果和方法。

（二）跨学科的意义

第一，促进新的研究领域产生。学科与学科之间的边缘交叉地带往往容易形成知识的盲区，所产生的问题需要相邻学科共同解决，这也是推动当代科学建设与发展的重要前提。德国科学家贡泽尔认为，“科学的快速发展和研究工具的日益精致，使研究者要做出两种不同的选择，或是把一种方法应用于不同学科领域”。体育与健康跨学科研究能将多门学科的理论与实践方法相互融合与借鉴，从而在解决问题的同时产生出新的研究领域或新的学科，拓展研究主体的研究空间。与其他学科相比，体育学的基础相对薄弱，如果仅局限于单一体育与健康学科之内对主体进行研究，则研究能力与研究范围都十分受限。随着各个学科的发展与壮大，每个学科的研究内容都开始趋于精细化，研究的主体内容也趋于复杂，体育学也是如此，研究领域早已冲破学科边界的限制，积极与力学、生理学、管理学、社会学等学科跨领域合作研究，不仅能提升科研能力，拓展新的研究领域，还能促使新的分支学科不断产生。

第二，促进体育科研创新。目前，各个学科之间交叉与融合已经成为科学发展的一大趋势，形成巨大的学科创新能力，不断解决重大问题，大力推动科学与社会的发展。体育学是研究人与运动之间关系的学科，以自然界和人类社会实际存在的问题为主要研究对象，研究主体具有较强的复杂性。其研究主体侧重于运动过程中人的状态及运动对人类社会、经济等方面的影响，包括对生理各项指标的检测与分析，没有生理学、化学、社会学、经济学与医学等学科的帮助是难以完成的。体育学的研究对象不仅仅局限于人，还包括多种复杂的社会现象与文化现象。因此，跨学科研究是体育学未来的发展方向，能够打破单一学科的限制，利用跨学科知识资源的共享打造新的研究平台，成为体育与健康科研创新的巨大动力。

（三）跨学科的作用

1. 增加体育和健康学科和其他学科的互动及其趣味性

体育与健康学科与其他学科之间的跨学科交流在相当程度上丰富了体育与健康课堂教学的内容，由此也极大地增强了学生学习体育的兴趣。传统的体育与健康教学模式因其自身教学内容的单一性，有一个很明显并且难以消除的弊端，就是学生对体育与健康课程的兴趣与喜爱程度多呈现两极分化的现象，即一些活泼、好动、体能较好的学生，尤其是男生，往往更愿意积极参与体育与健康课程的学习，而一些安静、沉默、体能较差的学生，往往不愿参与体育与健康课程的学习。而在当今体育与健康教育改革的背景下，体育与健康成绩加入到中考总成绩当中，多数学校为确保升学率，往往采取短期特训的方法快速提升学生的体育成绩，体育对升学的影响也使其成了大部分学生的负担。若是增强体育与健康教学内容的丰富性，并在此基础上引起并提高学生学习体育的兴趣，上述问题便可迎刃而解。因此，体育与健康教师可在讲授期间播放一些体育赛事视频，并用学生已掌握的知识，如物理、数学课程中的一些知识来解释体育现象，或结合历史、文化等方面的知识来讲授体育史上的某些重大事件，将单纯的体育运动课堂转变为运动为主、理论知识讲授为辅的内容丰富、趣味性强的体育与健康课堂，使其不再成为曾经厌恶体育那部分的学生的负担。

2. 从其他学科切入研究，丰富体育与健康教学

从不同的学科的角度，即以一个全新的视角来研究体育与健康学科教学是体育跨学科研究与发展的基本方法。从不同学科的角度去研究体育与健康学科教学，便可以发现并掌握体育与健康学科教学知识的不同方面。如“历史学 + 体育学”可以研究体育与健康学科的历史和特点；“管理学 + 体育学”可以研究体育管理的相关内容。体育作为一门复杂的学科，其知识体系中的各个方面本就不能离开其他学科而孤立地存在。若是单纯地进行体育这一门学科教学的研究，往往只能局限于体育运动本身，即体育与健康学科的核心知识。而从其他学科的角度去研究体育与健康学科，则可以研究体育与健康学科各方面的知识，从而构建并完善体育与健康学科的知识理论体系。

从其他学科的角度研究体育与健康学科对研究者的知识储备要求是比较高的，研究者需同时具备体育与健康学科以及所需的相关学科的知识。

3. 与其他学科合作交流，培养高质量人才

在跨学科教学研究的过程中，各个学科之间的交流与合作是极其重要甚至必不可少的一个环节。学科知识的交流与合作有两种方式。一是单方面运用其他学科的现有知识去研究某一学科，这一方面在体育的跨学科教学研究的过程中具体表现为体育与健康学科的相关人员通过运用其他学科中的现有知识去研究体育与健康学科中的某一方面，并以此改变教学方式。二是学科间的合作能有效解决研究者知识能力不全面的问题。体育与健康学科本身和其他学科之间的互通性并不强，同时精通体育与健康学科与这些学科中的某一学科的研究者并不常见。若是与其相关学科的其他相关人员合作，就能很好地解决这些问题。

开展体育与健康学科和其他学科之间的跨学科教学合作和科研活动，能高效率、高质量地聚集各学科人才，并培育各科人才。

4. 厘清跨学科本质，建立相应研究机构

体育作为一门综合性较强的应用型学科，它的出现及发展需要众多人文学科以及自然学科作为理论基础。跨学科研究并不否定分学科知识研究，而是将分学科知识综合应用于解决问题，培养综合能力。相较于其他学科，体育与健康学科的跨学科性更强，需要与其他学科进行长期且稳定的跨学科合作研究活动。目前，各学科研究机构多以单一学科为单位，如高校中的学科组织与研究机构仍按照传统学科分类系统进行划分。上述这种传统且生硬的划分方法不仅有违跨学科研究的本质，更不够灵活变通，早已不能满足当代体育与健康学科飞速发展和体育与健康学科教学灵活变通的需求。以单一学科为单位的学术研究机构使体育与健康学科教学和其他学科教学之间形成隔阂，往往只能通过与其他学科进行合作科研的途径开展体育与健康跨学科教学研究活动。这种暂时合作的方法若长期使用，是极其耗费人力、物力和财力的，且无法保证其长期稳定性。相关人员与相关机构还应当注重培养对应的高级专门人才。若完成了体育与健康跨学科教学的研究机构的建立，则可以此为基础实现体育与健康和其他相关学科的长期且稳定的跨学科教学研究交流活动。尤其是因体育与健康跨学科合作而形成的新学科，这些新学科不能完全依附于其上属学科而存在，需要一定的独立发展的空间。相关人员可在高校建立这些新学科的教学研究机构，或根据新学科内容开设其相关专业，有针对性地培养人才。

四、跨学科多元联动内容

（一）体育与健康教学中跨学科的探索分类

1. 与生物学科的联动

人的运动离不开骨骼、关节和肌肉的相互作用。在运动时，骨骼是运动的支柱，关节是运动的枢纽，肌肉收缩是运动的动力。运动除了需要有骨骼、关节和肌肉的共同参与，还需要消化系统、呼吸系统和循环系统等多系统的配合。以长跑教学为例，教师不仅要将运动系统方面的知识教授给学生，还应提醒学生跑前半小时不要进食，要充分热身，要注意呼吸的节奏和深度。跑前进食容易岔气，严重的可能导致急性阑尾炎。进食后胃部在消化食物的过程中需要血液的能量供应，而运动又需要血液给肌肉供氧，因此会发生胃与肌肉的“血液争夺战”。做热身活动是为了唤醒肌肉和神经系统，提高肌肉和肌腱的弹性和伸展性，防止受伤。均匀呼吸是为了节省能量，而深度呼吸则是为了充分进行气体交换，保证运动供氧，延缓“极点”的到来。

此外，我们在处理运动损伤，如踝关节扭伤时，也要结合生物学知识。踝关节的外侧韧带较为薄弱，且踝关节内翻的肌肉力量大于外翻肌肉力量，踝关节容易在内翻位发生扭伤，因而外侧韧带的损伤最为常见。应急处理应按照“冷敷—加压包扎—抬高患肢”的步骤进行。扭伤时可能会发生毛细血管破裂，冷敷可以降低血液循环速度，同时收缩血管；加压包扎可以止血；抬高患肢可以使血液回心，降低肢体末端的出血。踝关节应急处理的目的就是减少出血，尽量避免皮下血肿。

因此，教师在体育与健康教学时将体育与生物学知识相融合，可使学生在掌握运动原理的基础上健康运动。融合了生物学科的体育与健康教学有利于运动的可持续发展，培养学生的终身体育意识。

2. 与物理学科的联动

一方面，体育运动是学生理解物理知识、实践物理理论的重要方法和手段。另一方面，物理也有助于学生深刻理解体育运动的动作原理，帮助学生科学地开展训练，提高学生的体育竞技水平。

人在蹬地时地面产生的反弹力与重力的合力向前，成为人体前进的动力，人体在沿圆周运动时产生的离开旋转中心的力是离心现象，弯道跑教学的难点就在于克服惯性。在进行弯道跑时，学生应采取外大内小的摆臂方式，内脚前脚掌外侧、外脚前脚掌内侧着地，身体内倾，这样可较好地克服惯性。运动速度越快，离心现象越明显，因此身体内倾幅度应随速度的增加而增加。耐久跑时间和距离较长，需要大量的能量，学生突然加速需要更多的力，因此在进入耐久跑后，应尽量保持匀速运动或尽量匀加速跑，避免突然加速消耗过多体能而导致“极点”的提前到来。

体育技术与物理知识的融合可帮助学生更好地进行体育学习，更好地突出重点、突破难点。

3. 与信息技术学科的联动

传统的体育与健康教师主要通过语言讲解和身体示范实施课堂教学，这种教学手段单一且乏味。教学过程中，学生需要反复观察模仿教师不同示范面的动作，枯燥且效率低下。在信息化时代，将体育与信息技术融合，很多问题就可以得到有效解决。

首先，体育与健康教师可以采用新媒体技术进行课堂教学。教师通过信息技术创设体育情境，借助文字、图案、动画和视频等媒介打破时空界限，激发学生的求知欲，使学生的学习方式由被动接受转向主动求知，提升教学效果。如在讲授排球的规则和战术时，教师可播放一段中国女排在世锦赛上夺冠的视频，将学生置身于比赛情境，这样不仅可以解决用语言和挂图难以解决的问题，还可吸引学生的注意力，激发学生的爱国热情。

其次，学生可通过网络获取更多的学习资料进行课前预习和拓展学习，教师也可利用各种网络平台（如“钉钉”“腾讯会议”等）完成课后作业的布置和检查。在新冠疫情防控期间，信息技术和体育与健康学科的融合尤为明显，疫情防控期间学生不能返校上课，线上教学得到普及，解决了居家学习的难题。

再次，教师可合理应用微课进行技术教学。微课教学能够实现课上课下相结合、线上线下相结合，有利于突出教学重点、突破教学难点。教师在微课教学中可以将技术动作以图片、视频或影像等方式呈现，在技术重难点部分，还可利用镜头特写、声音特效、慢动作放映和线条标记等方式，对动作要领进行细致讲解，让学生对于技术动作有更深刻的理解。以跨栏技术动作的教学为例，教师可以在微课上录制跨栏的慢动作，对攻栏、过栏、下栏等动作的要点进行标注，使学生形成直观的认识。学生自行体会动作要领后，可对比微课自主纠正。这种模式有助于学生快速掌握技术精髓、突破难点，培养学生自主学习、探究学习的能力，提高学生体育与健康学科的核心素养。

最后，教师可利用信息技术指导课内外训练。在体育与健康教学训练指导方面，教师要紧跟时代潮流，充分利用信息技术手段，将教师语言纠错变为学生自我纠错，让学生及时发现自己的问题，并在训练中不断地改进，进而提高体育与健康教学的训练效果。如在体育高考生立定三级跳远的训练过程中，教师可以使用手机的延时拍摄功能，让学生观看自己的蹬地角度、大腿主动下压等方面存在的问题，让学生掌握正确的跳远技巧，提升训练效果。

4. 与语文学科的联动

为学生建构适合其进行想象、思考、创造的发展空间非常必要，学生的综合能力是跨学科联动的重要目标之一，同时也是教师改革教学课堂、优化教学方案的一个重要途径。因此，在实际展开教学活动的过程中，教师要不断引导学生发现体育之美、感受文学之美，从而为学生进行自主创造带来更加广阔的平台。例如，在教学过程中，教师可以为学生展示一段关于我国知名运动员姚明的视频资料，对于高中阶段的学生来讲，姚明是他们耳熟能详的篮球运动员，但是很少有学生知道姚明的左耳丧失了部分听力，因此在日常的交流训练当中，他和队友们、教练的沟通也受到影响。另外，对于篮球运动来讲，姚明的身体条件并不是十分优越，姚明的两肩狭窄、胯骨较宽，因此会非常影响中锋篮下的对抗能力以及转身的灵活性。另外，姚明的手臂不够长，在篮下争夺篮板球时经常被其他人抢先。

姚明的跟腱比较短，且脚形为刀削脚，这也就意味着，姚明的弹跳力并不是十分理想，且快速奔跑一段时间后非常容易感到疲劳。但是当其他运动员休息时姚明却在艰苦训练，就连负责给运动员刷鞋的工人师傅都说姚明的训练是最刻苦的，即使是在冬天鞋子也能倒出汗水。经过了无数的艰辛、刻苦的训练，最终姚明成为世界知名的篮球运动员。尽管先天优势不足，但是后天的努力仍旧对姚明站上球场起到了宝贵的推进作用。

通过为学生展示这样的视频，学生自然而然就能够感受到姚明的成功并不是奇迹，而是他坚决不服输、顽强坚韧的精神。在观看了视频之后，学生对姚明这位篮球运动员有了新的了解，同时也对姚明的经历有了更多的想法和看法。此时，教师便可以引导学生自己创作一篇文章，以此方式升华本课教学效果，将语文和体育真正融合在一起，促使学生在创造的过程中达到更加良好的发展效果。

（二）体育与健康课的评价

课堂教学评价在教育教学活动中具有重要作用，课堂教学评价体系及其运行机制影响着学校的教育教学质量与学生的学习成绩。体育与健康课评价更多的时候是从技术动作出发，从技术动作的发展到教学的方法，而在新的“五育”融合的理念下，体育与健康课评价不仅是只有动作技术的教学评价，还有对“五育”的教学评价。

（三）新理念下对体育与健康课变革的思考

课程与教学改革以“创新”为核心理念，创新行动涵盖课堂教学、课程领导力、师资培养、评价方案、学习支持、实验室建设、教育云平台建设等。随着课程与教学改革的深入，加强对体育与健康学科课程建设和课堂教学的针对性研究，加强重育人价值视野下的学科课程与教学的优化研究日益成为迫切需求。因此，教师要在“五育”的融合理念的引领下，优化体育与健康学科育人的成效研究，以学科育人为切入点，优化其课程建设与课堂教学策略，只有这样才能推动体育与健康课程的教学改革能够稳健而富于成效地走入深水区。

1. 突破教学瓶颈，优化体育育人成效

长期以来，体育与健康课在教育教学实践中存在被边缘化的现象，有时被视为休息课、活动课，育人价值大多停留在理论概念上而未能充分实现，因此，体育与健康学科的体育价值、劳动技术学科的劳育价值作为学科主体价值需要进一步彰显。其次，在体育与健康课程实施时，也未将跨学科联合等思想纳入思考范围。

2. 体育与健康课教案设计、评价的变化

要将跨学科联动的理念带入体育与健康课中，首先要在教案编排中加入对“五育”的

评价。将教案中要加入什么时间段、什么练习对应跨学科联动中的哪一项育人特点。对教材的教法研究除了要考虑知识点、教学内容、教学方法，还要体现育人的价值观念。如：原地单手侧推实心球教学研究中可以加入其他学科的知识，例如了解力的作用是相互的，以及身体中力量的传导，达到学习物理、生物知识的目的。同学相互合作、观察、纠正，培养顽强拼搏、团结协作的品质，学会欣赏他人，增强个人对集体的责任感，达到思想品德学科的培养目标的等。

3. 体育与健康课课堂实施变化

中学体育与健康课的教学过程中本来就隐含着“五育”的理念，体育与健康课程中的球类项目能培养学生顽强拼搏、团结协作的品质，使学生学会欣赏他人，增强个人对集体的责任感，这是对学生的德育；在体育与健康课上对技术动作的学习过程就是加强学生对事物发展规律的认识，这是对学生的智育；发展学生体能，改善学生身体形态，加强学生体能，这是对学生的体育；标准、整齐的动作，加强学生对标准动作的理解，这是对学生的美育；课程结束，学生回收器材，这是对学生劳育。

（四）体育与健康、语文和自然三科联动实践

体育、语文和自然三科联动实践是对体育、语文和自然三门学科进行整合和设计，并落实的户外性教学活动。“爱自然”的主题包含了三点内涵：

——使学生明白“人与自然”的关系，增长环境科学知识，具有环境保护意识。

——使学生亲近和探索大自然，增强对环境的了解。

——使学生学会珍惜自然资源，保护自身和他人周边环境

结合“水平一”学生入学时间短、认知能力有限的学情特点，我们选择了与学生生活经验更为贴近的内涵——“亲近和探索大自然”作为课程研究的切入点，进而让学生学会珍惜自然资源，具有环境保护意识。

语文学科以部编版教材一年级第二学期《春夏秋冬》一课为教学内容，其教学目标指向引导学生感知一年四季中大自然的景色变化，激发学生探索大自然的兴趣。为加强与自然的联系，我们融入自然学科，借助自然学科“认识身边的植物”的相关知识，增强学生对植物、自然的兴趣。此次研究的关键是场地等各项资源的利用，这意味着学生必然要在校外某个宽阔的场地中开展活动，这样就将体育与健康课程的特点显现了出来，“走和跑”的教学活动应运而生。基于此，我们决定以“体育”“语文”和“自然”三门学科的相关知识、技能为支撑，统筹整合各方面资源，引导学生开展一场户外寻春之旅。三门学科为了共同落实“爱自然”这一要点，需要根据学科特性以及一年级学生的特点，分别设计操

作点，依据教材中相应的学习内容细化落脚点。具体内容见表 21-1。

表 21-1　落实“爱自然”语文、自然、体育与健康学科统整

主题	内涵切入点	学科	操作点	落脚点	学习内容
爱自然	亲近和探索大自然	语文	通过实地的考察与探究，知道大自然有自身的发展规律，激发学生探索大自然的兴趣	将观察到的春天景色的变化，用一定的方式进行语言表达训练，最后模仿课文形式，创编儿歌，写出春天景物的变化与特点	一年级第二学期《春夏秋冬》
		自然	了解生物多样性，体验大自然的丰富多彩	通过记录、绘画等方式，加深对常见植物的认识，提高抓住植物外部显著特征进行观察的能力	一年级第一学期《丰富多彩的植物——身边的植物》
		体育	充分利用自然环境，开展户外体育运动，享受大自然，享受运动的快乐	在教师创设的模拟自然地形中，学习自然地形跑，掌握跑步的方法，体验跑步的乐趣	一年级第一学期《走与跑——自然地形跑》

语文、自然和体育与健康三门学科围绕“爱自然”的主题，充分利用各项资源开展跨学科统整教学。为了真实记录与考查学生完成任务的情况，便于对学生完成任务的过程进行综合评价，我们将各学科所要达成的目标要点写入任务单中，每一个任务完成处都会设置一个打卡点，教师以盖章的形式对学生任务的达成度进行评价。

1. 环节一：语文教学的导入

到达“源点”雕塑后，教师首先进行导入，引入关于“春天”的话题，通过让学生感受“春风吹”，揭示了本次活动课的主题为“寻春之旅”，明确“亲近和探索大自然”的目标，激发学生的学习兴趣。

2. 环节二：体育与健康教学的三个板块

任务单一："南园寻踪"，手绘地图让学生更加清晰地了解任务的活动路线，每一个环节要达成的要求以打卡的形式进行记录。这一任务的完成主要以体育与健康学科为重点。

在体育与健康课教学设计中，主要分为三个板块：第一板块，教师带着学生做趣味热身操，学生在动动笑笑中，学习兴趣和积极性一下子被调动了起来。第二板块为自然地形跑，同时提醒学生以两人一组的形式，跑步通过S形跑道，做到跑的时候要手臂弯曲，前后摆臂，一定要注意不要跑到其他的区域里，同时能够适时躲避来往行人，安全通过跑道。第三个板块则是自然行走，安全、平稳地上下楼梯，走过天桥的时候，不依靠、攀爬天桥栏杆，要抬头挺胸走得直。

在这样一种真实的自然环境中，学生能够做到走和跑的自然过渡，培养走和跑的正确姿势，才更能体现出学生的实际能力和水平。

完成"任务单一"的内容后，学生来到打卡点，即名为"绿道"的小径入口处，领取"任务二"的内容。

3. 环节三：自然教学的资源利用

任务单二："绿道探春"，"查一查""记一记"至少3种植物名称，"看一看""画一画"某种植物基本的外形特征。这一任务主要以自然学科为重点。

在"绿道探春"这一环节中，教师结合自然学科一年级第一学期"丰富多彩的植物"中观察"身边的植物"的内容，通过在绿道内实地观察和借助"形色"软件，让学生两个为一组合作进行观察和记录，一个使用软件拍照，一个记录名称。两名学生之间还需要进行观察与讨论，描绘出具有特色的植物图画作为成果并加以展示。这样的探究性学习，加深了学生对一些常见植物的认识，提高了学生抓住植物外部显著特征进行观察的能力，从而增强了学生对植物的兴趣。为了让学生更加亲近大自然，教师自编了一首儿歌："不乱跑，不乱碰，不踩过，不争抢，小声讨论，记录快。"学生在学习与落实这首儿歌的过程中规范了爱护自然与亲近自然的行为，养成了保护自然的意识。教师会观察学生的合作情况并进行星数评价，提醒想要获得最高星数的学生一定要好好合作，不违反儿歌里的规范。

在这样的一个过程中，学生不再是被动地接受知识，而是利用自然资源和信息资源，通过同伴间的合作自主进行学习，不仅掌握了获取信息的技术，更在自由的氛围中学会选择资源、利用资源来提升自己的学习能力。

4. 环节四：语文教学的“收官”

任务单三：“写写画画春”，为春天配画、作诗。

走出绿道后，由教师带领学生在自然景观优美的湖畔席地而坐，让学生交流在前两个环节中所观察到的各种植物变化，欣赏身边的自然景物。在此过程中，教师耐心细致地逐步引导学生拓宽自己的视野，从绿道的所见之景延伸到眼前之景，学生能说的内容一下子就丰富了起来。

接着，教师以谈话的方式，引导学生“用什么怎么样”的句式对自己观察到的景物变化进行表达，以培养学生的表达能力。教师出示课文短句，让学生模仿句式尝试编儿歌，争当小诗人。学生在这个环节中都跃跃欲试，创作出了自己的小诗。有的学生不拘泥于课文中呈现的格式，通过自己的直观感受和发现进行再创造，以更加简洁的方式将“什么怎么样”的句式表达清楚，如“鱼儿游，蝌蚪游，迎春花开，大理菊开”，等等。

“爱自然”的活动主题引领着学生从“亲近体验”到“认识探索”，继而上升为用语言表达出对大自然的“热爱之情”。学生置身于一个更加真实的学习环境中，自主选用开放式的资源，主动与同伴交流不同的见解与表达，获取知识的方式由被动转为主动，实现了不同学科优势功能的统合和发挥。教师将各项教学目标巧妙地融入任务链之中，各学科之间的教学既相对独立，又相互依托、相互促进。参与教学的老师有资深教师，也有刚入职的新教师，在这样的新型教学活动中，共同收获了属于自己的成长。

（五）基于“跨学科联合”背景下学校体育教育的创新研究

1. 以学生为主体，激发学生的体育兴趣

体育与健康教学是增强学生身体素质的有效教学手段，也是提高他们身体灵活性与柔韧性的重要学科之一。特别是随着当下义务教育体育与健康课程改革的不断深化，学校的体育与健康教学让学生成为体育与健康课堂活动的主体，使学生真正参与在体育与健康课堂活动中。而在传统的体育与健康教学模式中，教师大多扮演着一个领导者的角色，学生只需负责在下面认真学习并模仿教师的动作。这种教学模式一定程度上会忽视学生的心理状态，从而造成学生在体育与健康课堂教学中难以真正实现强身健体的目的。因此，在目前的学校体育与健康教学实践中，教育工作者应以学生为主体，培养学生的自主学习意识与探究式学习能力，让他们主动深入学习体育知识，认真分析体育与健康课程的每个运动环节。通过学生的体育兴趣与教学内容的有机结合，一方面学生可以掌握体育运动的要领与侧重点，从而提升自己的身体素质与运动技能；另一方面教师能够根据学生的个性化需求制定行之有效的策略，使学生在学习体育项目的同时，熟练地掌握体育运动知识与学习技能。以排球为例，在学校体育与健康教学中，很多教师为了完成中考体育任务，把大部分时间都花费在基础项目的训练上，忽视了学生的内心需求与真实想法。但有了教师的个性化指导这一特殊环节，学生可以基于体育基础训练，锻炼自己的身体素质，学习排球的运球与传递手法，进而实现跑步、跳远等基础体育项目与排球技能的有效衔接，提升学校体育与健康的教学质量，这也在一定程度上促使学生在学校体育与健康教学实践的过程中真正实现强身健体的目的。

2. 创新学校体育与健康教学形式，丰富课堂教学实践

通过平时的学校听课与调查，不难发现在学校体育与健康教学的探究式课堂中，教学方法过于单一的，灌输式、“填鸭式”的教学方式依然存在，这样就会极大地影响体育与健康教学中培养学生自主运用体育知识丰富视野的效果。大部分的体育与健康教师依旧会以课本案例知识与自身的教学想法进行体育训练，忽视了要创设实际的教学场景来丰富体育与健康教学实践课堂，导致了学生对体育知识不能全面理解，难以达到促进学生自主学习的目的。有鉴于此，在学校体育与健康教学实践的过程中，教师可以通过创新体育与健康教学形式，丰富课堂教学实践内容。例如：在目前的体育与健康教学实践中，很多学生的上肢力量还较弱，对跑步前摆臂练习的姿势、幅度还没有正确细致的掌握，对此，教师可以引导学生自主探究学习，提升他们的学习效果。在上肢力量的训练过程中，教师要及时关注学生的动作要领，指出不正确的体育动作，并在学生自主学习的过程中，提供一些实际性的帮助，以避免学生在体育运动的过程中出现安全事故。

3. 对学生进行及时评价，提高学生体育热情

教师对学生的鼓励能提高学生的体育热情，进而在学习体育与健康课程的过程中产生巨大的学习驱动力，让他们开心地投入体育与健康课程学习中。因此，在体育与健康教学过程中，教师不仅要提高学生自主式探究学习的效率，还应注重在课堂教学中根据学生的体育表现进行及时评价，使学生在教师有效指导下进一步体验体育与健康课程带来的收获，激发他们的体育兴趣，使他们通过不断的体育运动锻炼强壮体魄，提升体育竞技技能。同时，教育工作者在对学生进行及时评价的过程中，应立足适当性原则，对学生采取多鼓励、少指责的原则，让学生改变对教师的畏惧心理，从而感受到教师对自己的关爱与鼓励，对体育活动产生浓厚的兴趣。教师也可以在及时评价的过程中，针对学生训练的问题提供积极有益的指导，进而使学生在教师的有效指导下进行大胆尝试，使他们正确掌握体育动作要领，提升综合素质。

参考文献

［1］中华人民共和国教育部．义务教育体育与健康课程标准（2022年版）［M］．北京：北京师范大学出版社，2022.

［2］季浏．全日制义务教育体育与健康课程标准解读［M］．武汉：湖北教育出版社，2002.

［3］杨文轩，季浏，义务教育体育与健康课程标准修订组．义务教育体育与健康课程标准（2011年版）解读［M］．北京：高等教育出版社，2012.

［4］全怀燕．小学体育与健康课堂教学中核心素养的渗透［J］.China Academic Journal Electronic Publishing House, 2017.

［5］吕燕．发挥体育心理健康教育功能［J］．湖北职业技术学院，2015.9.

［6］潘勤．论体育在和谐社会发展中的功能［D］．南京：南京体育学院，2005.8.

［7］郑海东．当前小学体育教学现状及解决方法［J］．科技创新导报，2015，12（16）.

［8］车志宏．小学体育教师现状及影响因素的研究［J］．阴山学刊，2009，20（1）.

［9］李林．关于体育教学的规范性体育教学的特色问题［J］．中国学校体育，2009.03.

［10］李德帆，赖巍．体育教学设计基本要素及撰写规范［J］．运动精品，2019，38.

［11］侯光文．教育评价论［M］．北京：人民教育出版社，2001.

［12］田慧生．教学论［M］．石家庄：河北教育出版社，1996.

［13］王兰珍．对“两课”教学目标决策的理论思考［J］．甘肃广播电视大学学报，2004（03）.

［14］毛振明．体育教学论［M］．北京：高等教育出版社，2005：7.

［15］陶西平．教育评价辞典［M］．北京：北京师范大学出版社，1998：481.

［16］李建军．新课程的学校体育评价［M］．广州：广东高等教育出版社，2004：5.

［17］李森，陈妙娥．走向解放的现代课堂教学规范［J］．山东教育科研，2002（11）.

［18］《中国青少年体育发展报告（2016）》蓝皮书发布［J］．教育发展研究，2016，36（24）：12.

［19］毛振明.《中共中央　国务院关于加强青少年体育增强青少年体质的意见》颁布10周年的纪念［J］. 体育教学，2017，5.

［20］王大广.体育教学评价体系相关因素研究［D］. 重庆：西南大学，2010.

［21］张大超.城乡中小学体育资源评价指标体系的构建［J］. 上海体育学院学报，2011.9.

［22］屈宏强.学校体育均衡发展评价指标体系的构建与实证研究［D］. 福州：福建师范大学，2012.

［23］李卫东.论体育课程观［D］. 长沙：湖南师范大学，2003.

［24］关一鸣.长春市小学低年级学生体育新课程学习成绩评价的理论研究［D］. 长春：东北师范大学，2005.

［25］徐丹，王子猷.构建初中体育与健康课堂发展性教学评价体系的理论研究［J］. 教学与管理（理论版），2006（11）：2.

［26］刘超，张开林.21世纪高校体育课程改革的走向［J］. 淮北师范大学学报，2001（03）.

［27］张建华，杨铁黎，殷恒婵.从美、日两国体育教学评价的发展看我国体育教学评价改革［J］. 中国体育科技，2001，31（11）.

［28］王宝刚.国外体育教学评价及其启示［J］. 教学与管理，2011（30）：159–160.

［29］董佳佳，赵翠玲，陈君.日本中小学体育教学改革的新动向及其思考［J］. 教育科学，2017，33（02）：88–93.

［30］于素梅."集合整队"——体育课上不可忽视的课堂准备［J］. 体育教学，2011，6.

［31］马洪春.如何提高体育课的有效教学［J］. 心事·教育策划与管理，2013，12.

［32］赵国庆.如何加强体育课堂常规教育［J］. 黑河教育，2011，8.

［33］张伟，胡益政.立足课堂常规促进有效教学：推行高中体育与健康教学新准备的实践探索［J］. 体育教学，2019，39（09）.

［34］胡星光，黄胜芳.探析常规体育课堂教学的几种小技巧［J］. 体育教学，2018，38.

［35］潘绍伟.基于义务教育体育与健康课程核心素养培养的课程理念阐释［J］. 首都体育学院学报，2022，34（3）：234–240.

［36］韩桂凤，张红.关于体育教学目标层次的探讨［J］. 首都体育学院学报，2001，13（4）：5.

［37］姚蕾.新中国成立以来我国体育教学目标、内容与评价的回顾与展望［J］. 体育科学，2004，24（01）：44–47.

［38］唐广锋．浅谈高中体育教学目标体系［J］. 中国校外教育，2011（13）.

［39］蒋新国，李竹青．论我国体育课程与教学目标的理论与实践应用研究［J］. 惠州学院学报，2014，34（6）：10.

［40］王爱玲，梁春芳．教学目标的具体化：一个复杂的过程［J］. 教育理论与实践，2007，27（4）：4.

［41］陈灿．我国体育教学目标的研究现状与展望［J］. 体育世界（学术版），2018（12）：2.

［42］邵伟德，李红叶，齐静，等．体育学科核心素养与体育教学目标对接的方式、困境与策略［J］. 体育学刊，2020，27（6）：7.

［43］周国海，施永凡．1997 年以来我国体育教学目标研究综述［J］. 辽宁体育科技，2005，27（4）：3.

［44］郑建．浅谈布鲁姆掌握学习理论［J］. 外国教育研究，1990（1）：4.

［45］周登嵩．学校体育学［M］. 北京：人民体育出版社，2005.

［46］李志芳，蒋新国．新课程改革下体育课程与教学目标探析［J］. 体育师友，2013（2）：3.

［47］季浏．我国《普通高中体育与健康课程标准（2017 年版）》解读［J］. 体育科学，2018，38（2）：3-20.

［48］EA Locke .The motivation, sequence, the motivation hub, and the motivation core［J］. Organizational Behavior & Human Decision Processes, 1991, 50(2): 288-299.

［49］周登嵩，余道明．首都体育现代化指标体系的研究［J］. 北京体育大学学报 2007，30（5）：5.

［50］周登嵩，李林，陆作生，等．体育教学人文性的思考［J］. 体育科学，2002，22（5）：4.

［51］蒋月琴．试析拟定体育教学目标的理论和原则［J］. 南京体育学院学报，2000,（04）.

［52］程明月．我国现行中小学体育教学内容的现状分析与对策研究［D］. 南京：南京师范大学，2017.

［53］卢锐彩．当代中国学校体育教学内容演进的研究［D］. 西安：陕西师范大学，2015.

［54］刘继宏，陆光耀，吴彦春．关于学校体育中基本动作技能教学内容的考察［J］. 体育研究与教育，2021，36（01）.

[55] 王兰珍 . 对“两课”教学目标决策的理论思考 [J]. 甘肃广播电视大学学报，2004 (03).

[56] 李建军 . 新课程的学校体育评价 [M]. 广州：广东高等教育出版社，2004：5.

[57] 窦玉新 . 分层评价教学在体育课中的作用 [J]. 读写算（ 教研版 ），2015，5 (8)：171.

[58] 徐佶，张伟健 . 体育教师教学综合技能训练理论与实践 [M]. 广州：广东高等教育出版社，2016.

[59] 庞白 . 演讲与口才自我训练 12 法则 [M]. 北京：九州出版社，2018.

[60] 中华人民共和国中央军事委员会 . 中国人民解放军队列条令:(军令〔 2018 〕60 号).

[61] 唐月香 . 谈运动技能迁移教学法 [J]. 龙岩师专学报，2002，20 (3)：63–64.

[62] 金亚虹，姚家新，于宗成，等 . 任务性质、结果反馈时机与运动技能的学习 [J]. 天津体育学院学报，2010，25 (3)：185–188.

[63] 王启明，董启林，戴新江 . 中学体育教材教法 [M]. 北京：人民体育出版社，1998: 286– 309.

[64] 何志林 . 现代足球 [M]. 北京：人民体育出版社，2000: 362– 368，425–428.

[65] 李文柱，王健，曲鲁平 . 不同学段男生足球运动技能学习得过程的教学实验研究 [J]. 天津体育学院学报，2006，21 (2).

[66] 周脉清 . 普通高校排球项目运动技能习得的实验研究 [J]. 泰山学院学报，2008，30 (2).

[67] 石岩，任菲 . 中小学体育安全相关因素筛查的研究 [J]. 沈阳体育学院学报，2012，31 (05)：6–10.

[68] 吕克宁，吴林，金成军，等 . 黑龙江省中小学体育运动安全评价体系构建的统计学分析 [J]. 哈尔滨体育学院学报，2012，30 (03)：28–32.

[69] 任继跃 . 中小学体育健康课程中安全教育的现状调查与对策研究 [J]. 赤峰学院学报 (自然科学版)，2010，26 (04)：118–119.

[70] 陈圣勇 . 安全意识在小学体育教学中培养策略探讨 [J]. 黑龙江教育 (教育与教学)，2021 (10)：78–79.

[71] Parkkari J, Jussila A, Oksanen R, et al. Sports and exercise safety in Finland–live: an implementation program to sport clubs and schools [J]. Br J Sports Med, 2014, 48(07): 650–651.

[72] Rothe J P.The Voluntary Use of Physical Education Safety Guidelines in Schools [J]. Journal of Physical Education, Recreation & Dance.2009, 80(03): 43–49.

[73] Weiss K, Whatman C.Biomechanics Associated with Patellofemoral Pain and ACL Injuries in Sports [J].Sports Medicine (Auckland, N.Z.) , 2015, 45(09): 25 –37.

[74] Esteve L, etc.Medium–term evaluation of an educational intervention on dietary and physical exercise habits in schoolchildren: The Avall 2 study [J].Endocrnol Nutr, 2012, 59(05): 288–295.

[75] 陆亮 . 小学体育教学中的安全意识培养 [J]. 江西教育，2021（24）：88.

[76] 陈亚松 . 关于小学体育安全问题教育的探讨 [J]. 文体用品与科技，2021（16）：156–157.

[77] 王永玲 . 小学体育安全问题的规避与应对策略 [J]. 试题与研究，2021（23）：157–158.

[78] 楼云 . 浅析小学体育教学中的安全隐患的规避与应对 [J]. 小学生（中旬刊），2021（08）：72.

[79] 钱增勇 . 小学体育安全问题的规避与对策 [J]. 当代家庭教育，2021（21）：183–184.

[80] 邱辰 . 小学体育安全问题规避与应对策略探讨 [J]. 文体用品与科技，2020（23）：106–107.

[81] 周彬 . 小学体育课风险规避与应对研究 [J]. 文体用品与科技，2020（23）：188–189.

[82] 苏瑶 . 浅谈小学体育教学中安全隐患的规避与应对措施 [J]. 考试周刊，2020（95）：11–12.

[83] 冯冰 . 小学体育安全问题的规避与应对策略 [J]. 文体用品与科技，2020（22）：107–108.

[84] 董少校 . 上海强化中小学体育艺术特色——跨学段组建“一条龙”布局单位 [J]. 上海教育科研，2019（09）：42.

[85] 黄伟强 . 区域中小学体育教师专业发展的现状及建设机制 [J]. 上海教育科研，2018（11）：42–44.

[86] 百度百科 . 自主学习 [EB/OL] http:baike.baidu.com/view/644607.htm.

[87] 吴琼，吴本连 . 论大学生体育自主学习 [J]. 体育教育，2011,（28）.

[88] 王晓燕. 大学生体育自主学习现状调查与影响研究 [D]. 苏州：苏州大学，2007：14.

[89] 俞金英，张启明. 论大学生体育能力的培养 [J]. 北京体育大学学报，2001 (1).

[90] 陈东岗. 对高校体育课程改革的思考 [J]. 武汉体育学院学报，2001，9 (5).

[91] 吕云老. 学校应加强学生参与体育锻炼的理性教育 [J]. 武术科学（搏击·学术版），2005 (2)：63 [8].

[92] 雷芬芳. 实施健身运动处方对大学生体质的影响 [J]. 郴州师范高等专科学校学报，2003，24 (2)：122-124.

[93] 王红福. 大学生体育意识与自主锻炼行为的调查分析 [J]. 常州工学院学报，2007，20 (4).

[94] 石岩. 高校体育教学中学生自主学习能力的培养浅探 [J]. 读与写（教育教学刊），2008，5 (2)：81.

[95] 刘云娜. 学生体育自主学习现状的调查与实验研究 [D]. 上海：华东师范大学 2006.

[96] 邓国良. 普通高校大学生体育自主学习能力现状的调查研究 [J]. 北京体育大学学报，2007，30 (2).

[97] 于素梅. 一体化体育课程内容体系的建构 [J]. 体育学刊，2019，26 (4)：16-21.

[98] 何佳. 我国教师教育一体化的课程研究：以中学英语教师教育为例 [D]. 重庆：西南大学，2015.

[99] 刘剑. 关于“学校、家庭、社会”一体化体育课程资源利用与开发的调查研究 [D]. 上海：华东师范大学，2007.

[100] American Alliance for Health Physical Education Recreation and Dance. Grade level outcomes for K-12 physical education [R].Reston, VA: Author, 2013.

[101] RINK J.Teaching physical education for learning [M] Boston: McGraw Hill, 2006: 36.

[102] Committee on Physical Activity and Physical Education in the School Environment. Educating the student body: taking physical activity and physical education to school [M]. Washington: National Academies Press, 2013: 502.

[103] 于素梅. 论一体化课程建设对学校体育发展的促进 [J]. 体育学刊，2019，(1).

[104] 于素梅. 一体化体育课程的旨趣与建构 [J]. 教育研究，2019 (12)：55.

[105] 于素梅. 一体化体育课程的旨趣与建构 [J]. 教育研究，2019 (12)：56.

［106］马磊磊．学科核心素养视域下一体化体育课程的衔接构想—以义务教育阶段校园足球为例［J］．体育教育训练学，2020（9）：68–69.

［107］马磊磊．学科核心素养视域下一体化体育课程的衔接构想—以义务教育阶段校园足球为例［J］．体育教育训练学，2020（9）：69–70.

［108］陈海霞．现代信息技术在小学体育与健康教学中的应用［J］．长春教育学院报，2015，31（13）：139–140.

［109］王文君，王卫军．国际视野下的教师信息化教学能力趋向［J］．电化教育研究，2012，33（06）：112–116.

［110］黄德群，毛发生．德国教育技术发展研究［J］．外国教育研究，2004（03）：56–60.

［111］黄璐．体育学广义跨学科概念辨析与动力基础［J］．体育科学研究，2012，16（02）：54–56.

［112］李永宪，刘波，肖宇．体育科学跨学科研究初探［J］．体育学刊，2010，17(08)：11–16.

［113］刘一民，王武斌．略论体育跨学科研究［J］．武汉体育学院学报，1994（03）：15–18.

［114］陈婵，邹晓东．跨学科的本质内涵与意义探析［J］．研究与发展管理，2006(02)：104–107+112.

［115］李建军．体育科学建立跨学科研究的方法论初探［J］．广东教育学院学报，1999（05）：127–131.

［116］张岩．体育学的性质论［J］．体育与科学，2005（06）：11–15.

［117］刘仲林，赵晓春，程妍，等．国外交叉科学（跨学科）研究新进展［J］．河池学院学报，2009，29（01）：8–12.

［118］王钧．以科学发展观促进体育产业与体育事业协调发展［J］．体育文化导刊，2007（12）：3–6.

［119］杨晟锟．五育融合理念下体育在中学的新发展［J］．学校体育学，2020（10）：78–79.

［120］绳队友．落实双减政策下小学生体育课外作业布置的可行性研究：以智能跳绳App应用为例［OL］.